中国新锐传播学者系列教材

数字时代品牌传播概论

Introduction to Brand Communication in the Digital Era

李华君 编著

西安交通大学出版社
XI'AN JIAOTONG UNIVERSITY PRESS

图书在版编目(CIP)数据

数字时代品牌传播概论 / 李华君编著. —西安:西安交通大学出版社,2020.6(2025.1 重印)
ISBN 978-7-5693-1711-4

Ⅰ.①数… Ⅱ.①李… Ⅲ.①品牌-传播-研究 Ⅳ.①F273.2

中国版本图书馆 CIP 数据核字(2020)第 057250 号

书　　名	数字时代品牌传播概论
编　　著	李华君
责任编辑	赵怀瀛
出版发行	西安交通大学出版社 (西安市兴庆南路 1 号　邮政编码 710048)
网　　址	http://www.xjtupress.com
电　　话	(029)82668357　82667874(市场营销中心) (029)82668315(总编办)
传　　真	(029)82668280
印　　刷	陕西奇彩印务有限责任公司
开　　本	787mm×1092mm　1/16　印张 16.5　字数 305 千字
版次印次	2020 年 6 月第 1 版　2025 年 1 月第 4 次印刷
书　　号	ISBN 978-7-5693-1711-4
定　　价	45.00 元

读者购书、书店添货,如发现印装质量问题,请与本社市场营销中心联系。
订购热线:(029)82665248　(029)82667874
投稿热线:(029)82668133
读者信箱:xj_rwjg@126.com

版权所有　侵权必究

总序

2008年春夏之交，我有一个难得的机会在北京游学。一日，刘海龙到人民日报社9号楼社科院新闻所来探望我，聊到应该举办一个属于年轻人的全国性的传播学研讨会。我们一致认为，年轻人年龄相仿，学理相近，无拘无束，容易碰撞出思想火花。回去后，海龙打电话给张志安，陈述我们的想法，大家一拍即合。中国人民大学新闻学院赞助了一笔费用，当年6月，我们便在人大新闻学院召开了第一届中国青年传播学者论坛。来自全国各地的20多位青年学者参加了会议，热烈讨论了整整一天。当时我们谁都没有想到，今天这个研讨会正在以如此有影响力的方式延续着它的生命。

应当感谢每一次会议的主办方，年轻人缺少资源，因此会议不仅不能收会务费和住宿费，而且还要补贴大家的差旅，可以说赔钱到家，投入巨大。中国人民大学、复旦大学、南京大学金陵学院、浙江大学、中山大学、清华大学、武汉大学、重庆大学、安徽大学和中国传媒大学等十所大学的相关院系先后举办了一年一度的盛会。然而即便这样，会议还是开得很艰苦。尤其对不住大家的是在南京召开的那次会议，由于金陵学院资源有限，大家都住在南京大学浦口校区招待所的套间里，一个套间的住客都可以凑出两桌麻将。由于一栋楼只有一个准时下班的服务员，今天已经"贵"为中山大学传播与设计学院院长的张志安竟不得不亲自为厕所疏通下水管道，这件事在他的成长经历中已经留下了不可磨灭的"阴影"。

然而，似乎没有人计较这些，大家都以能聚在一起讨论学问为快事。中山大学的那次会议一直开到晚上11点，大家仍然饶有兴味地听李立峰和郭建斌分享他们的研究心得，我们才发现温文尔雅的香港名教授在宵夜店消灭啤酒和烤肉的战斗力也是相当惊人的。而此后，饿得两眼发蓝出去喝啤酒吃烧烤便成为了会议的必备程序。由于实行严格的匿名评审，会上的几乎每篇论文，均属上乘，但在点评时仍然会招来雨点般不留情面的批评，尤其是"一对一"对评的时候。尽管有些时候颜面上确实有点挂不住，但谁也没有真正把受到学术质疑看作是一种受伤。

于是，中国青年传播学者论坛渐渐成为一个精神气质上的无形学院。就是在这样的文化和共同体中,大家产生了更多的认同和包容,也产生了更为积极的学术追求,共同出品一些系列性的优秀成果,便成为一种自然而然的愿望。在2014年的论坛上,西安交通大学出版社的年轻编辑赵怀瀛带着他的"中国新锐传播学者系列教材"来寻求合作时,自然得到了大家的热烈响应。在大家踊跃报名之下,便有了第一辑的选题和后续的更多选题。于是在赵编辑的催促之下,便有了这篇文字。中国新锐传播学者系列教材,并没有整齐划一的风格:在内容上既有方法方面的选题,也有理论方面的选题;在形式上既有传统的体系型教材,也有相对新颖的案例型教材。但总体而言,每一本教材都具有前沿性和研究性的色彩,不仅充分体现了知识的体系性,也充分彰显了每一位作者的个性和特点。可以说,这一系列的教材更多地体现出中国青年传播学者论坛那种独有的文化气质:个性张扬,兴趣广泛,敢于迎接和挑战传播的新领域。当然,它也必然是存在各种缺陷,并以开放的姿态接受各界批评的一套文本。传播学进入中国已经40年,对于一个直到21世纪仍然极其弱小的知识领域而言,需要的便是中国青年传播学者论坛的气质:兼容并包,勇于探索。

十年就这样过去了,我、海龙和志安等这一批论坛的发起者早已人到中年,日渐发福,很快都将退出我们深爱的这个论坛。谨以此序表达我们的初衷和理想,衷心希望中国青年传播学者论坛和中国新锐传播学者系列教材能够不断成长,不断超越,为中国传播学研究的发展作出更大的贡献。

胡翼青
于南京大学

序 言
Preface

　　数字时代的到来再一次点燃了人们对于未来商品世界的幻想,急速增长的数字技术与迅速变化的生存模式宛若雷霆海啸般颠覆了传统的商业模式和业务逻辑,催生了新的商业文明。日新月异的营销技术与不断涌现的营销模式甚至让摩尔定律的描述也日益苍白,在快速迭代的社会发展和市场竞争中,品牌传播该何去何从?步入数字化时代,大数据、人工智能、云计算、物联网、5G等信息技术的发展重构了品牌传播的路径与格局,品牌传播的图景呈现出许多新的特征。

　　首先,品牌的战略地位进一步提升,成为大国博弈和国际竞争的焦点[①]。2017年国务院批复同意将每年的5月10日设立为"中国品牌日",在连续多年的政府工作报告中,也多次见到"品牌"二字的身影。大国崛起的一个侧面便是具有竞争力的品牌的崛起。在数字时代,品牌传播的地位得到了质的飞跃,在全球国际竞争中发挥着重要的作用。以数字技术为基础的全球化4.0的到来深刻改变了品牌传播的格局,带来了营销边界和时空限制的消融;跨境电商平台的发展推动了全球化购物模式的兴起,为品牌的全球传播提供了最直接的渠道;"一带一路"倡议等的实施,进一步助推中国品牌走出去的发展愿景。

　　其次,企业面临数字化转型的挑战,传统的组织管理架构需要进行变革重塑。CGO(首席增长官)、CBO(首席品牌官)等岗位的兴起反映出企业对于传统的CMO(首席营销官)领导下的组织模式的反思。德勤咨询公司在《2016年人力资本趋势》报告中指出:"公司正拥有更灵活的、以客户为中心的组织结构,从传统的、功能型的模式向互联化的、灵活的团队方向发展。一种新的组织模式正在崛起:企业建立在'团队的网络'基础上,并授权团队完成各项具体业务项目和挑战。"[②]在市场更为复杂变幻的时代,品牌传播愈发需要多部门的协同运作。更为快捷、多元的敏捷管理模式正在取代传统的部门分立架构成为更符合数字互联化需求的组织架构。

---

① 黄升民,张驰.新中国七十年品牌路:回望与前瞻[J].现代传播,2019(11):1-3.
② 德勤:新型组织因设计而不同 2016全球人力资本趋势[EB/OL].[2016-07-15]. http://www.199it.com/archives/495383.html.

再次，数字化生存的价值理念逐步渗入日常生活之中，潜移默化地影响着消费者的交流模式、思维方式与消费观念。数字时代品牌传播的"受众"已经延伸为属性多重、身份多样、构成多元、功能复杂的群体。相应的品牌传播的模式也发生了改变，"社交平台""品牌社区""体验""场景""客户旅程""移动 App""内容互动"等成为品牌与消费者互动沟通的关键词，依靠信息流进行品牌传播的做法已经略显不足，构建品牌传播的生态矩阵成为未来发展的趋势。不论是国家、城市、企业，还是个人，都能够并且需要在数字时代塑造自己的品牌，各类实践主体的品牌化也成为一种必然趋势，并在实践的过程中显现出各自不同的运营特征。

最后，数字技术迭代、生态环境、人类命运、技术伦理等社会主题成为人们关注的重点，人们需要品牌企业承担起让世界更美好的责任。黑石集团首席执行官拉里·芬克直言："社会要求上市公司和私营公司都必须为社会服务。想要跟随时代高速发展，每家公司不仅需要有好的财务业绩，而且还必须向社会展示其为社会做出的贡献。"菲利普·科特勒在总结新市场营销的特征时，提到的其中之一便是"作为一个友爱的企业，以品牌声誉制胜"。宣传企业的社会使命及其承担的社会责任成为数字时代品牌传播不可缺少的组成部分。

基于上述背景，本书从宏观与微观两个层面解析了数字时代品牌传播的新逻辑、新思维。在宏观层面，本书向读者展示了数字时代品牌传播格局经历了怎样的解构与重构，以及我们应该如何去认知数字时代的消费者和多元的品牌传播主体。在微观层面，本书提供了系统的且具有操作性的品牌传播知识，以期对我国自主品牌的建设和数字化转型提供各种解决方案，包括品牌如何构建起自己的特性，如何在数字赋能的语境下玩转整合传播、全球化传播和叙事传播，并介绍了数字时代品牌传播的技术创新和创意玩法。本书集体系完整性、理论系统性、案例丰富性为一体，可作为高校师生、企事业单位、科研院所工作人员进行品牌传播理论研究和实践应用的参考教材。

本书在撰写过程中，得到了华中科技大学新闻与信息传播学院张昆教授、张明新教授、陈先红教授、舒咏平教授，武汉大学新闻与传播学院姚曦教授，华南理工大学新闻与传播学院段淳林教授，中国人民大学新闻学院林升栋教授，西安交通大学出版社赵怀瀛编辑的大力支持。王凯悦、涂文佳、陈淳一、韩天阳、康敏晴、赵海燕、董佳佳、庆雪萌等同学参与了本书相关章节的编写工作，向他们表示衷心的感谢。本书参考了国内外有关品牌传播、数字营销等领域的相关研究成果，限于篇幅限制，无法一一赘述，在此一并表示感谢。鉴于作者水平有限，难免会有纰漏之处，真诚希望专家学者给予批评指正。

目录 Contents

第一章 数字时代品牌传播格局的嬗变 (001)
第一节 数字时代的发展背景 (002)
一、数字时代的概念 (002)
二、数字时代的特征 (003)
第二节 数字时代的品牌传播概述 (007)
一、品牌的概念 (007)
二、品牌传播的内涵 (009)
第三节 数字时代对品牌传播格局的重构 (011)
一、媒介融合重塑传统媒介格局 (012)
二、线上品牌逻辑更新传统品牌模式 (015)
三、需求意识觉醒改变传统消费习惯 (017)
四、大数据智能需求匹配改进传统精准投放 (020)

第二章 数字时代品牌传播的受众变化 (023)
第一节 数字化生存中受众的角色转变 (024)
一、从"受众"到"后受众" (024)
二、受众形态 (027)
三、角逐注意力市场 (029)
第二节 数字时代消费者的决策历程 (030)
一、数字时代消费者的决策特征 (030)
二、数字时代消费者的决策流程 (031)

第三章 数字时代品牌传播的多元主体 (035)
第一节 个人主体:每个人都可以成为IP (036)
一、个人品牌的内涵 (036)
二、社会化媒体下的个人品牌传播特征 (038)

三、数字时代如何打造个人品牌 ………………………………………（040）
　第二节　企业主体：赋能品牌生命力 ……………………………………（042）
　　一、具备生命力的企业品牌 ………………………………………………（042）
　　二、数字时代企业赋能品牌生命力 ………………………………………（043）
　第三节　城市主体：城市品牌的突围 ……………………………………（048）
　　一、城市品牌的内涵 ………………………………………………………（048）
　　二、数字生态下城市品牌传播特征 ………………………………………（049）
　　三、数字生态下城市品牌传播策略 ………………………………………（052）
　第四节　国家主体：国家品牌的全球化传播 ……………………………（055）
　　一、全球化背景下的国家品牌 ……………………………………………（056）
　　二、数字时代国家品牌传播特征 …………………………………………（057）
　　三、国家品牌全球化传播策略 ……………………………………………（058）

第四章　数字时代品牌的特性构建 …………………………………（064）
　第一节　塑造品牌的个性化 ………………………………………………（065）
　　一、品牌个性的内涵 ………………………………………………………（065）
　　二、品牌定位及定位策略 …………………………………………………（066）
　　三、品牌个性塑造的原则和方法 …………………………………………（074）
　第二节　打造品牌的人性化 ………………………………………………（078）
　　一、提供人性化的产品 ……………………………………………………（078）
　　二、共情：做一个有温度的品牌 …………………………………………（082）
　　三、理解：品牌哲学 ………………………………………………………（085）
　第三节　构建品牌的生态化 ………………………………………………（088）
　　一、品牌生态的相关概念 …………………………………………………（089）
　　二、构建品牌生态化的策略 ………………………………………………（091）
　第四节　打造品牌的持久性 ………………………………………………（095）
　　一、确保用户留存 …………………………………………………………（095）
　　二、塑造品牌真实感 ………………………………………………………（096）
　　三、保持品牌年轻化 ………………………………………………………（098）

第五章　数字时代品牌的整合传播 …………………………………（106）
　第一节　数字赋能下的多维整合营销传播 ………………………………（107）
　　一、传统的线性IMC模型的传播目标 ……………………………………（107）

二、数字互联网赋权带来多维IMC ………………………………………… (108)
　　三、多维IMC的核心思想 …………………………………………………… (109)
　第二节　数字时代的品牌价值共创 …………………………………………… (110)
　　一、价值共创下协商品牌的崛起 …………………………………………… (110)
　　二、品牌价值共创的核心构念与内涵界定 ………………………………… (114)
　第三节　数字时代品牌营销传播实践 ………………………………………… (118)
　　一、战略导向：建设品牌社群 ……………………………………………… (119)
　　二、战略过程：共创品牌内容 ……………………………………………… (121)
　　三、传播实施：融合传播渠道 ……………………………………………… (123)

第六章　数字时代品牌的全球化传播 …………………………………………… (127)
　第一节　数字化驱动品牌全球化传播 ………………………………………… (128)
　　一、三次全球化浪潮与全球化4.0 ………………………………………… (128)
　　二、营销边界与时空限制的消融 …………………………………………… (131)
　　三、跨境平台推动全球化购物模式兴起 …………………………………… (134)
　第二节　数字时代品牌全球化传播的驱动要素 ……………………………… (136)
　　一、数据驱动：品牌触达全球消费者的新路径 …………………………… (137)
　　二、场景驱动：数字化场景建构品牌营销生态 …………………………… (140)
　　三、体验驱动：体验经济时代的企业全球化战略 ………………………… (142)
　　四、创新驱动：快速迭代满足消费者需求 ………………………………… (144)
　　五、价值驱动：宣扬品牌价值理念，积极承担社会责任 ………………… (147)
　第三节　中国品牌全球化传播的经验 ………………………………………… (150)
　　一、兼顾国内市场，积极出海 ……………………………………………… (151)
　　二、打造优质高端的品牌国际形象 ………………………………………… (154)
　　三、"全球化""本土化"和"民族性"的平衡 …………………………… (156)

第七章　数字时代品牌的叙事传播 ……………………………………………… (160)
　第一节　品牌叙事的独特性 …………………………………………………… (161)
　　一、品牌叙事的概念 ………………………………………………………… (161)
　　二、品牌叙事的作用 ………………………………………………………… (165)
　　三、品牌叙事的特点 ………………………………………………………… (166)
　第二节　品牌叙事的社群化 …………………………………………………… (168)
　　一、品牌叙事社群化的内涵 ………………………………………………… (169)

二、品牌叙事的社群化策略 …………………………………………… (169)
　第三节　品牌叙事的本土化 ……………………………………………… (173)
　　一、品牌叙事本土化的内涵 …………………………………………… (173)
　　二、品牌叙事本土化的策略 …………………………………………… (173)

第八章　数字时代品牌传播的技术创新 …………………………………… (179)
　第一节　MarTech 营销模式 ……………………………………………… (180)
　　一、MarTech 的概念及发展现状 ……………………………………… (180)
　　二、MarTech 营销技术全景图 ………………………………………… (184)
　第二节　MarTech 应用策略 ……………………………………………… (191)
　　一、选择 MarTech 服务的准则 ………………………………………… (191)
　　二、MarTech 数字化营销流程 ………………………………………… (195)
　　三、技术迭代下 MarTech 的应用趋势 ………………………………… (196)

第九章　数字时代品牌传播的创意演进 …………………………………… (203)
　第一节　品牌传播的创意趋势 …………………………………………… (204)
　　一、情感共鸣 …………………………………………………………… (204)
　　二、场景代入 …………………………………………………………… (209)
　　三、品牌共振 …………………………………………………………… (214)
　第二节　品牌传播的创意玩法 …………………………………………… (218)
　　一、国潮复兴 …………………………………………………………… (218)
　　二、艺术升华 …………………………………………………………… (221)
　　三、IP 跨界 ……………………………………………………………… (225)
　　四、游戏化 ……………………………………………………………… (229)
　　五、跨次元 ……………………………………………………………… (232)

参考文献 ……………………………………………………………………… (237)

后　记 ………………………………………………………………………… (252)

》第一章

数字时代品牌传播格局的嬗变

> **学习目标**

1. 掌握数字时代的概念及特征。
2. 掌握品牌概念的演进及数字时代品牌的内涵。
3. 掌握数字时代品牌传播的概念和特征。
4. 掌握数字时代品牌传播格局重构的四个方面。

数字时代重构了品牌传播格局,线上品牌逻辑更新了传统品牌模式,受众需求意识的觉醒改变了传统消费习惯,大数据智能需求匹配优化了品牌精准投放。了解数字时代,拥抱数字时代,具备数字化素养成为新时代品牌传播战略成功的关键。

第一节 数字时代的发展背景

我们无法否定数字化时代的存在,也无法阻止数字化时代的前进,就像我们无法对抗大自然的力量一样。

——尼古拉·尼葛洛庞帝(Nicholas Negroponte)

一、数字时代的概念

什么是数字时代?关于数字时代的界定,存在两种解释:一种是将数字时代等同于信息时代,认为前者只是后者的一个代名词。支持这种看法的人认为,信息时代伴随着电子计算机和现代通信技术而生,是指以计算机技术为核心来生产、获取、处理、存储和利用信息的时代,而数字时代同样逃不出这一逻辑,依旧可以沿用信息时代的定义。另一种则是将二者进行区分,强调数字时代与以往工业时代、信息时代的某种割裂的特征。思科(Cisco)公司作为"数字法国""数字以色列"和"数字印度"的合作伙伴,对数字时代的内涵有着深入的见解,并对数字时代与信息时代做了时间上的区分。思科认为20世纪90年代到2010年为"信息时代",而从2010年到2030年人们将逐步步入"数字时代"。国内外的大多数学者也倾向于将二者进行一定程度上的区隔以更好地理解和阐释21世纪以来的种种社会现象,并纷纷提出自己对于数字时代的理解与界定。

其实纵观学界对于数字理解的种种界定,其思想都离不开美国未来学家尼葛洛庞帝的影子,他在20世纪90年代最早提出了"数字化生存"的概念,敏锐地察觉到了与信息时代所不同的所谓"后信息时代"的到来。尼葛洛庞帝认为,比特这种0、1的数字表达方式成为了"信息的DNA",自然界的一切信息都能用数字表示,数字化的信息生产和传输模式进一步重建了世界[①]。借助尼葛洛庞帝对数字生存的描述,人们对数字时代有了一个普遍的共识,即数字时代指的是运用信息技术,将一切信息转化为 0 与 1 的过程,是信息领域的数字技术向人类生活的各个领域全面推进的过程[②]。

二、数字时代的特征

时代背景会影响特定时期人们的认知框架与行为模式,在特定的时代背景下,生产与商业模式因受到历史条件的制约而显现出不同的时代特征。在本章中,我们将关注数字时代的品牌传播与以往品牌传播模式的差异,以及出现这些差异的原因。而这些问题的答案需要从对"数字时代的特征"开始剖析。

数字时代的特征是指对与数字化社会相适应的国际政治、经济、文化基本状态的客观认知和具体描述。曾经担任美国总统顾问的未来学家詹姆斯·坎顿在接受价值中国网采访时指出,数字时代的重要特征是极高的速度、天文级数的复杂性,以及经济和社会的全球化。我国学者陈春花教授认为数字时代的特点主要体现在非连续性、不可预测、非线性增长三个方面[③]。除去这种宏观的对于数字时代特征的把握,学者们更多探究在数字时代,经济、教育、政治、艺术、精神生活等某一具体领域出现的新特征。例如,在经济层面,有学者研究发现数字经济能够促使国民经济呈现出包容性增长的趋势[④];在教育方面,数字教育相较于传统的教育模式则呈现出学生学习的自主性、合作性、探究性和终身性等特征;在政治领域,"中介化"的政治现象成为数字时代政治研究的新视域;在艺术领域,则呈现出一种网络化的艺术消费与体验的特质;在人的精神生活方面,则存在着离散主义和价值虚无主义的现象。结合国内外学者的研究,我们认为数字时代的特征具体体现在以下几个方面:

(一)在社会生产层面:数据成为重要的生产要素,数字经济蓬勃发展

在数字时代,围绕着数据进行挖掘、分析与运用成为了一项基础性的工作。数字劳动作为一种复杂的知识劳动,它以数据为生产资料,通过人们在网络空间耗费一定的劳动时间与劳动量来创造价值[⑤]。在数字时代,新技术带来的倍增效益将是信息时代 5～10 倍的规模。以云计算为例,腾讯发布的《数字中国指数报告 2019》中

---

① 尼古拉·尼葛洛庞帝.数字化生存[M].胡泳,译.海口:海南出版社,1997:22-31.
② 木扎怕尔·牙森.数字时代新闻编辑工作主要特点探究[J].西部广播电视,2016(6):134.
③ 陈春花.数字化时代的三个特征[J].中国企业家,2017(24):105-106.
④ 张勋.数字经济、普惠金融与包容性增长[J].经济研究,2019(8):71-86.
⑤ 吴欢,卢黎歌.数字劳动与大数据社会条件下马克思劳动价值论的继承与创新[J].学术论坛,2016(12):7-11.

指出,用云量每增长1点,我国的 GDP 大致可以增加230.9亿元。美国互联网协会(Internet Association,IA)发布的报告显示,美国云计算经济自2002年以来增长了两倍,在2017年为美国 GDP 贡献约2140亿美元。数字时代为整个社会的生产、分配带来一次全新的洗礼,促成了全球层面经济和权力的重构。

在此生产力的基础上,数字经济得到了蓬勃发展。"数字经济是以数字化的知识和信息为关键生产要素,以数字技术创新为核心驱动力,以现代信息网络为重要载体,通过数字技术与实体经济深度融合,不断提高传统产业数字化、智能化水平,加速重构经济发展与政府治理模式的新型经济形态。"[①]习近平总书记在给2019中国国际数字经济博览会的贺信中指出:"当今世界,科技革命和产业变革日新月异,数字经济蓬勃发展,深刻改变着人类生产生活方式,对各国经济社会发展、全球治理体系、人类文明进程影响深远。"[②]在数字经济的背景下,品牌数据愈发成为商业智慧增长的新的突破点。2017年6月7日,阿里巴巴集团成立了服务于品牌的消费者数据资产管理中心——品牌数据银行(Brand Databank),帮助品牌建立全面的消费者数据资产管理。

(二)在社会关系层面:社会关系走向复杂的"聚合离散",从"虚拟社会"向"镜像社会"转变

经济和科技的发展解构了传统的以血缘和地缘为纽带的社会关系,个体在社会中更富有独立的能力和意识,传统的社会关系遭遇了一定程度的"离散"。同时,5G通信技术的发展极大地推动了"万物互联"时代的到来,人与人、人与物的连接更加紧密。信息在人们之间极大的流通能够轻易汇聚起大众的意志,让陌生人可以在网络空间快速聚集,形成一个虚拟的共同体。而在这种不断集结的过程中,人们逐渐在多元意识的碰撞中寻找到属于自己的"部落群",这种现象恰恰反映出数字时代社会关系复杂的"聚合离散"特征。

随着网民数量的不断增长,现实社会中的关系也越来越多地被嫁接在网络虚拟空间中,并且随着数字技术的进步,现实社会中人们的活动轨迹也都可以被捕捉输入到网络数据库中,并通过系统实现真实的复刻。这也就呈现出"去虚拟化"的发展趋势,"镜像世界"逐步取代"虚拟社会"[③],"镜像世界"将和现实世界实现更加紧密地互动,网络社会空间的治理与人际关系将会更加富有规范性与真实性。互联网的高

---

① 中国信息通信研究院.中国数字经济发展白皮书(2017年)[R/OL].[2017-07-26]. http://www.caict.ac.cn/kxyj/qwfb/bps/201707/P020170713408029202449.pdf.
② 数字科技推动中国经济高质量发展[EB/OL].[2019-10-25]. http://www.cac.gov.cn/2019-10/25/c_1573534978621071.htm.
③ 鄢彦辉.数字利维坦:信息社会的新型危机[J].中共中央党校学报,2015(3):48-53.

度发展让我们意识到,传统的"线上线下"分流的思维已经过时,对于企业来说,线上线下的世界已经融合为一个商业世界,它们面对的是共同的用户。

(三)在社会伦理层面:社会伦理更加多元化、差异化,并以"对立耦合"的形态在数字空间共同存在

参照以往的任何一个时代,社会活跃度都未曾达到如此高的水平。数字信息的爆炸和多元意识的奔涌使得人们的思维更加活跃,也更富个性化。多元的、碎片化的社会形态催生出了不同的网络部落群体,每一个部落圈层都有一些独特的伦理与契约存在,然而这些不同的社群部落并没有出现类似宗教神学统治时期对不同伦理者进行激烈对抗的状况,相反,这些拥有不同伦理的圈层在互联网上呈现出一种共同生活的状态。马索菲亚提出用"对立耦合"(Coincidentia Oppositorum)的观察视角来解释数字时代矛盾的社会现象,他认为,这些多元的伦理观念基于一些伦理审美的共性,能够实现一种冲突的和谐。这种多元伦理在网络中的共生状态很好地印证了数字时代包容并存的特质。腾讯发布的《2018腾讯00后研究报告》中显示,00后崇尚"平等""包容"的价值观,由于成长在移动互联网和内容大爆发的时代,00后更习惯和善于表达自己的情感与看法,也更易接受他人与自己的差异。

(四)在政治制度层面:数字协商治理模式兴起

数据信息作为一种重要的生产要素与无形资产,它在人们之间以"扁平化""互动化"的形式在网络上进行传播和交换,从而引起社会权力的下移以及从国家向网络的转移,社会互动正取代等级结构成为社会组织形式的主导地位。这种媒介权力的扩张使得媒介机构与政治机构的关系越来越紧密,越来越彼此依赖,媒介对政治机构影响的增强使政治被"中介化"了。这种权力的扁平化下移也让社会公共问题的治理走向多主体参与和多主体协商,数字协商治理逻辑开始兴起。此外,大数据技术的发展让民主和控制出现了异化,我们在走向数字民主的同时也在滑向一种另类的数字专制。奥巴马在2012年竞选期间召集了大约300名统计学家、编程人员与数据分析人员,他们的数据库中拥有1.66亿名选民的信息数据。通过对这些选民进行解析与差异化的信息投放,奥巴马成功赢得了连任。这种对于民众的大规模的数据解析与运用,昭示着哲学家吉尔·德勒兹所宣告的"控制社会"的到来,对民众的控制不是建立在机构的基础上,而是建立在对民众生活所产生的数据之上,"他们的情绪将不再受到压制,而是会被操控;他们将不会被利用,而是被解析"。

(五)在精神文化层面:知识获取更为便利,更新迭代速度加快;环境、生态、人类命运等时代主题成为人们关注的重点

在数字时代,网络数字文化得到了快速的发展,人们能够通过互联网快速且广泛地获取大量的知识,天文量级的知识与信息以数字的形式在社会中高速传递,促进知识的飞速迭代与文化的国际化沟通交流。菲利普·科特勒在2019年发表的关于营销未来的演讲中提到,在未来消费者会变得非常聪明,他们甚至不需要销售人员,也不需要广告就能获取足够的产品知识,因此对于市场营销来说,管理好口碑成为最需要做的事①。

此外,社会物质的充裕、社会矛盾的转化也带来了社会思潮和社会文化的转向。数字文学文本作为数字虚拟的产物,已经打破了固态文本格局,实际上它是在作者和读者之间以比特方式动态存在的意义链,即它是典型的主体间动态交互性文本。在文化思想层面,资源、环境、生态、人类未来、个体生存和自我、人性、理想价值、性别意识等时代主题、思想观念受到更多关注②。这就要求品牌更为积极地承担相应的社会责任,塑造一个环境友好的、富有个性的品牌形象。

 阅读资料

"数动力"赋能高质量

2019年10月11日,由工信部和河北省政府共同主办的2019中国国际数字经济博览会在河北省石家庄市开幕。本次展会以"数字经济引领高质量发展"为主题,聚焦数字经济发展前沿,充分展示数字经济领域国际国内最新技术、产品、服务和商业模式③。

我国数字经济规模逾31万亿元

工信部公布的数据显示,截至2018年底,我国数字经济规模超过31万亿元。"大数据时代才刚刚开始,中国具有全世界最独特的机会、最大的优势来获得数字经济时代的领先地位。"此次博览会上,阿里巴巴集团董事局主席兼首席执行官张勇表示,实体经济正在被重新定义为技术驱动、大数据驱动的经济。

---

① 营销之父科特勒万字演讲实录:营销的未来[EB/OL].[2019-10-14]. https://mp.weixin.qq.com/s/s5myZSe_950KuSEtMwiaSQ.

② 单小曦.从后现代主义到"数字现代主义"——新媒介文学文化逻辑问题研究反思与新探[J].浙江社会科学,2016(6):120-128.

③ "数动力"赋能高质量——写在2019中国国际数字经济博览会开幕之际[EB/OL].[2019-10-12]. https://baijiahao.baidu.com/s?id=1647139595415266974&wfr=spider&for=pc.

近百项新产品新技术亮相

此次博览会上,共有493家国内外企业参展,世界500强、国际数字经济领跑企业和行业冠军企业占参展企业总数的35%。展馆中随处都能看到5G、大数据、人工智能、物联网、工业互联网、智能网联汽车、智能机器人、数字媒体等众多领域的产品。

"巨头"抢滩产业高地

河北省政府和阿里巴巴集团签署了《加快河北数字经济发展合作协议》,双方将共建"数聚河北"工程,包括建设集大数据生产、科研、应用为一体的京津冀大数据产业基地,承接京津大数据产业向河北转移。此次博览会上,包括BAT在内的多家数字经济"巨头"与河北省达成多项合作协议。比如,百度和河北省沧州市签署战略合作协议,百度获得沧州颁发的京津冀区域首批30张自动驾驶载人测试牌照,Apollo自动驾驶车队于2019年10月底在沧州展开规模化测试。百度副总裁、智能驾驶事业群组总经理李震宇表示,百度将发挥人工智能、自动驾驶等技术优势,携手河北更多城市参与京津冀智能产业经济带的建设。

第二节 数字时代的品牌传播概述

品牌学是社会生产力发展成熟到一定阶段的必然产物,是社会经济发展内在要求使然,是社会经济发展内在规律和外部需求共同作用的结果[①]。品牌的概念随着时代发展变化不断变动,实质上反映出了不同历史条件下商业逻辑的变革。

一、品牌的概念

品牌的概念随着时代的发展不断演进,对品牌含义的不同理解影响着品牌传播所采取的策略。席佳蓓在《品牌管理》一书中梳理了品牌含义的四次变革,即"品牌是区隔符号、品牌是信息载体、品牌是关系集合、品牌是无形资产"[②]。进入数字时代,媒介融合、万物互联的深入发展,颠覆了传统的商业模式和业务逻辑,品牌的含义进一步发生了变化,即"品牌是连接器(Hub)""品牌是生态"。

(一)传统品牌概念的演进

"品牌"一词来自于英语词汇brand的释义,brand起源于中世纪古挪威词语brandr,意思为"烙印",是指烙印在动物身上以区分所有权的标记[③]。中世纪时,西

[①] 年小山.品牌学[M].北京:清华大学出版社,2003:2.
[②] 席佳蓓.品牌管理[M].南京:东南大学出版社,2017:9-11.
[③] 里克·莱兹伯斯,巴斯·齐斯特,格特·库茨特拉.品牌管理[M].李家强,译.北京:机械工业出版社,2004:1-3.

方游牧部落在牛马身上打上烙印来标明主人,即最开始,品牌是作为一种区隔符号。1960年,美国市场营销协会(American Marketing Association,AMA)在《营销术语词典》中指出:"品牌是一种名称、术语、标记、符号或设计,或是它们的组合运用,其目的是借以辨认某个销售者或某群销售者的产品或服务,并使之同竞争对手的产品和服务区别开来。"《现代经济词典》中直接将品牌界定为"企业给自己的产品规定的商业名称"。这种将品牌界定为区隔符号的思想源于品牌最初产生的应用以及其最直观的功能。但这种品牌概念的界定更类似于"商标"的概念,随着商品经济的不断发展,这种类似于"商标"的品牌界定越来越不适于指导实际的商业实践。

品牌的概念在市场经济迅猛发展的刺激下,又经历了几次革新。例如,美国广告学大师大卫·奥格威将品牌定义为一种错综复杂的象征,是品牌的属性、名称、包装、价格、历史、声誉、广告风格的无形组合。这种界定将品牌的概念抽象为关于产品全部信息的载体。后来随着买方市场逐渐占据主导地位,企业主愈发重视消费者购买特定品牌商品的心理历程,逐渐意识到与消费者建立关系的重要性,此时,品牌被定义为关系的集合。亚马逊公司的创始人及首席执行官杰夫·贝佐斯说:"品牌就是指你与客户之间的关系。"此外,品牌还被认为是企业的"无形资产",这些都体现出企业主品牌意识逐渐增强的历史进程。

(二)数字时代品牌概念的新解

1. 品牌是连接器(Hub)

进入数字时代,社交媒体、平台媒体的发展让品牌成为连接资源的连接器(Hub),我国品牌学者何佳讯认为:"品牌是整合所有的相关资源来做平台……平台品牌或将取代公司品牌。移动互联网是造就平台品牌普遍存在的核心动力。"[①]平台品牌以消费者为主导,遵循服务主导逻辑(S-D),将生产者和消费者视为共同创造价值的"资源整合者"[②]。迈克尔·哈耶特在他的《平台》一书中将"让人欲罢不能的产品"和"有效的平台"视为当今企业若想获得成功所必需的两个战略资产。我们所熟知的诸如淘宝、美团、微博、小米、小红书等都是平台品牌的代表,借助平台品牌的网络外部性,这些企业可以通过不断吸纳新的供给方和需求方扩大市场份额,实现品牌增值。将品牌视作连接器和平台,相对于传统的品牌概念来说更具备实操性,符合时代发展的要求,然而从术语角度和实践层面来看,仍然存在着涵盖范围较窄、品牌人格化研究不足等问题。

---

① 何佳讯.颠覆的品牌逻辑[J].清华管理评论,2017(3):78-84.
② 沈蕾,何佳婧.平台品牌价值共创:概念框架与研究展望[J].经济管理,2018(7):195-210.

2. 品牌是生态

随着互动关系网络的复杂化,品牌关系的研究范式将从物理化逐步转向生态化①。张燚等学者曾将品牌本性的发展划分为三个阶段,将品牌生态说②归纳在最后一个阶段,即"未来品牌观阶段"。近年来,5G技术和物联网等技术让"品牌生态"的可操作性和价值逐步显现,"品牌生态"的相关概念也逐渐成为主流。品牌生态源自于对品牌关系的研究,面对日益复杂多元的品牌关系问题,安格尼斯嘉·温克勒(Agnieszka Winkler)于1999年提出了品牌生态环境的新概念,将生态学引入到品牌研究的范式中来,将品牌视为具有生命特性的存在。安格尼斯嘉·温克勒认为,"品牌系统本身就是一个由各种要素构成的动态有机组织,具有极其复杂的层次和结构"③。这让品牌的含义再一次得到了新的阐释,即"品牌是生态"。对品牌生态的内涵与外延的研究成为数字时代品牌研究领域的一个热点,相关企业实践的发展进一步助推着学术研究的深入发展。2018年5月,海尔提出了"生态品牌"的概念,并将生态品牌解释为以用户最佳体验下的迭代升级增值作为标准,通过协同互补和协同演进的方式实现生态圈内利益攸关方增值的品牌。海尔首席执行官张瑞敏认为:"在传统时代,是产品品牌;在互联网时代,是平台品牌;在物联网时代,一定是生态品牌。"

借助品牌生态化理论,我们可以将数字时代的品牌理解为品牌主依赖人工智能、大数据等数字技术赋权,通过与各利益相关者进行互动、共演,从而构建的关系生态系统,其目的是实现可持续的形象优化、内容迭代和价值增值。人们在不同时期赋予品牌不同的定义,既是社会发展的需要,也是人类认识世界的一般规律的反映④。

二、品牌传播的内涵

品牌传播的内涵是什么?余明阳和舒咏平曾在《论"品牌传播"》一文中从传播学的角度对其做出了解释,即"品牌传播(Brand Communication)是一种操作性的实务,即通过广告、公共关系、新闻报道、人际交往、产品或服务销售等传播手段,以最优化地提高品牌在目标受众心目中的认知度、美誉度、和谐度"⑤。其中品牌资产、受众目标、传播手段是品牌传播的重要构成要素,品牌传播的经典定义实质上将传播过程的重心放在广告主的身上,蕴涵着传播的线性思维。为了弥补这种缺陷,经过

---

① 张燚,张锐.论生态型品牌关系的框架建构[J].管理评论,2005(1):20-25.
② 张燚,张锐.国内外品牌本性理论研究综述[J].北京工商大学学报(社会科学版),2004(1):50-54.
③ 王启万,朱虹,王兴元.品牌生态理论研究动态及展望[J].企业经济,2017(3):16-24.
④ 张锐,张燚,周敏.论品牌的内涵与外延[J].管理学报,2010(1):148.
⑤ 余明阳,舒咏平.论"品牌传播"[J].国际新闻界,2002(3):61-66.

进一步的思考,余明阳提出"品牌传播就是指品牌所有者通过各种传播手段持续地与目标受众交流,最优化地增加品牌资产的过程"①,强调了互动沟通的重要性。然而随着互联网的发展,网络品牌的崛起,品牌传播在实际操作过程中出现了一些新的特质,以往基于线下品牌运营逻辑所归纳的品牌传播概念不足以很好地在操作性层面上对品牌在新媒体环境下的传播进行指导,这也就引发学者对于"品牌传播"概念的进一步思考。王萱认为,随着市场化社会越来越成熟,品牌传播从生产文本进入了建立秩序的新阶段,并指出网络互动营销应秉承着激发消费者参与文本生产的理念②。程明、薛海霞认为,随着自主信息传播时代的到来,品牌与消费者的关系从垂直线性转变为交互网状,品牌进入了"消费者参与创造品牌信息""消费者体验推动品牌迭代""消费者主导品牌价值诠释"的"新制度化"建构的时代③。可以说,在新媒体时代,人们重新认识到了传播主体"人"的重要性。

在数字时代,人们则进一步发现了"人"的异化。舒咏平指出:"在数字化生存中,一定意义上已经实现了人即数字、数字即人;每个人总是不知不觉地在数字生存表现中自然地展示自我,展示所依托的、所关联的品牌。"④进入数字时代,人们已经习惯融入品牌所塑造的生态之中,人们在数字化的同时,品牌却被赋予了"生命"的特性。品牌的构建与传播也呈现出以下几点重要的特质:①"价值共创""协商品牌"的兴起意味着在数字赋权下品牌资产增值路径发生了颠覆性变化;②品牌的价值作为传播内容的核心,价值理念成为与消费者沟通的关键;③社群经济、口碑传播逐渐成为品牌传播的主要方式。

由此,品牌传播的内涵再次被赋予了新的意义,数字时代的品牌传播是品牌通过构建场景与媒体矩阵传达品牌理念等信息,引发品牌利益相关者的沟通互动,从而扩大品牌资产、增加美誉度与品牌忠诚度,最终实现品牌的价值共创。

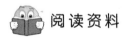 阅读资料

品牌与品牌化研究的取向⑤

品牌与品牌化研究有两个对应的取向。如果画一坐标,那么向左就是 Kapferer 教授建立并主张的企业(战略)角度,向右就是 Keller 教授确立并主导的顾客角度,

---

① 余明阳.品牌传播学[M].上海:上海交通大学出版社,2005:13.
② 王萱.品牌即秩序——品牌传播新阶段的几点思考[J].新闻界,2013(19):24-27.
③ 程明,薛海霞.自主信息传播时代品牌"制度化"的颠覆与"新制度化"的建构——从垂直设计到交互设计[J].现代传播,2016(6):110-115.
④ 舒咏平,肖雅娟.品牌传播理论建构的主体性、史学观和思维变革[J].现代传播,2018(1):128-132.
⑤ 何佳讯.品牌与品牌化研究的取向、格局及趋势[J].品牌研究,2016(2):5.

在这个坐标的中间,则是 Aaker 教授开创并坚持的企业与顾客兼顾的取向。这三种取向构成了完整的版图,并蕴含了品牌创建与品牌资产测量的实践逻辑。三种取向的基本比较见表 1-1。

表 1-1 品牌与品牌化研究的取向

比较项	企业取向	企业与顾客兼顾	顾客取向
奠基人	Jean-Noël Kapferer	David A. Aaker	Kevin Lane Keller
开创之作	Strategic Brand Management—New Approaches to Creating and Evaluating Brand Equity (1992)	Managing Brand Equity (1991)	Conceptualizing, Measuring and Managing Customer-Based Brand Equity (1993)
核心构念	Brand Identity	Brand Equity + Brand Identity	Customer-Based Brand Equity
对品牌的理解	"品牌是条件性资产"(即品牌是产品加上产品之外的附加值)	企业战略之脸(A brand is the face of a business strategy)(2014)	品牌知识导致顾客对营销活动的差异化反应(即品牌是产品之外的附加值)
品牌战略制定的起点	品牌识别	战略品牌分析	品牌定位
品牌建立范式的侧重点	自上而下建立品牌	自上而下建立品牌	自下而上建立品牌
品牌资产测量的视角	财务角度	顾客与财务联合的角度;市场角度	顾客角度
派生的理论流派	• 品牌取向 • 基于企业内部视角的品牌管理	• 信息经济学视角 • 品牌资产的财务价值 • 利益相关者聚焦的品牌逻辑 • 基于雇员的品牌资产 • 全球品牌 • 品牌价值共创	• 消费者-品牌关系 • 品牌个性 • 品牌社群 • 文化品牌化 • 品牌体验 • 品牌依恋 • 品牌价值观

第三节 数字时代对品牌传播格局的重构

在数字时代,重构品牌传播格局的作用机制主要体现在四个方面:媒介融合重塑传统媒介格局;线上品牌逻辑更新传统品牌模式;需求意识觉醒改变传统消费习惯;大数据智能需求匹配改进传统精准投放。

一、媒介融合重塑传统媒介格局

随着数字化革命的迅速开展,媒介生态环境发生了巨大的变化,"媒介融合"成为全球传媒业发展的重大现实与重要趋势。在这一过程中,传统媒介格局被重塑,品牌传播迎来了新的机遇与挑战。

(一)媒介融合的概念

"融合",即 Convergence 一词,最初源于科学领域,直至 20 世纪 70 年代末,该词才被引入新闻传播学领域,并于 80 年代得到推广和普及。1983 年,美国传播学者、马萨诸塞州理工大学伊契尔·德·索勒·普尔(Ithiel de Sola Pool)教授提出,"媒介融合,就是各种媒介呈现出多功能一体化的发展趋势"。随着计算机数字技术的进步,数字化融合迅速发展,各种新的媒介形态不断涌现,媒介融合呈现出诸多全新的特质。从 20 世纪 90 年代末开始,我国学者基于不同的语境、研究视角、视野和研究层次纷纷展开对媒介融合的研究,并由介绍西方经验、强调重要性等理论层面,向分析业界案例、探索未来发展方向等实践层面深入[1]。

综合各位学者的观点,可以认为,媒体融合是缘于数字化、网络化技术的推动而导致的各种媒体形态的边界逐渐消融,多功能复合型媒体逐渐占据优势的过程和趋势[2]。关于其内涵可以从以下三个递进的层次来理解。

1. 媒介内容与功能的整合

随着媒介技术的革新与融合,各类传播媒介在行为、目标等业务实践层面的交叉愈加频繁,承载着不同媒介信息的媒介形态由单一性、差异化走向互动联合,融合成了集文字、图片、音频、视频等于一体的多媒体形态。在充分利用自身既有的信息资源和庞大的受众市场的前提下,传统媒体介入、整合新兴媒体,形成了具有共通性、兼容性的多媒体网络传输平台与多媒体、多渠道融合传输的模式,实现了功能上的互补和内容生产的分配与共享[3]。以《人民日报》入驻新媒体平台为例,在移动互联迅速发展、社交媒体蔚然成风的数字时代,《人民日报》积极构建媒体传播矩阵,如开通官方微博号,设置"微评论",组织"微投票",发起"微话题"等,充分实现媒介内容与功能的整合。

2. 媒介生产与消费的整合

为了充分整合媒介资源,降低运营成本,增强信息传播效益,打造整体与核心竞

---

[1] 颖悟,汪丽.媒介融合的概念界定与内涵解析[J].传媒,2012(1):73-75.
[2] 李良荣,周宽玮.媒体融合:老套路和新探索[J].新闻记者,2014(8):16-20.
[3] 孟建,赵元珂.媒介融合:粘聚并造就新型的媒介化社会[J].国际新闻界,2006(7):24-27.

争力,不同媒介在融合、兼并的过程中打破了传统的单一形态,形成了全能型的全媒体生产管理平台,并逐渐演化为一种媒介运营模式。在此语境下,媒介融合不只追求内容与功能上的整合,还强调对媒介内容的生产、传播、消费等传统形式的颠覆,关注技术变迁带来的媒体业运营管理和消费者使用逻辑的转变,包括横跨多种媒体平台的内容流动、多种媒体产业之间的合作以及媒体受众的迁移行为等①。

3. 社会关系的结构性转变

随着技术水平的提高,人们对社会的参与有了更多的定义,开始寻求精神层面的补充,并形成了更多的权利意识。作为间接的传播途径,媒介大大扩展了人们的交流范围,实现了私人空间的信息流动,并为之提供了参与公共信息的生产和公共意见的表达机会。在融合之势下,社会的媒介化进程加快,媒介技术、内容与服务都以融合为基点,参与到受众对社会信息的选择和接受之中,使得社会信息系统获得了前所未有的建构②。在此情况下,原来互相分割的社会交往语境和形态逐渐模糊乃至坍塌,社会关系发生了极大的变化。

(二)媒介融合对传统媒介格局的重塑作用

从2014年开始,媒介融合成为国家层面的发展战略,在自上而下的政策推动下,中国的传播环境发生了前所未有的变革。原来传播形态各异、边界清晰的传播格局日渐消散,各种力量通过融媒体通道都可以直抵社会变动的第一现场,并在传播能量与传播速度上实现飞跃。

1. 重塑传受角色

在传统媒体环境下,新闻传播者是信息的主要提供者,影响着人们的认知和思考,控制着信息传播和舆论走向。随着媒介技术的发展,平台与内容的垄断状态被打破,公众的选择权与话语权增加,每个人都可以通过新媒体平台获得自己想要的信息,并进行内容生产,个体声量大大增强。此外,媒体平台的多元化、垂直化发展也增加了传播的复杂程度,传播者由单纯的信息加工者向媒体运营和社交活动的策划者转变,而受众从简单的阅读者向数字化媒体用户和信息消费者转变。在信息多元竞争的环境下,媒体只有通过改变经营方式,以"用户"为中心,重视双向沟通与多方互动,才能实现传播效果最大化。

2. 重塑分发方式

在全网融合的媒介场景中,用户的话语权得到释放,用户生产内容彰显出强悍

---

① 颖悟,汪丽. 媒介融合的概念界定与内涵解析[J]. 传媒,2012(1):73-75.
② 张晓锋. 论媒介化社会形成的三重逻辑[J]. 现代传播,2010(7):15-18.

的生命力。此外,多元的媒介渠道在丰富媒体矩阵的同时也分散了用户的注意力,减弱了单一媒体的力量,基于不同平台的不同特性,用户在进行决策前往往会借助多种渠道进行内容搜寻,以获取不同程度与不同属性的信息,满足需求。因此,对于分发方式而言,传统媒体"一对多"的点状分发模式也在逐渐向"多对多"的多平台分发模式转变,通过将同一个内容进行多渠道发布,拓展信息传播范围,可以覆盖目标人群,实现目标效果。

3. 重塑媒介策略

随着用户地位的上升和媒介形态的变化,媒介经营与管理的重点也由原本的"以我为主"转为"以用户为中心",迎合用户的信息消费方式,满足其需求成为媒介策略的方向。在新媒体时代,用户不再如过去那般按照单位、职业、区域所属等变量形成群体,而是根据兴趣的辐射力度,产生可大可小的趣缘群体,分散在各个平台上,形成隐形的用户分层[①]。为了有效找到目标群体,实现合理的媒介投放,达到理想的传播效果,采用互联网思维进行受众定位和媒介投放成为必然选择。此外,在内容策略上,通过利用有吸引力的 IP,与消费者建立更多的情感连接,增强内容搭载、内容原生能力和多平台内容互动能力也成为趋势。

(三)媒介融合背景下品牌传播的机遇与挑战

随着移动互联网的普及与媒介融合的发展,人们越来越多地将注意力投放到数字媒体,媒介接触程度大大提升。在多元平台逐渐兴起的当下,品牌主可通过在多种不同渠道进行内容投放以引起消费者注意,达到品牌传播的效果。与此同时,在云计算、大数据、物联网等技术的加持下,用户的个性与需求不再神秘莫测,品牌主能够通过智能技术手段收集用户阅读习惯、生活方式,分析用户需求,完成精密的用户画像,并通过媒介整合策略全方位建立用户活跃度与用户黏度,强调用户体验,将更好的产品迅速传递到用户的手中,制造品牌价值的裂变式增长。可以说,在媒体与移动受众随时随地的接触中,品牌传播也带上了一定的追随性与强制性,能在针对性与精细化的传播中加强用户对品牌的认知度与好感度。

但在信息传播渠道变宽、传播速率加快的同时,媒介融合的发展也为品牌传播带来了新的挑战。不断更迭的数字技术使得品牌的媒体矩阵随时可能被新出现的媒体平台和媒介使用方式打破,用户注意力难以聚焦。除此之外,在媒介融合时代,品牌对负面消息的掌控力也随着传播速度的加快而减弱,品牌危机在口碑的作用机

---

① 喻国明. 内容生产的供给侧与需求侧:趋势与变化[J]. 新闻与写作,2018(11):53-56.

制下随时可能爆发，造成毁灭性的影响。因此，在消费者对自身的信息注意力握有相当主动权的当下，企业应当坚持互动导向，充分重视品牌信任创建和维护，使消费者形成信任的心理评价，同顾客发展信任关系，让顾客更为理性地评估所接收到的企业信息，并借助信任态度，减少危机信息的发生与传播，以预防危机的爆发或降低危机的影响[①]。

二、线上品牌逻辑更新传统品牌模式

(一)以消费者为中心的品牌导向

传统的品牌逻辑强调，品牌传播必须遵循一定的品牌导向，即品牌自身发展的明确规划和想法，强调一切结果都要在品牌主的控制之中。从生产导向、产品导向、销售导向到行销导向和社会责任导向，品牌主根据时代推进的特征与趋势不断调整着企业经营理念，以期促进品牌的更好传播与发展。

在互联网数字技术不断深耕，媒介融合态势日渐增强的当下，品牌传播呈现出智能化趋势与开放性特点，传播对象由模糊的客群变成清晰的个体，传播方式也由单一定向转为多元互动，以产品为中心的营销理念成为过去式，"消费者导向"时代正式到来。企业凭借创新性的产品、服务及品牌文化体验吸引消费者，满足其物质与精神层面的需求，并在潜移默化中将品牌信息融入用户的感知，塑造出独特而具有个性的品牌形象，获得消费者的好感度与忠诚度。在数字时代这一更加开源的环境中，消费者不再是品牌信息的被动参与者，而是品牌建设的伙伴和参与者，发挥着前所未有的重大作用[②]。

以阿里巴巴旗下的Brand Hub新零售平台为例，在汇聚了各传播环节的组织机构后，平台发挥其强大的内容整合优势，以流程化、标准化的模式，为零售商提供品牌号管家服务，开展内容营销、关系营销与全域营销。在Brand Hub平台官网首页有一段关于其运营理念的解读："数字时代的消费者对品牌提出更高的要求，他们希望品牌把他们当成一个个具体的消费者，而非传统营销中千人一面的客群；他们偏爱'去中心化'的营销，在品牌关系中发出他们的声音；他们需要线上线下无缝衔接的新零售体验。这一切都对品牌-消费者的关系管理提出了全新的挑战。"由此可以看出，在数字时代消费者导向对于品牌的重要性[③]。

---

① 海英,杨国亮.企业互动导向下的品牌危机预防模式研究[J].商业经济与管理,2012(12):42-51.
② 汤丽萍.新媒体环境下品牌传播的态势[J].中国青年社会科学,2015(3):121-124.
③ Brand Hub——品牌新零售平台[EB/OL].[2019-11-14]. https://brandhub.tmall.com/.

(二) 逆金字塔式的品牌传播模型

在传统品牌理论中常用品牌资产金字塔来概括品牌建立的步骤,其中最具代表性的 AIDA 模型指出,品牌传播的效果是由下往上循序开展的。该模型以扩大目标人群基数为首要思路,主张通过建立广泛的知名度,形成品牌良性氛围,延伸至各个角落的少部分消费者,促使其产生进一步行为。

而线上品牌传播逻辑恰恰相反,它表现为一种逆向金字塔的模型。在移动互联网技术蓬勃发展的当下,SoLoMo 时代到来,传播的线性结构被打散并重构,品牌进入了社会化的全媒体传播环境,拥有更多的发声渠道与媒体触点。但品牌传播路径的泛化也带来了信息爆炸与用户注意力分散的现象,与生产商、渠道商、传统媒体所构建的垂直品牌传播信息渠道相比,用户更愿意相信来自身边朋友或网络口碑推荐的水平信息渠道,重视网络意见领袖的作用,倾向于从社会化媒体主动获取信息[①]。因此,在数字时代,品牌传播更着眼于从塔尖出发,通过找到关键意见领袖(KOL),利用其影响力,进行蜂鸣式营销和病毒传播,形成口碑扩散效应,实现层层扩散,最后达到基层大众。

(三) 着眼于生态圈的品牌延伸策略

品牌延伸是指利用母品牌在市场中的地位和影响,在产品线内或跨产品线推出新产品,开辟并迅速占领市场的一种营销方式,从而达到低成本高营收的目的[②]。传统的品牌逻辑认为,品牌延伸是发挥品牌资产效应的主要策略,也是业务扩张的模式之一。在品牌延伸的应用中,跨品类延伸因其自带话题性而受到最多关注,被频繁运用,但在实践过程中,消费者适应性问题也引发了品牌主思考[③]。

在互联网的推动下,品牌传播逻辑发生了新的改变,品牌延伸策略不再只停留于将促进短期销售作为根本目的,而是着眼于品牌生态圈的建构,注重形成可持续的发展观,以延伸单一品牌的竞争范围。新型的品牌延伸将以开放型平台品牌为基础,通过调动价值链上的供应商、中间商、消费者的能动作用,将大量超越产业边界的商业组织与资源联结在一起,共同进行价值创造,形成彼此间相互依赖、相互协调和互惠循环的结构化社区关系及网络效应,由此增强消费者适应性,并吸引更多消费者的关注。

---

① 王佳炜,陈红. SoLoMo 趋势下品牌传播的机遇与应对[J]. 当代传播,2013(2):95-96.

② Milberg,Sinn,Goodstein. Consumer reactions to brand extensions in a competitive context:Does fit still matter[J]. Journal of Consumer Research,2010,37(3):543-553.

③ Miniard,Jayanti,Alvarez,et al. What brand extensions need to fully benefit from their parental heritage[J]. Journal of the Academy of Marketing Science,2018,46(5):948-963.

📖 **阅读资料**

海尔品牌生态圈①

诞生于 1984 年的"海尔",是海尔集团家电的主品牌。三十多年来,海尔品牌始终站在技术革命和时代发展的前列,引领着中国及至世界家电产业的发展潮流。

在传统工业时代,海尔以优异的质量和服务创建了产品品牌,成为中国家电第一品牌。在实施全球化品牌战略后,海尔连续 10 次蝉联"全球大型家用电器品牌零售量第一"的殊荣,成为当之无愧的全球第一家电品牌。随着互联网的发展,海尔创立了平台品牌,从传统家电企业转变为互联网企业,通过"平台、小微"等组织结构变革,实现了与上下游的关系从零和博弈变成利益共享共同体。到了物联网时代,海尔又以创造共创共赢的物联网社群生态为目的,进行传统制造业转型,率先在全球创立物联网生态品牌。

从海尔 U+、COSMOPlat、大顺逛等全球平台横空出世,到以用户体验为核心全场景定制化"生活 X.0"概念惊艳四座,快速迭代升级的生态品牌开启了海尔新的历史篇章。海尔 U+智能生活平台融合了全球资源的开放式生态系统,包括食联生态、衣联生态、住居生态、互娱生态等物联网生态圈,在各种智能家居生活场景中为用户带来前所未有的智慧家庭生活体验,满足了用户对家的美好憧憬。COSMOPlat 则以用户为中心,对全球技术资源进行整合,让用户参与产品的全流程设计,定制属于其个人的"生活 X.0"。目前,海尔的生态圈已经形成了雄厚的社群基础,在 2018 年,海尔智能产品的用户销量超过 2.1 亿台,实时在线用户数达到 2800 万,大顺逛平台网络触点达到 113 万个,链接了数亿的用户资源。

在发展的过程中,海尔始终坚持以用户为中心,在满足用户的最佳体验并与用户不断交互迭代的同时,努力构建共创共赢的链群生态,实现生态圈内利益攸关方的不断增值。

三、需求意识觉醒改变传统消费习惯

随着互联网的发展,信息技术从传播工具、渠道、媒介、平台进化为基础型社会要素的过程,从本质上改变了人与人连接的场景与方式,引发了社会资源分配规则及权利分布格局的变迁。在技术赋能与媒介转型下,社会个体被激活,需求意识觉

---

① 海尔——物联网时代生态品牌引领者[EB/OL].[2019-11-14]. https://www.haier.com/about_haier/haiererpinpai/ppjj/? spm=cn.29933_pc.tab_20191023.1.

醒,传统消费理念发生了翻天覆地的变化。

(一)数字媒介改变沟通方式:从消费到创造

1. 社会交往方式变革

从现金支付到扫码付款,从短信消息到微信消息,从传统电话到微信电话,从实体购物到淘宝天猫……互联网在历史的发展中一步步渗透至特定的场域,对人们的社交情景、社会角色与交往规则产生了巨大影响,改变了我们与媒介社会的相处方式。

随着数字技术的进步与社交媒体的发展,"社交"的理念越来越普及,泛社交成为时代趋势。越来越多的媒体接入社交功能,试图渗透至用户生活的方方面面,催生出更多细分的社交形态。在社交媒介的广泛布局下,个人得以通过社交网络"连接一切",发展出新的关系群体,形成专属于个人的群体归属感与群体意识,人类的社会关系也经过血缘关系、地缘关系、业缘关系,发展到"虚拟关系",打破了一直以来的"差序格局"社会关系建构方式[①]。一大批90后、00后"数字原住民"出现,70后、80后也成为了"数字新移民",整个社会呈现出"媒介无处不在,无时不在"的景象。

2. 平民拥有话语权

尼葛洛庞帝认为,数字化生存天然具有"赋权"的本质,在数字化时代,人们将找到新的希望与尊严[②]。自Web2.0技术广泛应用以来,社交媒体逐渐崛起,激活了以个人为基本单位的社会传播构造。在社交网络中,人们突破了空间的区隔和权力对身体的规训,可以自由地表达观点、张扬个性,在不同的平台和关系中扮演不同角色,进行印象管理[③]。从BBS的单向传播形式、博客的"个人门户"传播形式,到移动社交媒体形式,渠道的拓宽与技术的发展极大释放了个人的活力,为其表达自我与维护言论自由提供了基本的保障。从过去的消费媒体到现在利用媒体进行内容创造,个人不再是被动接受的客体,而成为传播的主体,拥有更多的话语权与行动权,社交媒体也因此构建起新的社会网络和社交模式,为品牌传播创造了新的机遇[④]。

[①] 谭天,张子俊.我国社交媒体的现状、发展与趋势[J].编辑之友,2017(1):20-25.
[②] 尼古拉·尼葛洛庞帝.数字化生存[M].胡泳,译.海口:海南出版社,1997:22-31.
[③] 喻国明,马慧.互联网时代的新权力范式:"关系赋权"——"连接一切"场景下的社会关系的重组与权力格局的变迁[J].国际新闻界,2016(10):6-27.
[④] 谭天,张子俊.我国社交媒体的现状、发展与趋势[J].编辑之友,2017(1):20-25.

(二)消费者表达欲望的觉醒:渴望关注

1. 渴望分享观点

社交媒体的发展给了用户极大的参与空间,在传播渠道愈发多元,信息获取逐渐便利的同时,消费者的表达欲望也被逐渐唤醒。在新的关系情景和社会期待中,人们需要不停地寻找归属感与认同感,重新找到自我,以适应新的场景。因此,大量如大众点评、口碑等体验分享类 App 应运而生,越来越多的消费者愿意在社交媒体上记录自己的消费评价,将亲身经历以文字、图片、视频等方式进行详细记录,在多个平台上进行内容分发。通过自我表达,消费者"被人发现"和"受到崇拜"的心理需求得以满足,"关系建立"和"发挥影响"的愿望得到实现,个体消费行为也在网络节点多元连接的状态下实现了延伸,有效加大了口碑传播的作用。

2. 更加相信"同类人"

虚拟与现实、线上与线下、历时与共时场景的重叠,使人与场景之间的相互建构愈加深入。在社会媒体的加持下,消费者的购买决策变得更加谨慎,除了听取品牌主单方面的传播信息,消费者更加信任来自陌生人的体验评价,倾向于从线上各媒体平台中寻找与目标对象相关的信息。英敏特的 2019 消费新趋势调研报告显示,在购买汽车时,65%的中国汽车购买者会在汽车垂直论坛翻阅用户评论;46%的中国消费者希望 KOL 推荐更多值得购买的产品。因此,越来越多的品牌开始与网红、KOL 合作进行产品推广,以促进与消费者的沟通交流[①]。

(三)消费者消费习惯的改变:从被动接受到主动获取

在数字时代,话语权的下放使互动沟通成为了社交平台的常态,随着移动互联网技术的发展,信息量开始呈爆炸式增长,信息过载现象也随之发生。在无数的真假信息与网络谣言中,消费者开始逐步掌握基本的信息分辨能力,了解自我需求,展现出更多的能动性。

在过去,传统的广告传播模式是以"信息邂逅"为本质的。在大众传媒环境下,广告主对广告受众的媒介接触判断并不清晰,广告信息发布只是对信息邂逅的高概率追求,消费者对广告信息的接受往往是被动的、无意识的,效率较低[②]。随着技术的转变,广告主对媒介与受众的控制力下降,广告受众拥有了更多的发言权。有学

---

① 英敏特发布 2019 消费新趋势:数字媒体影响消费行为,也制造"孤独患者"[EB/OL].[2019-11-14]. http://www.z-s.cc/xinwen/jszl/21972.html.
② 舒咏平."信息邂逅"与"搜索满足"——广告传播模式的嬗变与实践自觉[J].新闻大学,2011(2):79-83.

者指出,"消费者不再相信单一的信息来源,他们需要不断地'搜索''分享''比较',从而获取自己更需要和更满意的信息"①,如在百度上搜索详细情况,在大众点评上搜索使用感受,在淘宝上搜索常见价格区间等。这昭示着在数字媒体时代,消费者由过去的被动接受变为主动获取,品牌传播不再简单地被广告营销者左右,用户的主体性得到更多凸显。在媒体信息庞杂的环境中,品牌传播必须重新审视品牌与消费者之间的交互关系,做出顺应时代潮流发展的改变。

四、大数据智能需求匹配改进传统精准投放

在数字时代,用户的需求意识觉醒,通过主动搜索来获取信息成为消费者的习惯。与此同时,用数据说话成为当下社会的鲜明特征,大数据技术的应用也给品牌营销及媒介投放带来了新的机遇②。

(一)变革动力:信息不平衡

在实践中,精准营销在展现出强大投放效果的同时,也开始暴露出种种弊端。由于对数据的挖掘、用户画像模型的拟定与消费者的细分都建立在品牌主的设定中,受品牌主的主观影响较大,传播走向呈现单向性特点,缺少与用户的双向互动。此外,品牌主所欲传播的信息往往是单一确定的,不具备变通性,因此,媒介的投放策略也减少了相应的适配性,弱化了对每一用户个体的营销效果。随着用户数据的增多,数据库内容的有效抓取成为难题。可以认为,大数据的产生在一定程度上简化了人们对世界的认知,部分大数据应用仍停留在标签化的层面,忽略了个体之间的差异,容易导致千人一面的结果,信息供需关系的不平等问题亟待解决。

(二)算法推荐:用户即标签

为了贴合消费者的新观念,开启其心智大门,品牌不再依靠单一的数据分析与精准投放,而是综合时间重力算法、关系加权算法、兴趣加权算法、互动加权算法等四种方式,运用算法推荐技术为用户推荐其所需的各种资源。以兴趣加权算法为例,这种算法根据用户显式披露的或隐式呈现的信息偏好建立机器学习模型。同时,运用群体智慧的协同过滤算法也越来越受到更多品牌主的青睐。基于用户的协同过滤算法假设"对某条内容感兴趣的人群,有较大的概率在其他方面也有共同的兴趣",如"看过这篇文章的人还喜欢"便是这一模式。而基于物品的协同过滤算法则假设"两条内容如果总是被同一个用户阅读,则对其中一条感兴趣的

---

① 丁俊杰.2008年,中国广告业的动力与动向[J].山西大学学报(哲学社会科学版),2008(3):43-44.
② 董莉莉.剖析大数据时代下用户画像及媒介策略[J].传媒,2016(2):82-83.

用户,有更大概率对另外一条内容也感兴趣"①。通过分析与目标用户需求相似的用户群体,对他们的行为进行整合,品牌不断为目标用户推送更加精准的内容。在这个过程中,生产标签不再是品牌,而是用户本身,以达到点对点信息传输的供需平衡。

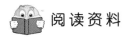 阅读资料

网易云音乐协同过滤算法②

网易云音乐的神奇算法总让人感到惊喜。App 的每日推荐歌单似乎总能直中用户的音乐品位,令人怀疑软件是否拥有读心术。因此,网易云音乐也被用户们赋予了"独立且小众音乐爱好者的天堂"的称号。与老牌的酷狗音乐、QQ 音乐相比,以游戏起家的网易公司自然没有可与之匹敌的专业歌曲分类手段。但相较于另外两款音乐软件,网易云音乐能够得到更广大消费者们的喜爱正是由于其出色的协同过滤算法起了作用。

除了基于流行度的推荐和基于内容的推荐,网易云音乐还开辟了"音乐密友"栏目,根据收藏单曲和日推歌曲的相同概率,为用户匹配"音乐口味相似度"较高的其他用户所关注的音乐内容。在一首单曲的"相似推荐"中,网易云音乐同样会推荐"喜欢这首歌的人也听"的歌单,以最大程度地满足用户需求。

在数字时代,除了卓越的营销传播策略,协同过滤算法推荐成为了网易云音乐制胜的法宝,在与用户的点对点传输中,品牌的价值被无限放大,网易云音乐的核心竞争力也慢慢树立起来。

 本章小结

数字时代颠覆了传统的商业模式和业务逻辑,催生了新商业文明,品牌传播呈现出新的路径与特征。本章首先通过对数字时代的概念和特征进行归纳,描绘了商业活动的社会环境变化;其次依照历史脉络对品牌和品牌传播的概念进行解析,阐述数字时代下品牌与品牌传播的新内涵;最后通过媒介融合重塑传统媒介格局、线上品牌逻辑更新传统品牌模式、需求意识觉醒改变传统消费习惯和大数据智能需求匹配改进传统精准投放四个方面展示品牌传播格局的图景。本章旨在让读者形成

---

① 师文,陈昌凤.社交分发与算法分发融合:信息传播新规则及其价值挑战[J].当代传播,2018(6):31-33.
② 李兰馨.大数据智能算法范式下的用户黏性研究——以网易云音乐为例[J].新媒体研究,2019(4):4-6.

对数字时代品牌传播形势与格局的宏观认知,希冀读者能够站在时代发展背景的角度上去体会数字时代品牌传播的新变化。

 思考题

1. 谈谈你对数字时代的认知。
2. 谈谈你对数字时代的品牌与品牌传播概念的理解。
3. 在数字时代,品牌传播的方式出现了哪些新变化。
4. 请思考数字时代品牌传播格局的新特点。

第二章

数字时代品牌传播的受众变化

学习目标

1. 理解数字化生存的内涵。
2. 掌握受众变迁过程及不同阶段的特征。
3. 掌握新时代消费者消费决策的新特征新趋势。
4. 掌握不同时期消费者决策模型及其特征。

信息技术的革命,创造了一个物理上覆盖全球、逻辑上覆盖人类生产生活方方面面的复杂网络系统,揭开了数字化生存时代的帷幕。互联网应用及其所倡导的价值理念逐步渗入日常生活之中,潜移默化地影响了受众的交流模式、思维方式与消费观念。面对技术变革的机遇与困境,品牌保持核心竞争力的关键在于,回归消费本质,以"人"为核心,洞悉新生态中的受众。

第一节 数字化生存中受众的角色转变

美国学者尼葛洛庞帝于1997年提出"数字化生存"的概念,数字化生存不是一个单纯的仅仅依赖于数字技术构建起来的生存形态,而是包括了现代科技、社会经济文化在内的全新综合性生存形态①。在此背景下,受众与信息之间的联系日益复杂、紧密,受众的角色也发生了转变。

一、从"受众"到"后受众"

受众是社会信息传播接受者群体的总称,是信息传播过程的重要因素之一。在传播学概念中,受众是指一切大众传媒的接受对象,比如电视的观众、广播的听众、报纸的读者,是信息传播的终端或次终端。后受众则超越了受众思维的局限,超越了单向的、被动的受众思维,走向现代化的思维。

回溯人类信息传播历程,受众最早可以追溯至农耕文明时期,语言符号与体态非语言符号是信息沟通、意义交流的重要工具。古希腊、古罗马时期城邦观众是彼时受众的原始雏形,聚集在现场观看体育竞技、戏剧表演的观众,聆听演讲的听众是受众的典型代表②。印刷术的发明,推动了信息知识的传播与书面文化的推广,催生了最早的媒介受众——阅读公众,但他们并非真正意义上的大众受众,教育普及程度、媒体资源的稀缺等因素限制了报刊读物的流通,报刊是少数社会

---

① 龚成.数字化生存时代大学生思想政治教育方法研究[D].徐州:中国矿业大学,2019.
② 丹尼斯·麦奎尔.受众分析[M].刘燕南,译.北京:中国人民大学出版社,2006:3.

精英与富裕人群的专属。直到19世纪大众化报刊的出现,才开启了大众传播时代的序幕。20世纪中期,随着广播、电视、电影的发明,受众身份第一次与收音机、电视机等技术手段的拥有相联系,大众受众从属性、规模、构成上,被进一步定格化[1]。

工业革命以来,交通运输的发达、信息传播的便捷、文化水平的提高以及新型媒介的衍生等,推动了传播学意义上"大众受众"概念的形成。数字媒介突破了信息传播的延时性与局部性,"网络空间"的崛起衍生了新型媒介供应方式,媒介与手中权力关系的重构,正在深刻地影响受众及其行为方式[2]。在信息技术及其应用的影响下,受众可以自主选择信息源、进行信息生产、参与信息传播,是信息生产与消费的结合体。

受众是社会环境和特定媒介供应方式的产物,今天的受众,正在走出传播学意义范畴中"大众传播的受众"。我们所熟悉的"大众传播的受众"在新型媒介的直接冲击下,已经不再是简单的社会信息传播接收者,他们被"网民""用户""产消者"等词汇所概述,然而,这些都不能完全概括瞬息万变的信息环境里受众所蕴含的特点,"受众"已经延伸为属性多重、身份多样、构成多元、功能复杂的群体。

(一)受众的结构

数字技术的广泛运营,降低了受众的媒介准入门槛,在图文、视频媒介时期,受众的媒介使用行为受到经济水平、知识水平等限制。互联网的诞生突破了诸多媒介消费的壁垒,产生更多的受众。根据中国互联网络信息中心数据显示,截至2019年6月,我国网民规模达8.54亿,较2018年底增长2598万;互联网普及率达61.2%,较2018年底提升1.6个百分点(见图2-1)。与此同时,我国农村网民规模为2.25亿,占网民整体的26.3%,互联网络的发展不断向下沉受众渗透,多元化的用户涌入网络空间中[3](见图2-2)。低线城市和小城镇的年轻消费者或将成为下一个消费增长引擎,根据麦肯锡发布的《2016年中国数字消费者趋势报告》,低线城市的电子商务支出水平在2016年已经赶超一、二线城市[4]。伴随差异化、个性化的发展,受众分众化和消费碎片化现象将愈发显著。

---

[1] 刘燕南.从"受众"到"后受众":媒介演进与受众变迁[J].新闻与写作,2019(3):5-11.
[2] 张雪静,刘燕南.媒介使用:跨屏、移动和参与——互联网受众行为扫描和特点简析[J].新闻与写作,2018(7):12-18.
[3] 中国互联网络信息中心.第44次中国互联网络发展状况统计报告[R].中国:中国互联网络信息中心,2019.
[4] 麦肯锡.2016年中国数字消费者趋势报告[R].中国:麦肯锡,2016.

图 2-1　网民规模和互联网普及率

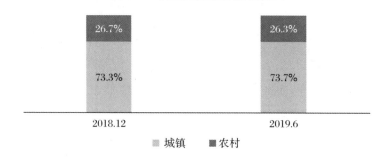

图 2-2　网民城乡结构

(二)受众的角色

互联网、物联网、人工智能等技术的介入,对于信息领域而言,实质上是一种传统的寡头权利逐步让位于由技术逻辑主导的受众权利的过程[①]。信息技术的发展推动新旧媒介的演进、融合、迭代,信息交流的成本变低,传播影响的范围更广,产品消费的成本变低。尤其是Web2.0所塑造的"参与媒体"技术环境[②],赋予受众更多的权利,受众一改以往无意识、不自觉地接受大众媒体所传递信息的消极、被动状态,积极、自主地参与信息的生产、传播、消费等,成为文化、信息的创造者,社会意义建构的主体。

(三)受众的关系

互联网诞生后,在数字技术和意识形态下营造的虚拟空间更强调一种人人参与、人人平等的观念[③]。网络社交关系更具自主性、开放性和平等性,尤其是社交平台的连接机制设计和互动关系建构,使受众不再是分布广泛、缺乏组织性的松散个体。个人门户模式的推广、社交关系机制的发展,深刻改变了大众传播的机制,形成了去

---

① 喻国明,韩婷.算法型信息分发:技术原理、机制创新与未来发展[J].新闻爱好者,2018(4):8-13.
② H. Rheingold. The Virtual Community: Homesteading on the Electronic Frontier[M]. Boston: MIT Press,2000:1-5.
③ 沈浩,张雅慧.关系视角下的受众传播规律与机制[J].新闻与写作,2019(3):12-18.

中心化的网状传播结构,以任意个人为中心可以组建自己的社会机构,形成自己的传播网络。大众传播离不开人际传播,内容的传播越来越依靠"人媒"——受众的关系链,传播主体的个体及其个体之间的关系成为现代信息传播的核心研究对象。

二、受众形态

数字技术日新月异,信息传播在技术的更迭下处于剧烈嬗变之中,新旧媒介此消彼长融合发展,受众生态也正在历经变化。当下的媒介在传播对象、传播流程以及传播终端等多方面都在进行数字化的递进式变革,所对应的受众形态也不断更新,圈层受众、闭环受众、屏端受众等新概念、新形态一一涌现。

(一)圈层受众

网络媒介的出现塑造了一种新的现代社会人际关系模式——"流动性群聚"(mobility),它使参与者实现了在个体性与群聚性之间的自由流动[①]。"流动性群聚"构成了"流动性圈层",他们是通过受众之间的强连接或弱连接而形成的具有相同或相似的属性、经历、偏好和价值观的群体。每个个体都可以属于若干个不同的圈层,每个圈层都拥有某个共同的取向、爱好,圈层受众的出现是信息需求个性化发展趋势的重要表征。

在积极的后受众时代,个人门户模式所构建的社区网络结构、社交关系机制所建立的强链接、智能算法所设计的个性化推送等,使得大众不断被标签化、特征化,形成更小的受众群体,在垂直领域能实现更精准、更专业化的信息生产,激活类群之间的传播,这就是基于圈层受众的圈层传播。

(二)闭环受众

在互联网技术的赋能和加持下,受众研究不再处于不可测的黑箱之中,信息的传播链条不再终止于受众消费。受众的数字行为以数据形式留存,数据挖掘以非介入方式记录,数据分析在智能算法的辅助下实时更新,及时反馈至生产、传播等全链条的各环节中,尤其是受众研究的数据体量也能够将抽样转化为全量。网络技术的支持,改变了相对脱节的传播环节,将受众与传播链条的每一环节进行连接,组成协同共生的传播闭环。

智能算法的出现拓宽了群体、事件的分析维度,如从反馈受众可视行为发展到展现网络社会行为、社交情绪甚至社会心理。通过对受众的搜索、点击、评论等信息消费行为反馈进行系统、全面的分析,并根据受众的动态操作实时优化受众消费图谱,可不断更新最适于受众的信息传播模型。在瞬息万变的传播环境中,传统传播

---

① 黄彪文,殷美香.在个体与集体间流动:论虚拟社群的参与动机与交往基础[J].国际新闻界,2014(9):6-19.

效果反馈滞后,难以灵活调整战略,大多数传播策略基于经验判断。数据、算法让我们有机会更精准地了解复杂传播环境中的受众行为、市场趋势、舆论风向。借用线性分析、社会网络分析、深层数据分析等技术,搜集、整理、加工数据,建立数据之间的关联性,从而勾勒受众画像,分析受众感兴趣的信息内容、常接触的渠道,进行前瞻性的预判,可将受众与内容进行精准匹配,实现智慧化的决策。

(三)屏端受众

随着新兴媒体的崛起,受众的注意力越来越集中到手机、电脑、电视等大中小屏端。"我们已经成为屏之民(People of Screen),屏端构成了新的媒介生态系统。"①尤其是智能手机的普及,以及"提速降费"等政策的影响,手机已经成为受众接入互联网最重要的设备。截至2019年6月,我国手机网民规模达8.47亿,网民使用手机上网的比例达99.1%。与五年前相比,移动宽带平均下载速率提升约6倍,手机上网流量资费水平降幅超90%。诸如平板电脑、笔记本电脑等设备的互联网接入使用率也在不断提升,使用台式电脑、笔记本电脑、平板电脑上网的比例分别是46.2%、36.1%和28.3%②(见图2-3、图2-4)。

图2-3 互联网络接入设备使用情况

图2-4 手机网民规模及其占网民比例

---

① 凯文·凯利.必然[M].周峰,董理,金阳,译.北京:电子工业出版社,2016:93.
② 中国互联网络信息中心.第44次中国互联网络发展状况统计报告[R].中国:中国互联网络信息中心,2019.

随着信息传播全场景、碎片化的特征愈发明显,受众在不同屏端切换、交织的现象将愈发显著。跨屏已经成为当前媒介生态的显著特征之一①,网络技术的更新迭代使内容的跨屏使用变得更加无缝而混杂。

三、角逐注意力市场

数字时代,信息的生产与传播的渠道增长呈指数大爆炸之势,美国学者南波利曾经将平台的增多称为"媒介间碎片化"(Inter-Media Fragmentation),指内容分发平台如雨后春笋般出现,极大地拓展了受众的媒介选择的范围,而将内容的增多称为"媒介内碎片化"(Intra-Media Fragmentation),指媒介多渠道提供信息的能力在不断增强,而这些内容多以片段化和小单元的形式呈现②。

内容与渠道无限增长,但受众的注意力却存在极限性,相较于泛滥的信息,注意力资源成为稀缺的资源。截至 2019 年 6 月,根据中国互联网络发展状况统计报告显示,我国网民的人均每周上网时长为 27.9 小时,较 2018 年底增加 0.3 小时(见图 2-5)。纵观近年网民人均每周上网时长的变化,总体上保持增长的趋势,但是增长速度已经逐渐放缓。无限的内容供应与有限的用户注意力之间的矛盾愈发明显,开放的互联网与局限的受众认知之间的冲突愈发突出,新旧媒体、平台、内容供应商之间的竞争也愈发激烈,尤其是在受众注意力趋于分散的背景下,如何获取用户注意力成为信息领域的重要议题。

图 2-5 网民人均每周上网时长

---

① J. Bjur, K. Schrder, U. Hasebrink, et al. Crossmedia Use: Unfolding Complexities in Contemporary Audiencehood[M]. Routledge, 2014: 15-29.

② P. M. Napoli. Audience Evolution: New Technologies and the Transformation of Media Audiences [M]. New York: Columbia University Press, 2010: 136.

第二节 数字时代消费者的决策历程

随着数字技术的更新迭代,新消费力量涌动,新消费主义盛行,数字化撬动巨大的消费潜力。面对千载难逢的市场机遇和日新月异的信息技术,产品、服务的提供者需要回归消费本质,以消费者为核心,洞悉数字生态中的消费者,方能在风云变幻的数字消费市场驰骋纵横,保持竞争力。

一、数字时代消费者的决策特征

技术、社交、体验等层出不穷的概念,填充着新兴消费的场域。演进中的技术与碎片化的信息,颠覆了产品、服务的提供者与消费者沟通交流的方式,深刻影响了消费者的购买决策,非线性、个性化、社会化的消费决策新趋势正在形成。

(一)非线性

传统的营销是与周围环境相关的,广告、销售等被投放在特定的地点或者环境中,电视黄金档的中插、公路沿线的广告牌、报纸杂志的内页,以期通过商品信息最广泛地传播影响消费者决策。信息技术构建无处不在的网络空间,模糊了空间距离,切割了时间距离,使得信息传播环境的时空碎片化。

在碎片化的信息传播形态中,吸引眼球的标题、跳跃阅读、植入广告、超链接等,替代了阅读时代逻辑化、有条理的信息接收,导致生活方式的碎片化与无序化。在信息搜索极为便捷和快速的条件下,人的记忆方式和思维方式发生变化,呈现非线性、圈层跳跃式的思维决策[①]。在经济全球化、世界一体化的进程中,数字技术为消费者创造了村落式的网络空间,时空边界的缩小,物质欲望的多元,注意焦点的即时,使消费者的决策也随机多变,他们开始享受感官的刺激与思维的跳跃,跟着感觉走成为非线性思维在消费业的重要表征[②]。

(二)个性化

互联网环境下,媒体的数量与信息的供应量激增,受众选择、使用媒体的自由度和个性化空前提升。尤其是社交媒体的诞生,人人都成为信息源,人人都是传播渠道,某种程度上构建了以自我为中心的信息传播与接受体系,个人化的信息空间在某种程度上促成了个性化的消费决策[③]。

---

① 陈力丹.互联网重构了我们的社会生活[J].新闻界,2017(1):30-33.
② 罗雕.数字媒介生态环境中的消费者行为探析[J].东南传播,2010(1):121-122.
③ 陈道志.信息碎片化背景下的用户消费行为模式探析[J].前沿科学,2013(4):36-44.

在信息传播中拥有主动权的受众,也是把握着消费市场的决定权和主动地位的"上帝"。在经济高速增长背后,由于产业、工种等的不同,个人资产的差距也逐渐扩大,人们的生活方式、价值理念呈现出多样化的特征,"大众"在经济意义上不断被分裂而形成"分众""小众"。与此同时,社会整体消费水平不断提高,越来越多的消费者从单纯的物质满足转移到个性化、精神性、体验式的消费,不仅考虑商品的功能、性能,而且还会根据其象征的价值和自身的心情进行选择,从与他人拥有相同东西的时代逐渐过渡到自己随心所欲的时代。

(三)社会化

信息碎片化时代是一个以消费者为主体、维护用户主权的时代,互联网的开放共享会实现对用户分享碎片的自动分发和动态聚合。在媒介社会化、社会媒介化的信息时代,人际传播借助移动终端而高度发达,成为大众传播的基础设施,内容的传播越来越依靠"人媒",而不是传统意义上的"传媒"渠道[①],社交元素、社交机制成为消费者决策的重要依据。

消费者通过社交平台、电商平台等分享消费感受、体验,生成海量、非结构化的信息,与品牌、其他参与者产生互动,消费者不再是孤立的个体,而是相互联系、相互影响的群体。关系的连接推动价值的协同,助力正反馈机制的形成。一方面,消费者成为企业可以利用的社会资本。当消费者认同品牌的产品而成为"粉丝"时,情感联系促使消费者积极、主动分享体验,从而吸引更多的潜在群体,推动需求的扩张。另一方面,以"粉丝"消费群体所构成的社群,与品牌保持紧密的沟通、互动,推动创意的产生、产品的革新,有助于品牌价值的共创。根据麦肯锡发布的《2019年中国数字消费者趋势报告》,中国消费者对于社交媒体尤其热衷,社交媒体交互,包括与关键意见领袖(KOL)互动、发布用户生成内容(UGC)、查看熟人推荐的产品等,促成了约40%受访者的冲动购物[②]。社交圈成为消费者获取咨讯、了解口碑、交流体验的重要渠道。

二、数字时代消费者的决策流程

信息环境的变迁深刻影响了消费生态的变化,信息连接方式对于消费者的消费决策具有决定性作用。在信息碎片化的时代背景下,受众形态的分众化、信息连接的网络化、信息需求的个性化等一系列新趋势应运而生,必然会带动消费者决策流程的演变。

---

① 彭兰.新媒体传播:新图景与新机理[J].新闻与写作,2018(7):5-11.
② 麦肯锡.2019年中国数字消费者趋势报告[R].中国:麦肯锡,2019.

(一) AIDMA

AIDMA 是消费者行为学领域的著名理论模型之一,由美国广告学家 E. S. 刘易斯在 1898 年提出。在大众传媒时代,AIDMA 被业界奉为消费者行为法则的关键,作为品牌与消费者建立联系的重要理论参考。

AIDMA 理论认为,消费者从接触信息到最后达成购买,会经历 5 个常规阶段:Attention(关注)、Interest(兴趣)、Desire(渴望)、Memory(记忆)、Action(购买)。从关注到购买的阶段中,消费者的品牌选择呈现漏斗状,如图 2-6 所示。消费者通过广告、促销等形式获得了商品的信息,由此产生兴趣,此时处于漏斗宽口处,消费者从众多品牌中选择;随着深入了解,消费者产生购物欲望,在商家各种营销传播形式的作用下,不断加深印象,形成对商品、品牌的深度记忆,不断筛选品牌,最后选择某个品牌产生购买行为。在实体经济模式中,品牌沿着线性的漏斗模式选择营销触点,在消费者的重度使用媒介中,通过广告、活动、促销等营销方式驱动消费者的选择。

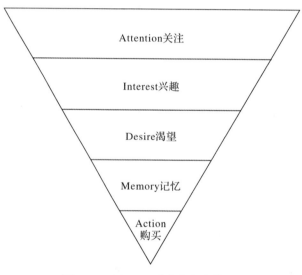

图 2-6 AIDMA 消费者行为模式图

(二) AISAS

数字技术的变革,促成了信息环境与生活方式的变化,消费者与信息的连接方式发生重大的变化,消费者的决策链路也不可避免衍生出新的形式,传统线性漏斗模型 AIDMA 不再适用,因此,电通公司提出了 AISAS(Attention-Interest-Search-Action-Share)消费行为模式。

AISAS 模型引入了 Search(搜索)与 Share(分享)两个全新的环节。在新媒体时代,消费者可以通过网络搜索,将欲望更直接地转换成为可以度量的、更有效的信息补缺行为①。随着社交网络的出现,通过社会化的关系网络与碎片化的信息触点,消费者成为信息发布的主体与信息传播的通路。在 AISAS 模式中,消费者从被动接受商品信息、营销宣传,开始逐步转变为主动获取、认知。AISAS 强调消费者在注意商品并产生兴趣之后的信息搜集(Search),以及产生购买行动之后的信息分享(Share)。

(三)CDJ

CDJ(Consumer Decision Journey)模型是由麦肯锡咨询公司提出,以反映互联网时代消费者的新变化。2015 年,麦肯锡进行版本的更新,CDJ 新模型呈环状,勾勒了消费者从产生需要到完成购买以及产生连接的过程,模型由"购买环(Purchase Loop)"和"品牌忠诚度环(Loyalty Loop)"两个小环内切组成,包括考虑(Consider)、评估(Evaluate)、购买(Buy)、体验(Experience)、互粉(Advocate)和互信(Bond)等 6 个关键环节②(见图 2-7)。

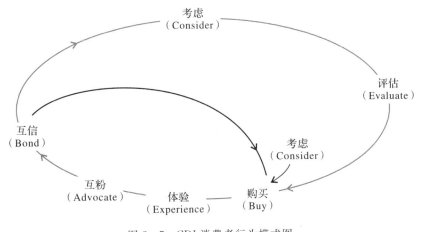

图 2-7 CDJ 消费者行为模式图

在信息过载与选择过剩的信息环境中,消费者的信源呈现多元化、碎片化、海量化的特征趋势,考虑(Consider)、评估(Evaluate)的环节被激增的信息填充,消费决策路径不再是线性、连续的,潜在消费者可能从线上、线下的任意触点进入消费环节。从考虑到购买,消费者的决策路径更加复杂、短暂。

在消费社会化的趋势下,购买环节并不意味着消费的结束,反而很大程度上正在成为消费的源头。在社会化关系网络中,体验(Experience)、互粉(Advocate)和互信(Bond)所潜藏的价值甚至大于在营销之初所进行的广泛曝光,消费者与品牌、消

---

① 广告传播模型:AIDMA 法则、AISAS 模型、ISMAS 法则[EB/OL]. [2018-12-23]. http://www.360doc.com/content/18/1223/23/7221309_804007448.shtml.

② Edelman, Marc Singer. Competing on Customer Journey[EB/OL]. [2015-11-12]. https://hbr.org/2015/11/competing-on-customer-journeys.

费者与其他潜在消费者建立信息连接、自由交流，消费者不仅仅是产品、品牌的消费对象，在关系网络的互动之中，成为产品、品牌价值的创造者、推介者。

 本章小结

信息技术革命开创了数字化生存时代的序幕，消费者的生活方式、思维模式与消费决策历经变迁。本章首先对数字化生存的概念和特征进行了归纳分析，勾勒了数字化生存的基本图景；其次，从受众的结构特征、角色地位以及关系链接三个视角，梳理数字化技术背景下受众角色的变化，列举了圈层受众、闭环受众、屏端受众等信息时代下的新型受众形态；最后，归纳了数字时代消费者的消费决策特征，依照历史脉络对消费者决策流程的演变进行梳理。本章从消费者的视角归纳数字化技术对人类生产生活的直观影响，旨在让读者对数字化时代背景有一个全面、系统的认识。

 思考题

1. 如何理解数字化生存的融合化特征。
2. 受众与后受众有什么差异？
3. 请分析"圈层受众"形成的原因。
4. 数字化时代消费者决策模式与传统时期消费者决策模式有什么区别？

第三章

数字时代品牌传播的多元主体

学习目标

1. 理解个人品牌的内涵,掌握打造个人品牌的策略。
2. 理解企业品牌的内涵,掌握创造企业品牌生命力的策略。
3. 理解城市品牌的内涵,掌握城市品牌传播策略。
4. 理解国家品牌的内涵,掌握国家品牌传播策略。

在数字时代,各类实践主体需要符号化、信息化,积极开展正向价值建构的传播,主体品牌化成为一种必然的趋势。品牌是富有显著价值的国家、企业及各类组织乃至个人的主体性体现①。在数字时代,面对更多的机遇和竞争压力,各主体积极培育和提升品牌,既是一个重要的战略选择,更是一种对时代迫切呼唤的回应。

第一节 个人主体:每个人都可以成为 IP

彼得·德鲁克在《21 世纪的管理挑战》一书中提到:"在知识经济中,成功属于那些了解其自身的人——了解自身的长处、自身的价值观,以及自身如何表现得最佳。"②面对数字时代中市场的激烈竞争,个人成为一种品牌变得必要和迫切。学会基于自我管理、自我提升以及个人风格等方面的个人品牌打造,便能实现数字时代中无形资产的积累和变现。

一、个人品牌的内涵

个人品牌是以个人为传播载体进行信息传播,具有鲜明的个性和情感特征,符合大众的消费心理或审美需求,能被社会广泛接受并长期认同,可转化为商业价值的一种社会注意力资源③。个人品牌是对品牌理念的延续,它是综合了品牌营销的各种因素后针对个人发展而提出的品牌理念。打造个人品牌有着巨大的潜在价值,拥有成功的个人品牌意味着拥有强大的溢价能力和影响力变现的能力,个人的势能会被无限地放大,即个人会因个人品牌而变得与众不同,可以通过个人品牌创造出超额的利益和强大的竞争优势,可以提升个人的知名度和美誉度,扩大个人的社会影响力,帮助个人更好地实现个人的目标。例如一位原本普通的整形医生,用了 2 年时间,在新氧整形分享平台上累积了 136 个精品案例,获得了 4000

---

① 舒咏平,肖雅娟.品牌传播理论建构的主体性、史学观和思维变革[J].现代传播,2018(1):128-132.
② 彼得·德鲁克.21 世纪的管理挑战[M].朱雁斌,译.北京:机械工业出版社,2006:1.
③ 徐浩然.个人也要品牌[J].成功营销,2007(7):126.

万次的阅读,2年后,他的手术价格高于平台85%的同类手术价格,个人品牌变现,收入累计达到2427万。这位医生懂得利用自己的专业所长,找准自己的定位,通过在医美平台新氧App上坚持分享医美案例来展示自我能力和专业能力,逐渐抢占用户心智,赢得用户的信任,最终成功打造了个人品牌并取得精神和物质变现。

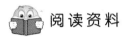

阅读资料

在数字时代的社交化媒体下个人品牌的传播

数字时代,可以说是个人品牌发展的最好时代。因为数字时代共享经济和自媒体的蓬勃发展,给个人品牌带来了无限的机遇。共享经济最大的特点之一是交易双方互不相识,但个人品牌能帮助双方建立信任关系。社交化的自媒体则是个人品牌形成的关键力量。因为在数字时代,随着自媒体空前繁荣,人们有更多机会发掘自身的创造力并展示个性,个人的价值、魅力和影响力被放大到极致,个人品牌发展到了势不可挡的地步[①]。

个人品牌的主体具有更鲜明的情感、个性与主观能动性,个人品牌的传播具有主体多样化、媒介多元化、内容碎片化等特点。个人品牌的传播更注重用户体验与二次传播效果,而社会化媒体的媒体传播具有多向性特点,恰好可以满足个人品牌传播中受众参与传播的要求。社会化媒体传播模式中,受众既是信息的接受者,也是信息的二次传播参与者,社会化媒体利用其信息多向传递的特点,为品牌与用户提供信息交流的机会,进而为现代社会个人品牌传播提供了一个低成本、高效率的交流互动平台,企业和个人都可以利用此平台了解市场与用户需求,为品牌建设寻求市场依据。

目前,社会化媒体下的个人品牌传播主要以微博、微信、小红书等社交平台为主要阵地,具体流程是先通过发帖等方式引起网民的关注,继而通过内容转载、评论等功能引发网友激烈讨论,然后在网络讨论中吸引主流传播媒介参与传播,最后在网络讨论与主流传播媒介的参与中实现个人品牌传播。

而社会化媒体下个人品牌的建设和传播可以从以下几点进行:从个人品牌视觉形象建设方面来说,个人品牌视觉形象建设主要从视觉色彩、品牌标识、形象包装等方面进行。新媒体时代,视觉传播能更好地吸引顾客,提升品牌传播效率,提升品牌商业价值。从个人品牌文化建设方面来说,个人品牌文化是品牌建设与传播的核心

---

① 徐伶俐,彭雅莉.基于社会化媒体的个人品牌传播模式研究——评《社会化媒体下品牌传播》[J].传媒,2019(1):103-104.

内容。视觉传达是品牌传播的外化表现,人文内涵是品牌传播的内涵展示。在设定个人品牌内容与营销方案时,应突出品牌的文化内涵,并以文化为载体进行品牌传播。从个人品牌传播策略方面来说,个人品牌传播可以借鉴相关策略,通过在线上线下加强与顾客以及潜在顾客的交流互动,促进信息接受者参与品牌的二次传播,充分发掘顾客的品牌传播潜能。总之,在数字时代,随着社会化媒体技术的发展,基于社会化媒体的个人品牌传播模式发展前景更盛。

二、社会化媒体下的个人品牌传播特征

社会化媒体将信息传播从传统的单向性传播转化为用户参与的多方向、交互型、立体化传播,实现了媒体信息传播与用户个人的有机结合。在社会化媒体下,个人品牌传播特征有以下几点[①]:

(一)品牌主体多样化

在社会化媒体出现之前,传统媒体背后的"把关人"掌握了社会大部分的话语权,个人品牌的传播手段有限,个人品牌传播主体较为单一。但是社会化媒体的兴起和发展,为各个不同的群体和个人提供了个人品牌传播平台和工具,即社会化媒体用户通过社会化媒体终端来实现信息发布,个人品牌主体逐渐呈现多样化的特点。但是值得注意的是,部分传统媒体精英品牌优势明显,它凭借其强大的"地位赋予功能",在塑造知名度、扩大影响力等方面难以被社会化媒体撼动。个人品牌传播既要考虑社会化媒体资源,又要注重知名的传统媒体资源[②]。

(二)传播媒介多元化

个人品牌的传播需要借助社会化媒体传播途径来进行。目前,社会化媒体种类繁多,不同的社交媒体,其具有的功能也有不同的侧重点,比如以视频内容为特色的短视频 App、以社交为主题的微信和兼容各种内容形式的微博等社会化媒体。个人品牌在选择社会化媒体进行品牌传播的过程中,可以选择单一的媒介形式,也可以选择多种媒介的组合,整合媒介资源有效进行个人品牌的传播。

(三)传播内容碎片化

借助网络技术和媒体工具的发展,个人参与信息生产和传播的门槛越来越低,不仅传播信息内容呈现碎片化和海量化的特征,内容质量也因为个人所特有的社会复杂性和综合素养而呈现参差不齐的特点。如何在众多的个人品牌中成功打造出

---

① 陈滢.社会化媒体下的个人品牌传播研究[D].南昌:江西财经大学,2013.
② 徐伶俐,彭雅莉.基于社会化媒体的个人品牌传播模式研究——评《社会化媒体下品牌传播》[J].传媒,2019(1):101-102.

自我品牌仍是一个难点。纵观成功的品牌经验背后，有质量的内容依旧是制胜关键。打造个人品牌要考虑受众的需求，即高水准、有价值的专业内容。从内容层面来看，个人品牌的社会化媒体传播只有遵循专业性、价值型的基本原则，才能从众多个人品牌中脱颖而出。

（四）传播者和受众之间高度互动

在社会化媒体中，个人品牌的传播者和受众之间的互动性更显著，角色界限模糊。在社会化媒体传播模式中，个人品牌的传播受众既是一个接受和反馈的对象存在，又是具有主动传播能力的群体。此外，社会化媒体的媒体传播具有多向性特点，为个人品牌传播中受众参与传播提供了一定条件，即通过为品牌与用户提供信息交流的机会，进而为个人品牌传播提供一个低成本、高效率的交流互动平台，而企业和个人都可以利用该平台洞察市场与用户需求，实现科学有效的个人品牌建设。

（五）传统媒体强化个人品牌传播效应

个人品牌的传播需要借助社会化媒体传播途径来进行，传统媒体对个人品牌传播的关注会强化个人品牌传播效应。许多个人品牌比如网红，最初的活跃范围与传播领域仅限于社会化媒体，当其借助热点事件扩大知名度后，引发了传统媒体的关注和报道，通过大众传播强化个人品牌传播效果，增强了个人品牌的综合影响力。但是如果个人品牌出现品牌危机，传统媒体的关注会加速负面消息的传播速度，会对该品牌形成更大的威胁。

（六）传播危机多、易发性高和破坏性大

由于网络社会环境复杂，在社会化媒体中，个人品牌传播面临诸多问题，如网络水军肆虐造成的信任危机、低俗文化盛行和网络暴力等问题。此外，社会化媒体的高度互动性容易将个人品牌的缺陷暴露出来，从而引发品牌危机。而社会化媒体的影响力与个人品牌的知名度、个人品牌危机的破坏性都是成正比的；又加上在传播危机爆发后，社会化媒体的病毒式裂变传播让控制信息的数量与流向很困难，知名的个人品牌一旦出现危机，对其自身破坏性很大。

在强调个性化的网络时代，社会化媒体的发展为个人品牌个性传播提供平台，个人品牌的开发与传播蕴含着越来越多的商业价值与社会价值，无论是谁，都有需求对自身品质与理念进行传播，并借以实现自我价值的最大化。了解和学习在社会化媒体中个人品牌传播的特征，对想要打造个人品牌的个体来讲很有必要，可以帮助其制订打造个人品牌的合理策略。

三、数字时代如何打造个人品牌

在数字时代如何打造一个成功的个人品牌呢？可以分为个人品牌的定位、占位、输出和营销四个步骤。

(一) 定位

为个人塑造某一独特形象，给予某种定位并不断强化是打造个人品牌的第一步。因为数字时代受众心智面临信息轰炸和处理信息能力有限的问题，所以打造个人品牌首先要找准定位，即找到适合自己的标签。定位的内容选择可以分为四种领域：一是基于兴趣和专业的个人擅长领域。二是符合社会主流价值，传递正能量的领域。三是聚焦细分某种受众群体领域。四是跨行跨界交互发展领域。只有从适合自己的内容领域入手，个人品牌才更容易定位成功。而制定定位的战略则可以从自身、目标受众、竞争对手三个角度来着手，即懂得发掘利用自身的优势、深入洞察目标受众的特征及需求喜好、注意区别回避竞争者的优势。通过这三个角度来确立精准的个人品牌定位，可以将个人与其他同类品牌进行有效区分，体现出自身的独特性和核心价值，从而吸引特定社交媒体平台用户的关注。

时尚博主黎贝卡曾以 4 分钟卖出 100 辆 MINI 限量版宝马车的销售"战绩"震惊商圈，这样傲人的成绩，离不开这款车目标群体的定位与她个人品牌定位的高度匹配。黎贝卡原是就职于《南方都市报》的一名记者，2014 年 10 月，由于热爱时尚，擅于把握流行趋势，她创办了自己的时尚公众号"黎贝卡的异想世界"，该时尚品牌以精美别致的图片、轻松跳脱的文字和"闺蜜"式的身份吸引用户，引导用户内外兼修，倡导女性过上精致体面的时尚生活，吸引了一大批有一定消费能力的中产阶级年轻女性。正因为黎贝卡本身具备基本的传媒职业素养，深谙女性心理，又凭借对时尚的独到见解和专业分析，在女性经济领域针对年轻女性垂直深耕，才实现了从首席记者到人气时尚博主的华丽转身，并成功打造出拥有超高用户黏度的时尚类品牌"黎贝卡的异想世界"[①]。

(二) 占位

个人品牌找准定位后就要有计划性地紧抓机会进行占位。品牌占领要遵循多平台占领、单平台深耕的原则。品牌占位有三层含义：一是占领搜索，即通过多平台占位，受众可以在各大平台上搜索到个人品牌，提高个人品牌曝光度；二是占领人心，即通过合适的方式去与受众实现交流并赢得其信任，比如一个新的微信公众号

---

① 魏菊.时尚博主微信公众号运营策略研究——以微信公众号"黎贝卡的异想世界"为例[J].视听，2018(12):158-159.

可以通过分享干货的方式吸引用户关注,让用户感受到公众号价值所在,逐步得到用户认可和用户黏性;三是占领市场,把自身优势和受众需求结合研发设计新产品,努力做到"第一"和"唯一",实现市场占领。

papi酱是大家很熟悉的"网红",她的个人标签有素颜美女、中戏研究生、自导自演等,拥有这些个人标签的papi酱最初选择秒拍和小咖秀作为试水区,发布自导自演的吐槽搞笑视频。后来在积累了一定的人气和经验后,papi酱的视频出现在腾讯、优酷、B站、抖音等众多视频网站,而B站、微博和微信公众号则一直是她与粉丝深度互动的主战场。通过多平台占位与有选择性的平台深耕,papi酱成功构建了她的个人品牌矩阵。

(三)输出

数字时代打造个人品牌的第三步就是品牌核心竞争力的构建,即保持内容输出的频率和质量。只有高品质内容的持续输出,个人品牌声音才能被更多受众听到,品牌输出才拥有更大的价值。依靠低俗没有内涵的输出来博取眼球和吸粉的网红只能带来短时流量,不具备持续盈利的能力。而优质内容的输出可以引发受众的情感共鸣和认同,带来的粉丝质量和黏性也相对稳固牢靠。

知名美食视频博主李子柒,作为从零成长起来的拥有极强商业价值的现象级个人IP,成功原因的关键是其持续稳定高质量的视频输出。她的视频保持平均每两天一次的稳定更新频率,不断触达用户的心灵,持续地展现在用户眼前就此形成"视觉锤"的效果,让用户逐渐对品牌产生深刻的记忆和观看习惯。此外,她的输出视频透过有品质的内容传递出积极向上的生活态度和对传统文化的坚守传承,彰显出她美好的人生价值观。这些帮助李子柒成功打造出她的个人品牌,赋予了其个人品牌生命力,成功扩大了其个人影响力[①]。

(四)营销

当个人品牌有了标签、平台和内容,还要学会个人品牌的自我营销。通过营销巩固定位和占位,内容输出得到有效的传播和回馈,最终使个人品牌的精神价值和现实价值实现溢价和变现。个人品牌的营销可以分为个人品牌获取关注和维护用户对其个人品牌忠诚度的两个阶段。

在获取关注阶段,有三种自我营销传播策略:一是个人品牌要学会主动采取和制造热点话题包装自己;二是要根据受众偏好和市场特点,再结合自身优势选择合适的输出内容和形式;三是注重网络社交圈的价值共创,与同界或跨界品牌,尤其是

---

① 玉倾欢.个人品牌打造——什么样的个人IP称得上"文化输出"?[EB/OL].[2019-12-13]. https://mp.weixin.qq.com/s/27yzyk8PJpYwjCgHjHHVFw.

知名品牌的互动会带来用户裂变式营销。

在维护用户对其个人品牌忠诚度阶段,进行个人品牌的自我营销有四个传播策略:一是坚持并稳定内容的更新频率;二是注重与受众之间的双向互动交流;三是注重多平台联动,同步更新内容;四是注重社群的构建,打造客户池,有针对性地运营可以凸显社群成员的独特品位,增强关注者对个人品牌的忠诚度[①]。

"口红一哥"李佳琦的走红之路离不开他的"魔鬼营销"。首先,他人设记忆点强,营销文案清奇且卖点清晰,即他"Oh My God"式的夸张吸睛风格,关联明星价值共创,巧用场景代入感强的文案,都在帮他实现销售奇迹。其次,他注重社群营销,用敬业和真诚撬动粉丝经济。除了在直播时总是亲自上阵进行口红试色,尽量满足粉丝的需求,给不同人群提供不同建议外,他还创办了个人的品牌2+7(爱佳琦)和线上电商"佳琦全球严选",在粉丝圈内定期发放优惠券等福利,巩固粉丝忠诚度,深耕粉丝经济。官方团队还建立"李佳琦粉丝俱乐部"与粉丝深入互动,定制专属福利。最后,他的视频输出内容适应各平台,对商品评价和粉丝购买建议中肯,既提升了个人品牌公信力,又赢得了消费者的信任,增加了粉丝忠诚度。以上的营销策略是李佳琦个人品牌成功并有生命力的关键[②]。

第二节　企业主体:赋能品牌生命力

数字时代,一切都在以瞬息万变的形态向前发展。科技在变,产品在变,需求在变,关系在变,唯一不变的是适者生存的世界法则。对于企业品牌而言,当数字时代一切都在数字和科技的引领下走向新的轨道时,只有真正具备生命力的品牌,才有力量面对这场数字科技带来的新革命。

一、具备生命力的企业品牌

企业在发展时会把产品或服务的定位、形象、声誉当作一种品牌来营销,逐渐形成企业品牌。企业品牌是企业借以辨识企业形象,使之与其他企业的形象区分开来的一种名称、术语、标记、符号或设计,或是它们的组合运用[③]。企业品牌作为一种无形的企业资源,是企业价值观和市场竞争力的综合体现,是企业各种资源、企业文化、特色、个性、能力的高度聚集和表现,是企业对消费者的一种承诺,对产品质量和

---

① 宫丽颖,刘昶甫.自媒体畅销书作家个人品牌自我营销探究[J].中国出版,2017(10):26-30.
② PublicisMedia.李佳琦的营销秘诀不止一句OMG[EB/OL].[2019-04-26]. https://mp.weixin.qq.com/s/rE0GfyzW8k9J3891DAVlog.
③ 黄维礼.城市品牌、企业品牌和产品品牌三者的互动关系研究[J].中国品牌,2013(3):116-117.

产品服务的一种担保,可以具体表现为消费者接触品牌后所产生的产品印象、联想、态度变化、行为驱动以及社会责任和形象评价①。

企业品牌生命力是指企业品牌要具备的生存和发展的能力,是能够与其他同类品牌产品有力竞争并保持优势的能力,是能够吸引其他利益相关者参与和消费者争相购买的能力。一个具备强大生命力的企业品牌可以整合企业内部的人力、财力等资源(包括产品品牌等无形资源),提高企业生产、管理等方面的能力,还可以协调企业的内部关系,使企业的各部门、各要素之间产生协同效应,创造优于竞争对手的附加价值,提高企业的市场竞争力。当消费者接触企业品牌时,企业品牌可以整合传播企业的文化、价值和其他信息,给消费者带来功能上或者情感上的效用,使消费者满意②。

具有生命力的企业品牌,永远是和一些人格化、感性化的特质联系在一起的,具体体现在活跃的产品和服务、有温度的品牌价值、优良的市场布局、有腔调的品牌声音等特质。这些特质能够强烈地激发出消费者关于品牌活力和希望的体验与感受,对其强大生命力的形象进行联想。比如,在失去了乔布斯后的苹果公司,iPhone新产品依然大卖,并迎来股市的一路凯歌,究其原因在于,苹果这个品牌在消费者心里像是一棵常青藤,它对产品的设计理念保持追求极致的完美和创新,让其展现出蓬勃的生命力,而无常的人事变动和激烈的市场竞争在强大生命力面前显得不足为道。

二、数字时代企业赋能品牌生命力

企业创造品牌生命力的路径一般有以下要点:首先,坚持清晰的品牌定位和价值诉求,找到明确的目标客户群体,并以客户群体的需求来定义品牌产品的差异化特征,达到受众容易感知品牌的效果;其次,企业品牌要拥有独特的个性标签,利用品牌产品的独特之处带给消费者一定的价值和利益满足点;再次,保证产品的质量和专业服务,即通过可靠的产品质量和创新能力,给消费者带来成熟、稳定又不乏时尚的印象,同时产品和服务要体现出品牌的定位和核心诉求,做到对品牌的塑造和维护;最后,建设和品牌个性相符的企业文化,文化内涵和核心品牌价值理念是品牌生命力的有力保障,企业文化所体现的企业精神和价值承诺可以吸引打动顾客,从而建立起品牌忠诚度③。

然而在数字时代,企业赋能品牌生命力的挑战和机遇并存,比如因为信息多元

---

① 曾路.论福建民营企业新一轮品牌战略的实施[J].市场营销导刊,2008(2):52-54.
② 李光明.企业品牌与城市品牌的异同及互动[J].城市问题,2007(11):76-79.
③ 唐云森.创造有生命力的品牌[J].金融博览,2013(9):62.

化等因素,用户心智的"痛点"复杂多变,品牌与消费者的沟通触点趋向碎片化和分散化,传统营销观念不得不让位于数字科技主导的营销策略。企业品牌想要在数字化背景下保持其发展的生命力,就需要结合数字时代特征,在上文谈及的路径基础上做出进一步延伸。

(一) 参与式的产品创造

参与式的产品创造就是让消费者在产品研发中的地位得到提升,由企业主导产品创造,升级为企业与消费者共同创造,合作研发出消费者喜爱的产品。企业可以大数据技术为基础,实时掌握和分析消费者的信息与爱好,从而围绕目标群体的现实需求和潜在需求进行产品开发,最终赢得消费者的青睐。例如,小米公司的品牌营销着力点之一就是用户的参与感。小米的开发工程师每天必须在 MIUI 论坛上"泡"1 个小时,以了解用户的需求,并且通过每周的"橙色星期五"来进行产品迭代。"橙色星期五"的开发模式以广大的小米用户为核心,100 人的 MIUI 团队在论坛上和用户互动,听取用户的建议和需求,每周更新系统,在保留基础功能稳定的基础上,把好的或不够好的想法、成熟或还不成熟的功能,都放入系统,坦诚地放在用户面前,供用户使用、测评、升级。MIUI 团队会让用户来提交使用过后的"四格体检报告",汇总出用户对部分功能的偏好与建议,小米工程师会根据用户的反馈对系统进行修改。在这个产品的迭代过程中,用户是一直参与其中的,"橙色星期五"实现了用户、小米产品经理、小米工程师的零距离接触[①](见图 3-1)。

图 3-1 小米"橙色星期五"互联网开发模式

---

① 小米利用论坛让粉丝参与产品开发的案例分析[EB/OL]. [2015-01-26]. https://rg.mbd.baidu.com/4mdkx6g?f=cp&u=635c9321f12f7bb7.

(二)动态定价＋场景定价

基于移动互联网的随时可触性,定价策略要向动态化和场景化方向调整,即企业的定价模式不再仅仅关注消费者愿意支付的价格,而是升级为向消费者提供更丰富的产品体验,建立更加多样化的供求关系来满足消费者因为不同因素产生的需求变化。借助更加先进的计算机算法,更快地对市场价格作出反应,可使用"动态定价＋场景定价"的新型定价模式。最典型的案例就是出行平台优步(Uber)曾经针对用车高峰期首创的动态定价算法:当叫车需求大于供给,算法会自动提高价格,在吸引车辆供给增加的同时又利用高价格劝退减少需求,使得供需达到一个动态平衡。这个过程持续不了多久,因为当供给逐渐大于需求时,价格又会恢复到初始水平。这个过程循环往复,始终维持着供需市场的平衡。换个角度思考,优步定价策略的独到之处和最不同于传统定价法的地方在于兼顾时间、空间、天气、路况等多重场景维度的变化,通过大量的数据提取、高速的数据加工、建立大规模的计算经济模型和数据库从而完全达到实时反应,实现不同场景下定价的"量身定做"①,如图3-2所示。

图3-2 出行平台优步(Uber)

(三)裂变式的社交营销

裂变式的社交营销是指企业不再专注于通过降价促销来吸引消费者,而是采用多样化的激励方式,设法让消费者通过社交平台和自身社交圈主动参与购物的分享和邀请,裂变出更多的价值群体,通过大数据技术和社交化平台达成更加精准、高效

---

① Thinktank,新智囊,与其免费,不如按"场价"[EB/OL].[2017-02-14]. http://m.sohu.com/a/126182732_505841.

的品牌裂变传播效果,最终为企业带来巨大流量,实现经济利益转化。例如,电商平台拼多多通过游戏化社交化思维方式做营销,它的用户通过和朋友、家人、邻居进行拼团、砍价或助力,就能以更低的价格购买优质商品,并且能够直接获得现金奖励,激发用户自发宣传和传播行为。这种建立在沟通分享基础之上的电商模式,形成了拼多多独特的新社交电商思维,而拼多多盈利的关键其实并不仅在于促销带来的低价消费,而是在于对用户价值的挖掘和变现(见图3-3)。

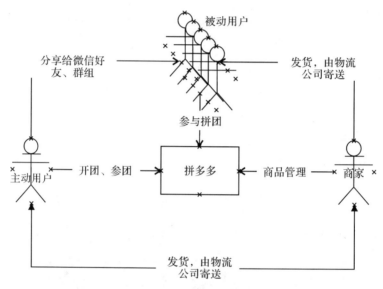

图3-3 "拼多多"社交营销逻辑

(四)多渠道数字触达

多渠道数字触达是指以大数据技术为基础,将消费者的消费需求和购买行为数字化并建立有关数学模型,发掘和选择多渠道数字触达手段使品牌信息精准地触及目标消费者,实现更精准定位和更有效投资。企业要在目标消费者的决策全链条上,模拟、界定、选择出影响和触动消费者的合理方式,从而把控关键触点,要从AR、VR、社交媒体、App、搜索引擎、智能推荐、O2O等各种触达手段中做出合理的组合与应用,建立一个全方位的、立体的营销生态系统,真正拉近品牌与消费者的关系。例如,腾讯作为IP、社交、支付、娱乐、搜索、LBS等数据+零售合作伙伴的数字化系统,可以有效实行大数据管理,为消费者推送关联性强的品牌营销内容,定制构建线上营销情境,与其进行沟通互动,刺激和转化消费。背后的营销逻辑是腾讯结合品牌主的带货诉求,创新了品牌+零售+腾讯三方数字触达合作方案,再依次通过朋友圈广告促销信息、点击进入小程序领取品牌优惠券、线下核销优惠券拉动销售三个环节形成媒体宣传到渠道带货的营销闭环(见图3-4)。在2018年七夕前夕,德芙通过华润万家的账号投放朋友圈广告触达华润万家的核心会员及相似人群,并将其引流至"附近优惠"小程序领取优惠券,吸引消费者至华润万家参加七夕活动购买德芙产品核销优惠券。此次创新的闭环三方营销模式达成了近30%的领券率,转化率也远超同期其他相似品类,不仅满足了德芙品牌七夕宣传的诉求,更是一举两得,为线下带货,成功打通营销与带货间的壁垒①。

图3-4 腾讯与品牌方闭环营销逻辑

在数字时代,企业要赋予品牌生命力,除了要借助自身清晰的品牌定位和价值诉求,打造差异化品牌特征和个性化标签,保证可靠专业的质量和服务,深化和赋新文化内涵的路径外,也要保持活跃的思维和清晰的思路,借助参与式的产品创造、灵活的定价策略、裂变式的社交营销方式和多渠道的数字触达手段,树立更加长远的发展目标,才能永葆生命力。

 阅读资料

数字时代,用什么延续企业生命周期②

数字时代,大企业被颠覆的趋势令人吃惊。一份来自埃森哲的最新研究显示,在数字化时代,企业的发展不再延续从生产、发展到最后灭亡的正弦曲线,而是在短期内呈现爆发式的竞争和潜在骤亡。"科技创新和体制机制创新,不仅是历次重大危机后世界经济走出困境、实现复苏的根本,也是企业持续健康发展的源泉。"中国企业联合会常务副会长李德成在2016年9月中旬召开的"2016中国平潭·企业家科学家创新论坛"上强调,在互联网+迅速发展的形势下,新一轮科技革命和产业变革正在加速。

麦肯锡全球研究院发现,预计到2025年,新的互联网应用在中国GDP增长中的贡献将达到7%~22%,相当于每年4万亿到14万亿元人民币的GDP。而最终能够

---

① 腾讯营销WE+,腾讯广告行业百宝箱,零售新时代:解密腾讯三方数字触达模式如何突破共赢[EB/OL].[2018-08-26]. https://mp.weixin.qq.com/s/kNDFcjzpFZ0UuZjXBxt_KA.

② 言论,意速.数字时代,用什么延续企业生命周期[EB/OL].[2016-10-17]. http://ithowbiz.com/viewpoint/3252.html.

挖掘多大潜力,取决于政府对互联网经济发展的重视与支持力度、企业推进数字化的意愿以及劳动者的适应程度。有评论称,传统企业对消费者和品牌的定位需要从感性理解转向数字理解。事实上,尽管企业对于数字化转型需求的认知度越来越高,但大部分企业仍挣扎于如何利用新型数字技术创造商业利益,不知如何利用技术有效驾驭转型过程。即使是在有效平衡技术方面显示出领导力的企业,也会遭遇新数字技术带来的挑战。

在数字化转型的今天,数据已经成为企业的关键资产。如何准确地获取数据,进而进行有效的数据分析并形成战略决策,需要借助一套完整、系统的IT战略和架构来支撑。无论是在制造、医疗,还是在连锁领域,英特尔通过其在物联网、穿戴设备以及新型移动PC等多个领域,构建了一个完整的业务前端数据感知、传输以及计算的技术平台。在零售领域,英特尔借助数字标牌技术,实现了对顾客在店面购买行为的深度跟踪;在医疗领域,英特尔借助穿戴设备和移动计算设备,分别实现了患者生理信息的获取和诊疗记录的跟踪;在制造领域,英特尔通过物联网网关技术,实现了生产智能化领域中数据的获取、整合和前端分析。

"数字时代品牌的确会更快地老去,但其实万物均如此。所以我们需要不断重新发现自我、创造自我,抛弃旧世界,在未来的世界当中取胜。"英特尔全球市场传播事业部副总裁、企业品牌推广部总经理鲍德温这样说。英特尔自己也在不断地重塑新的生命力。企业只有利用数字化手段,将每一个业务流程的关键节点实现智能化,才能够具备像轻资产型的互联网企业那样,由内而外地感知市场脉搏。英特尔针对业务节点,即"端"这个领域所提供的技术,正是为了帮助企业实现准确把握自身业务现状的重要手段。

第三节 城市主体:城市品牌的突围

城市品牌化的力量就是让人们了解和知道某一区域,并将某种形象和联想与这座城市的存在自然联系在一起,让它的精神融入城市的每一座建筑之中,让竞争与生命和这座城市共存。

——凯文·莱恩·凯勒(Kevin Lane Keller)

一、城市品牌的内涵

相较于个人品牌、企业品牌,城市品牌具有更深刻的内涵和外延,它以城市为主体,涉及城市定位、城市形象、城市建设与开发、城市营销战略、城市印象等各个方面。城市品牌将某种形象和联想与这个城市的存在自然联系在一起,让它的精神融入城市的每一座建筑之中,让竞争与生命和这个城市共存。所谓城市品牌就是人们对城市的一种感知,是城市本质的某种表现,是对城市的一种识别①。城市独特的自然和人文要素禀赋、历史文化沉淀、产业优势是城市蕴含的潜力与能量,也是城市品牌产生的基础。

数字全球化时代,每个城市都在尽力吸引游客、人才、资本。强大的城市品牌对内可以提升市民的自豪感和归属感,对外可以产生产业的集聚,进而引发溢出效应。在城市竞争与角逐中构建了强大品牌效应的城市,往往在自身资源的基础上采取了恰当的营销策略,与受众建立了紧密的情感关联。成功的城市品牌像人一样,是鲜活的、有脉搏的、有独有的性格和气质。

二、数字生态下城市品牌传播特征

媒体技术的发展与改变影响着城市形象的传播方式,同样影响着大众对城市形象认知的发展。2019 年中国迈入 5G 元年,人工智能、大数据、云计算等技术愈加成熟。数字生态下,城市品牌传播媒介更加丰富,城市品牌表现出与以往完全不同的传播特征。

(一)技术迭新,助力传播升级

1. 数字传播技术的迭新带来更加丰富的传播形式

移动智能终端在软件与硬件上的巨大提升,使得城市品牌传播从移动端图文阶段过渡到移动端短视频阶段。2018 年 6 月,抖音月活用户超过 3 亿,在抖音上存在 11 个视频超过百万的"爆款城市",仅关于重庆城市形象的短视频就达 1 亿部。短视频的全面渗透,使得用户无需专业的技术就可以清晰完整地还原城市风貌,增强城市美感,参与到城市品牌传播的内容生产之中。表 3-1 展现了技术迭新视域下城市品牌传播阶段。

表 3-1 技术迭新视域下城市品牌传播阶段②

	前移动互联网阶段	移动端图文阶段	移动端短视频阶段
传播者	地方政府为主	地方政府+媒体	地方政府+媒体+城市民众(主要)
传播渠道	基础城市符号,如城市主要旅游景点、地方坐标等	进阶城市符号,在前一阶段的内容之外新增城市经济重大发展领域、城市重大节事	立体城市符号,在前一阶段的内容之外新增美食、方言等更深入城市毛细血管的市井内容

---

① 陈建新,姜海.试论城市品牌[J].宁波大学学报(人文科学版),2004(2):77-81.
② 清华大学城市品牌研究室 & 抖音《2018 短视频与城市形象研究白皮书》[R/OL].[2018-09-14].http://www.199it.com/archives/771662.html?from=singlemessage&isappinstalled=0.

续表 3－1

	前移动互联网阶段	移动端图文阶段	移动端短视频阶段
	变化趋势：由静到动，由单一到多元		
传播渠道	传统媒体＋搜索引擎	传统媒体＋搜索引擎＋社交媒体	传统媒体＋搜索引擎＋社交媒体＋聚合平台算法分发
传播体裁	文字为主	图文为主	短视频为主
传播时间	刊发或播出时间	随时随地	随时随地
传播效果评估	注重曝光度，见效周期长	注重美誉度，见效周期中等	在曝光度和美誉度之外，注重辨识度，见效时间短

2. 数字技术的迭新催生新的城市景观

"夜晚模式"的城市中，灯光是人群对一个城市最直观的印象。大规模、多维度灯光秀的成功展现得益于智能控制技术的提高，而今灯光秀已经成为一种成为新的城市传播媒介载体，塑造了新的城市景观。大型城市灯光秀在传递城市品牌信息的时候，也很容易成为"媒介事件"而获得更多报道，进而实现城市品牌的更大范围传播。2019年10月4日晚，贵阳"国情特别版灯光秀"亮相《新闻联播》，九栋高楼组成的幕墙流光溢彩，黄果树瀑布、中国天眼FAST等标志性地点随着光影一一呈现，凸显了贵阳的魅力和风采。

（二）全民参与，实现内容共创

1. 传播主体更加多元

移动互联网的高渗透率，软硬件技术的革新，使得受众从过去传播链的被动接收者逐步转变为主动参与者，城市品牌传播成为一项全民参与的社会运动。《2018年短视频与城市形象研究白皮书》显示，政府搭台、民众唱戏已经成为普遍现象，超八成的热门视频来自普通市民的个人创作（见表3－2）。

表 3－2　抖音平台播放量 TOP100 的城市形象视频创作者分布

个人账号	抖音达人	政府账号	媒体账号	明星账号
82	8	6	2	2

2. 全民社交推动

抖音、快手等短视频应用自带社交功能，开创了短视频社交媒体新形态。同时短视频社交媒体也和原有的社交平台实现了接轨，通过社交软件可以进行即时分享，完成好友互动。这为短视频传播增添了社交属性，使得城市品牌的传播更加开放化、网状化。借助社交平台,受众作为单独的个体可以参与城市品牌的传播过程,还能充分发挥现实中的人际脉络优势,搭建自身的虚拟空间关系,和好友实现线上线下的全方位互动,促进城市品牌的广泛传播。2019年抖音推出"抖 in city 城市美好生活节"品牌营销活动,旨在记录城市特色,发现美好生活,活动上线初期总话题播放量突破50亿。

3. 边缘城市再生

互联网时代的到来,也使得众多名不见经传的边缘城市出现在公众的视野中。传统媒体时代,媒体存在着"差序关注"的现象,在传统媒体主导的传播格局下,更倾向于以大城市为同心圆进行传播,边缘城市缺乏媒体存在感。而短视频社交媒体则冲击了这种差序格局。每一个短视频用户都可以成为当地的品牌大使,任何一条富含地方个性的短视频都有可能带动城市品牌传播,为边缘城市博取更多的注意力。这为边缘城市品牌传播提供了新的可能。2019年9月百度贴吧出现一条"流浪到鹤岗,我五万块买了套房"的贴子,让鹤岗这个黑龙江小城进入到公众的视野,引发了人们对于振兴东北的关注。

(三) 符号革新,传播鲜活内容

以往城市传播的内容往往局限于官方发布的各项新闻信息,多是历史景观、著名景点的宣传展示,生硬刻板的说教内容往往造成传者与受者之间的巨大割裂,使得城市形象的传播难以深入受众。在移动互联网时代,受众可以借助媒体平台参与到城市品牌叙事之中。

抖音、头条指数与清华大学国家形象传播研究中心城市品牌研究室联合发布《短视频与城市形象研究白皮书》,这个报告对城市形象在抖音视频中的符号承载总结为四个方面(BEST)[1]。

1. B—Background Music(城市音乐)

与城市相关的歌曲承载着丰富的城市文化符号,往往容易与受众产生共鸣,进行信息传递和情感渲染。城市民谣的流行与短视频的火爆是相互成就的关系,音与画在主题上的统一令城市形象更长久地留在受众的记忆中。

2. E—Eating(本地美食)

地方美食视频是短视频的重要内容分类。短视频平台上的本地饮食视频拍摄者深入城市巷弄,发掘城市"隐藏美食",让城市形象更加生动。

3. S—Scenery(城市景观)

城市景观是城市形象的重要组成部分。但是移动互联网时代,市民与游客"发

---

[1] 清华大学城市品牌研究室 & 抖音《2018 短视频与城市形象研究白皮书》[R/OL].[2018-09-14]. http://www.199it.com/archives/771662.html?from=singlemessage&isappinstalled=0.

现"的景观景色取代了传统景点。

4. T—Technology（科技设施）

科技设施带来的与以往认知不同而产生的"新奇感"是吸引注意力的重要因素。市政和旅游设施中注入的科技感一旦被抖音用户捕捉到，就会成为城市形象的热门符号。

三、数字生态下城市品牌传播策略

（一）挖掘特有IP，实现差异化竞争

城市品牌是一座城市的灵魂，彰显着城市内在核心理念和文化精神，是一座城市拥有的独特个性。在移动互联网时代，城市品牌的传播也需要树立差异化品牌定位，深入挖掘城市特色资源，塑造城市特有IP。城市IP，既可以是具有高度辨识度的文化符号，也可以是虚构的文化意象。挖掘城市IP，应该从城市原有特色资源入手，充分了解城市特色，进行科学定位；同时密切结合城市发展的未来趋势和社会环境。城市IP应该能够彰显城市气质，唤起人们的情感共鸣，并且具有强大竞争力。挖掘特有IP，实现差异化竞争可以遵循以下法则。

1. 聚焦法则

尽管城市是由诸多元素共同构成，但是能被大家牢牢记住的往往只有少数几个符号。数字时代，信息更迭速率提高，因此在城市品牌传播中更应该遵循聚焦法则，实现城市核心优势的高度集聚。城市品牌的聚焦，可以尝试和具体的场景相关联，例如提到平遥，就会想到古城墙，提到维也纳，就会联想到音乐。

2. 反差法则

两种不相容，或者相对的概念，实现某种意义上的结合就会产生反差感，这种意想不到的反差感会在很大程度上增加城市活力。例如，当一块古老而美丽的土地与世界互联网大会连接起来，实现古老与现代的交织，就会使乌镇这个小镇增加几分魅力，生机焕发。

反差法则还可以是"'大'事'小'说"，城市品牌涉及多个方面，有可以反映城市重大发展变革的议题，也有民生传播、节日赛会等生活娱乐休闲的议题，可以通过小的切入口进行创意传播，展现城市大格局①。

（二）深挖优质内容，讲好城市故事

城市品牌是抽象的，单靠喊口号和遍布城市的形象工程是不够的，只会成为政府的单向度宣传，难以与受众产生共鸣。而故事的讲述却能够激发受众对城市故事

---

① 廖秉宜.中国城市品牌传播的战略与路径——以武汉城市品牌传播为例[J].品牌研究,2017(2): 86-91.

的互动、共创、分享,在城市故事中建立起良性互动的城市品牌传播空间①。讲好城市故事有以下着力点。

1. 折射城市核心价值,彰显城市个性

故事是人类最古老的叙事和交流方式,是一种柔性话语,更容易被人接受。讲故事是每个人都具有的公关能力,而只有当故事能够折射出城市的核心价值,才能够彰显出城市的个性。2018年长江出版社出版了《大陆朝天——穿越汉口中山大道》一书。这本书是由100余位热爱武汉的众筹者共同完成出版的,该书通过中山大道这条城市主轴,折射出大汉口的百年沧桑,诠释"敢为人先,追求卓越"的城市精神,堪称"讲好武汉故事"的尝试之作②。

2. 聚焦个体城市生活,反窥城市面貌

现代城市创新治理要以人为本,而城市影响力的本质在于人性关怀和人文关照,人是城市故事的核心要素和讲述主角,也是倾听故事的主要客体。城市品牌传播既可以是展望未来的宏大叙事,也可以从人的微观角度切入,讲讲城市的烟火气。例如,第一届"讲好中国故事创意传播国际大赛"获奖作品《北京24小时》,用一天中散落在北京不同角落的生活故事为叙事轴线,体现出中国文化在日常生活中绵延不绝的传承,展现出老北京的精神气韵③。

3. 树立国际化视野,既是民族的也是世界的

城市品牌传播要超越意识形态,以人类共同价值为取向,从世界各国的共生性与关联性出发,找到世界各国人民都能接受的话语表达。未来中国城市的发展必然要与世界进行对接,因而需要向着国际化的城市品牌努力,讲自己的故事,也讲世界的故事。杭州开展"寻找当代马可波罗——杭州博士"全球招募活动,让外国友人去讲杭州运河的故事,承担起杭州旅游全球推广的工作④。

(三)整合营销技术,扩大城市声量

1. 整合传播媒介,聚合全方位媒介矩阵

在数字时代,打造城市品牌需要整合各种传播渠道,建立全方位城市品牌传播矩阵,渗透到不同的受众群体。2019年,济南市委宣传部联合腾讯,共同推进"中国

---

① 何春晖.讲好杭州故事,建构城市话语[EB/OL].[2018-03-31].https://mp.weixin.qq.com/s/Vact0bWeotv_V7DPPI1hNw.
② 罗时汉.大路朝天——穿越汉口中山大道[M].武汉:长江出版社,2017:1-2.
③ 辛闻.《北京24小时》荣获讲好中国故事创意传播国际大赛一等奖[N/OL].[2017-11-27].http://news.china.com.cn/2017-11/27/content_41949909.htm.
④ 马蜂窝."当代马可波罗——杭州博士"正式诞生[EB/OL].[2018-10-24].http://www.mafengwo.cn/travel-news/215323.html.

城市品牌计划",以"网红济南"为题,借助新兴媒体手段和网络红人资源,联合大流量平台,共同打造城市IP①。依托"网红济南"腾讯城市品牌计划,腾讯旗下微视短视频平台发起了主题为"网红济南"的话题挑战,推介济南自然人文特色和城市亮点,产生了巨大的传播效果。全网直播观看量63万余次,全域媒体传播覆盖人群超千万人次,掀起全网超强热度。6小时内"网红济南"话题视频播放量突破320万,点赞次数超过10万。"网红济南"主题曲Seventy Two上线当天,网易云音乐同步首发播放量超过10万次,新浪视频点击量突破25万次。

2. 打造媒介事件,助力品牌传播

1992年,戴扬和卡茨撰写了《媒介事件:历史的现场直播》一书,将媒介事件定义为"令国人乃至世人屏息驻足的电视直播的重大社会事件"②。随着网络传播技术的发展,电视已经不再是媒介事件的基础平台,重大社会事件产生后,往往会在互联网平台上引发受众关注,在讨论中产生重大社会影响,这些成为"新媒介事件"的重要特征。媒介事件发生时,会带来巨大的关注量,在数字时代,传播城市品牌可以尝试打造一些积极的媒介事件,助力城市品牌传播。

体育盛会仍然是最重要的媒介事件之一。2019年第七届世界军人运动会在武汉举办,21.2万城市志愿者提供最周全的服务,使得军运会第一次在一个城市举办所有比赛项目,109个国家和地区近万名现役军人同台竞技,军运会的完美呈现让世界知道了武汉这个中国中部的城市。重大节日庆典和会议的举办也容易成为受到广泛关注的媒介事件。2019年10月1日,新中国成立70周年庆典在北京举行,吸引了全球的目光。杭州G20国际峰会的成功举办,使得杭州除了西湖和阿里巴巴之外多了一个新标签。

阅读资料

"网红城市",热闹之后还需要更多沉潜③

重庆的8D魔幻立交,西安的"摔碗酒",成都的"小酒馆",长沙的橘子洲焰火,很多网友都看到过相关短视频。在某短视频平台公布的2018年城市形象短视频播放数据中,西部与中部城市表现亮眼,名列三甲的城市重庆、西安和成都,视频点击总

---

① 贝壳视频MCN|全国首个媒体融合发展创新案例:网红济南腾讯城市品牌计划[EB/OL].[2019-12-19]. https://mp.weixin.qq.com/s/CBkWTHaDKx4C32lLePB6zw.
② 丹尼尔·戴扬,伊莱修·卡茨.媒介事件:历史的现场直播[M].麻争旗,译.北京:北京广播学院出版社,2001:1.
③ "网红城市",热闹之后还需要更多沉潜[EB/OL].[2019-07-11]. https://new.qq.com/omn/20190711/20190711A0U30E00.html.

数达到几十亿次,甚至上百亿次。短视频传播助力"网红城市"脱颖而出。

"网红城市"之所以能火会红,与自带流量特征的城市地标和娱乐休闲元素密不可分,包括短视频在内的移动媒介凭借着高互动、强社交属性,充分调动了用户记录和发现城市魅力的积极性,城市形象也因此得以广泛传播。

当然,许多"网红城市"之所以榜上有名,除了城市魅力、网友猎奇等天时、地利因素,城市自身的主动作为同样不可忽视。"酒香也怕巷子深",城市应当积极运用新媒体讲好城市故事,同网友自发传播形成共振效应,有助于吸引眼球、带来流量,实现城市品牌的海量传播。重视传播,同时也要正视传播,特别是不以营销论成败。靠营销走红固然值得称道,但也不宜过度拔高城市营销的价值。有人说得好,"无论是千年古都、汉唐文明积淀的西安,天府之国成都,还是巴渝之地山城重庆,都很难用'网红'一词简单概括"。"网红城市"的超高人气,其实是城市文化底蕴、经济实力、人口规模乃至科技进步等一系列因素综合作用的结果。没有人们对丰富的文化生活和精神食粮的新需求,就不会有网络风靡的打卡浪潮;没有对传统文化的创造性转化和创新性传承,就没有文旅、文创产品的惊艳亮相,就很难吸引游客真正心向往之;没有基础设施和便利交通,"远隔千里一日还"就不可能实现,体验性消费同样无从谈起……

还需要思考的是,"网红"城市如何"长红"?跟风打卡看似热闹,但基于公众注意力产生的"网红",其生命周期注定很短暂。如果不注意把握"有意义"与"有意思"的辩证关系,徒有形式热闹,可能只会是昙花一现。有的地方曾经靠着特色古城、风情街区等概念火遍全国,却因为极度商业化、管理失位、低俗营销等问题被游客抛弃。事实证明,如果城市营销迎合庸俗、放纵低俗、过度娱乐,必然自毁长城、走入歧途。

一位城市主政者曾这样感慨:"如果我们错过一个时期,整个城市发展将错过一个时代。"在信息技术变革、经济社会变革的交织影响下,一个城市如何延展好自己的优势、传播好自己的特色,主动作为、积极创新是不二法门。"网红城市"作为见证城市创新形象传播的生动案例,是一个开始而不是终点。展望未来,必会有更多讲述城市故事的成功示范。

第四节 国家主体:国家品牌的全球化传播

品牌最初属于市场营销研究的领域,近年来被引入政治学和外交学领域,成为评估国家和城市形象和声誉的一种重要方法。

一、全球化背景下的国家品牌

(一)国家品牌的内涵

菲利普·科特勒等人提出"地方战略营销"(Strategic Place Marketing),即面对全球化竞争、技术创新和城市的衰退,某个地方(国家或城市)也需要像商业企业一样去营销自己①。西蒙·安霍特提出国家品牌化(Nation Branding),将品牌概念引入国家和城市形象研究,把"地方战略营销"发展成为"创建地方品牌",并创建了用于测量国家品牌指数(National Brands Index)的方法。西蒙·安霍特认为国家品牌是人们对"旅游、出口、政府治理政策、吸引外资与智力移民、文化交流和本国公众言行"在内的六个方面的综合理解。

目前国内对于国家品牌的研究大体上从"商品经济、国际关系、心理认知"三个维度出发。第一,将营销学的品牌理论应用在国家品牌上。认为国家品牌可以反映出国际社会对于该国的美誉度和信任度,会对该国的政治、经济、社会等各方面产生影响。第二,国家品牌是一个国家的战略资本,它有助于提高这个国家在世界上的形象,获得国际信任,促进国际合作。第三,国家品牌是概念的集合。国家品牌是指一个国家在全球公民心中的整体印象,是国际社会对于该国各个层面的认知,也是外界对该国总体的、相对稳定的一般性评价。

国家品牌是基于国家物质存在和国家现实行为的无形资产,是国家在与国际社会互动过程中形成的国际社会公众对国家的正面评价、认可或信任②。在全球化时代,国家品牌建设成为国家间博弈、话语权争夺的重要战略措施,具有极为重要的现实意义。

(二)国家品牌的功能

国家品牌的形成与提升对于主权国家有重要的意义。对内,国家品牌能够激发国人的自豪感、光荣感,凝聚国人共识,增强国民归属感。对外,国家品牌是国家之间重要的竞争优势,能够增强国家在国际社会中的影响力,促进国际交流与合作③。

国家品牌传播是国家战略传播的终极导向④,在国家战略推行的过程中,国家品牌得以建设并发挥作用,这一过程在新中国不同的历史阶段都表现得极为明显。新

---

① I. Rein, P. Kotler, D. Haider. Marketing Places: Attracting Investment, Industry, and Tourism to Cities, States, and Nations[M]. The Free Press, 1993:50.
② 张昆,徐琼.国家形象刍议[J].国际新闻界,2007(3):11-16.
③ 张昆,王孟晴.国家品牌的内涵、功能及其提升路径[J].学术界,2018(4):88-99.
④ 段淳林,杨恒.学术前沿——创新推动国家品牌对外传播[EB/OL].[2018-07-15]. https://mp.weixin.qq.com/s/hqsEiOMmY0DPMq3zvbaDOg.

中国成立初期,我国提出建设独立自主、自力更生的社会主义国家,向世界宣告中国可以依靠自己的力量实现民族独立和发展,调动起民众建设社会主义的积极性。改革开放时期,又提出建设四个现代化的目标,对内改革、对外开放,展现出中国积极进取、愿同世界各国携手共进的态度,改革开放四十余年成就举世瞩目。在全球化过程中,习近平总书记提出"实现中华民族伟大复兴的中国梦",激发起社会各界共同奋斗的荣誉感和使命感。新时期通过多种渠道、多种方式讲好中国故事、阐述中国特色、传递中国价值,塑造出负责任、有能力、求和平、谋发展的国家品牌形象,有利于形成最适合我国发展的国际舆论环境,在国际社会上收获广泛的信赖和支持,实现更多的交流与合作。

二、数字时代国家品牌传播特征

与传统媒体时代相比,数字时代的媒介形态愈加丰富,传播方式更加多元,受众的媒介接触习惯也都发生了翻天覆地的变化。数字媒体为国家品牌的建构提供了新的工具和可能,同时也带来了新的要求和挑战。

(一)流动的数字印象

移动互联网的应用降低了信息内容的生产门槛,并且使得媒介内容的呈现形式愈加多样。我们浸没在媒介信息塑造的世界,现实的生活通过媒介来呈现,媒介建构了我们眼中的世界。我们也参与到媒介内容的生产之中,将所见所得通过媒介进行分享,同时消费着其他媒介内容。通过短视频,我们能够看到瑞士的雪山,能够逛遍印度的寺庙,也能将中国多样的民俗向世界传达。在数字时代,我们对于事物的认知,不再依托于事物本身,更多地表现为不断更新的、流动化的、碎片化的数字印象。国家品牌逐渐摆脱了现实物质条件的束缚,不再以固定不变的事物特性表现出来。中国的国家品牌本身是一个博大精深的系统,但是在数字化时代,世界公民心中的中国,可能是由各方各面的点状印象组合而成的,这些印象随着中国的动作和声音不断变化,时刻刷新着人们对中国的认知。

(二)全天候、全方位的信息叠加

在互联网场域中,国家边界消失,信息实现全球共享,时空距离被急剧压缩。世界上几乎所有国家的各种元素都集中在互联网空间中,等待社会成员去发现与整合,从而浮现出国家特质。2019年初,谷歌艺术文化部门举办了一场别开生面的"Once Upon a Try"线上艺术展,借助现代媒介技术,用户可以零距离地感受世界各国的文化瑰宝和风光景色,为各国文化传播和交流提供了机会。数字时代借助科技的突破,国家文化、科技、艺术信息将呈现出一种新的具有时代特色的信息叠加方式。人、物、流程、场景通过互联网连结在一起，互联网融入人们的生活，带来了便利和乐趣。我们的所有活动都会变成数据沉淀在网络空间。数据是信息，更是一种有效的工具，可以在国家品牌传播的品牌定位、受众分析、效果测量等领域提供策略支持①。国家外文局每年都会发布有关中国国家形象的全球调查，为国家品牌传播策略的制订和调整提供数据支撑②。

(三)个体价值力量的凸显

政府、企业和全体国民都是国家品牌塑造的主体。传播技术的发展，使得个人和企业摆脱了依附地位，在当今国家形象传播的过程中发挥更大的作用。在经济全球化和信息化的推动下，普通公众拥有了更多机会以了解和认识国外政治和社会信息。公众作为行为主体，参与公众外交具有平等性、亲和力和低风险等优势。有效发挥数字互联网公众作为个体在公共外交中的价值成为新时期公共外交发展的必然趋势。

在数字传播时代，个体的价值力量被放大。个体可以通过互联网技术将自己的生活体验与国家品牌传播直接联系起来，在个体鲜活的经历中多层次、多角度、多元化地展示国家形象。由个体创造的大众文本更能够契合公众趣味，激发大众踊跃参与，汇聚民间传播的资源与力量，激发公众的想象力和创造力，生产更多优质内容。2019年，网友自己制作的短视频《中国人的一天》火遍全国，该视频记录了中国各个阶层、各种职业人们的生存现状和生活状态，反映了中国的百态民生，是中国社会生活的缩影。互联网是一个连接器，也是一个放大器，我们每个人都可以成为国家品牌的传播者。

三、国家品牌全球化传播策略

(一)凝聚传播主体，增加国家声量

1. 发挥桥梁人群的中介作用

桥梁人群本指疾病传播过程中起到关键作用的人群，在对外传播中，是指沟通内外，发挥信息传递功能并产生一定影响的人。桥梁人群并不局限于某一种或者某一类人，只要能够跨越国界或区域界限的人或群体都称得上是桥梁人群，如留学生、游客、外交官、明星、驻外记者等③。我国民间桥梁人群数量不断扩大，2019年中国

---

① 程曼丽,赵晓航.数据时代的国家品牌传播[J].南京社会科学,2018(1):105-110.
② Google "Once Upon a Try" 展览汇集指尖 视界望向天边[EB/OL].[2019-03-08]. http://dy.163.com/v2/article/detail/E9OC1T9205346962.html.
③ 张昆,王创业.疏通渠道实现中国国家形象的对外立体传播[J].新闻大学,2017(3):122-130.

内地居民出入境 3.5 亿人次,外国人入出境 9767.5 万人次,全国出入境人员 6.7 亿人次,同比增长 3.8%[①]。近年来,中国出入境总人数不断增长,他们会将自己对于中国的认知和体验通过各种形式向家人、朋友,甚至陌生人分享。官方渠道的桥梁人群在对外传播的过程中也发挥着重要作用,长期驻外的记者、官员参与着所在地的新闻内容生产,在沟通交往的过程中讲述中国故事,传递中国价值;维和部队是中国对外传播的一面重要旗帜,他们的言行以及在危机时刻展现出的优秀素养成为中国品牌的最好写照。国家品牌传播的对象是人,目的是影响其对国家的认知,而桥梁人群多以民间身份直接与其他国家接触,在进行国家品牌传播的过程中更加真实、灵活,更能够赢得所在国家民众的信任,成为国家品牌全球化传播的"意见领袖"[②]。

2. 利用专业的全球传播组织

在全球化传播的过程中,各种国际组织也发挥着重要作用。组织或以协商政治为职能,或以获取经济利益为目标,有以传播文化为主要职能的文化组织,也有维护公共利益和安全的组织。组织的类型多样,目的各不相同,但作为国家形象的"名片",其行为往往暗含着国家利益的导向,在国家品牌传播过程中发挥着重要的作用[③]。

政府组织是国家品牌对外传播中最重要的组织,政府在参与、处理国际事务的同时传递着国家价值和国家形象。中国政府在全球环境治理以及世界反贫困问题上的卓越表现,展现出中国负责任大国的形象。非政府组织(NGO),独立于政府,结构灵活,在全球经济发展以及公民权益保障等领域发挥着独特的作用,NGO 对于某一国家的评价将会在很大程度上影响世界对于该国家的认知。近年来,有越来越多的中国志愿者加入到 NGO 组织中,在贡献自己力量的同时也使得中国某一领域拥有更强的话语权。无论是政府组织,还是非政府组织,它们在世界范围内传递着中国文化,讲述中国故事,践行中国价值,是中国对外传播渠道不可或缺的部分。

3. 植入社交空间,发挥个体作用

在互联网中,我们看似孤单,但是从不孤独,基于兴趣爱好形成的各种各样的社群和圈子,大量志趣相投的人在虚拟空间中聚合形成强认同关系群体。国家品牌传

---

① 2019 年出入境人员达 6.7 亿人次[EB/OL].[2020 - 01 - 06]. http://www.gov.cn/shuju/2020 - 01/06/content_5466869.htm.
② 张昆,王创业. 疏通渠道实现中国国家形象的对外立体传播[J]. 新闻大学,2017(3):122 - 130.
③ 苏林森,李立. 组织传播中组织内、外传播的区别与联系[J]. 新闻界,2006(2):57 - 58.

播需要依据不同社交网络的属性特征,有技巧地植入各种社交媒体圈子,尽量使用顺应圈子文化的理念,遵循他们的思维模式和行为规范,展开精准对话沟通。可在此基础上适度加大有利于我国形象信息的植入数量,同群体内成员进行有效沟通,并产生潜移默化的影响。

(二)抓住传播契机,提升国际话语权

1. 抓住重大事件的仪式化传播

随着中国政治、经济、军事等实力的不断增强,旨在展示国家形象的重大事件逐渐增多,也使得仪式化传播进入公众视野,并与国家实力形成相互融合与补充的关系,为新时代中国国家品牌传播提供了很好的契机①。新媒体的崛起,赋予了"媒介事件"新的特征,在全球化浪潮中,借助互联网媒体,中国发生的"媒介事件"可以跨越国度在全世界范围内产生影响。重大事件通过仪式化传播对国家品牌的塑造主要表现在政治品牌、经济品牌、文化品牌三个方面。2019年,中国举办了2019年亚洲文化嘉年华和庆祝中华人民共和国成立70周年大会,这些重大事件经由有组织、有意识地运用仪式化传播的理念和方法,都成为了传播国家品牌的重要窗口和途径。

2. 提升新时代中国国际话语权

党的十八大以来,以习近平同志为核心的党中央高度重视对外传播工作,强调要努力提高国际话语权,加强国际传播能力建设,精心构建对外话语体系,增强对外话语的创造力、感召力、公信力,讲好中国故事,传播好中国声音,阐释好中国特色。构建人类命运共同体,是习近平总书记着眼于人类发展和世界前途提出的中国理念、中国方案,对新形势下提升我国国际话语权具有重大战略意义。

作为中国特色大国外交的重大创新,构建人类命运共同体的思想具有以下话语特征②:①广泛的全球共识。"人类""命运""共同体"这种普遍通识性的话语展现了各国的一致诉求,即超越文明的界限,直面人类共同难题,携手共建新世界。中国话语需要契合国际社会现实之需,关乎各国根本利益,只有这样才能够引起普遍认同和广泛传播,才能实现中国与世界在利益、责任、价值、话语上的高度融通。②鲜明的中国特色。人类命运共同体话语,应该汲取中华优秀传统文化的精华,如"天下大

---

① 陈奕. 重大事件的仪式化传播与国家品牌形象建构[N/OL]. [2019-10-24]. http://www.cssn.cn/skjj_jjyw/201910/t20191024_5019829.shtml?COLLCC=1404292166&.

② 何良. 提升新时代中国国际话语权[EB/OL]. [2019-09-09]. http://www.qstheory.cn/dukan/hqwg/2019-09/09/c_1124968280.htm.

同"的政治理念、"和而不同"的文明理念和"协和万邦"的仁礼之道等,加之和平共处五项原则等新中国外交传统,扎根于本民族文化之魂,具有鲜明的中国特色。③重大的价值超越。人类命运共同体是关乎人类最长远福祉、最根本利益的联合体,既尊重了各国的差异性,又超越了国家利益冲突、意识形态纷争和地缘文明差异,因而不是以往外交理念的简单重复,其展现的是一种超越民族国家的整体秩序观和共同价值论,也是重大的价值超越。

(三)讲好中国故事,创新传播方式

故事是一种古老的世界性叙事方式,是人类对发生的事件、过程的记录与呈现,包含着人类文化价值系统的纪实。中国故事就是对中国人生活中已发生、正发生或将发生的事件及其过程的回忆、观察或想象的符号化概括。讲好中国故事,是传递中国价值、塑造中国品牌的重要举措。一个好的故事能够引发情感共鸣,提升沟通效率,获得世界各国的理解、尊重与认同。借助"故事"这一通用的世界性"语言",将中国的发展融入打造人类命运共同体的故事内容当中,有利于获得世界各国的大力支持,形成有利于中国的正面认知,进而塑造国家品牌。

讲好中国故事应该遵循以下原则:①体现时代主题。对外讲述中国故事,应该选取那些能够和最能代表中国的故事,能够和最能客观、全面、生动反映当代中国的故事,能够和最能展现中国社会不断发展进步面貌的故事。可以是中国发起"一带一路"倡议、构建人类命运共同体的时代强音,也可以是精准扶贫干部在贫困地区的勤勤恳恳,但凡好的中国故事一定包含着当前的时代精神。②创新表现形式。数字传播技术带来丰富的媒介形态和内容表现形式。利用现代传媒技术,将中国故事以独特新奇的方式进行展现,能够获得更多的记忆点。例如,2013年《领导人是怎样炼成的》的视频短片在国内外视频网站播出,用漫画形式展现中、英、美三国领导人的选举制度差异,让国外观众了解了中国的选举制度。③实现精准触达。以往的国家品牌对外传播多为借助传统媒体进行单向灌输式宣传,不具有精准传播的属性。大数据技术的迅速发展使国家品牌的对外传播具有了精准传播的能力[①]。通过利用大数据技术挖掘分析数据信息,排除干扰,可以深刻洞察传播对象的特征与需求,建立国际传播数据库。根据用户个性特征与兴趣爱好以及媒介接触习惯,可有的放矢地进行信息传播定位。

---

① 段淳林,杨恒.创新推动国家品牌对外传播[N/OL].[2018 - 06 - 22]. http://ex.cssn.cn/djch_djchhg/wlaqyscyl_112320/201806/t20180622_4374813.shtml? COLLCC=1404292166&.

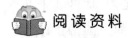 **阅读资料**

李子柒的意境与中国形象①

李子柒,一位90后川妹子成为岁末中国公众和媒体热议的现象级人物,作为几千万粉丝的视频博主,从第一部视频上线至今已逾三年的时间。若只说千万粉丝的大V,其实微博上俯仰皆是,并不稀奇,但李子柒非同凡响之处在于,她的视频已经溢出华人圈,在全球形成了空前影响力,在YouTube上有超过760万来自世界各国的热情拥趸,目前上传的107部视频中,点阅量最低的一期视频是200万次,最高的一期已逾4000万次,全部内容的累积观看次数已经超过9亿次,而这些数据还在快速增长,李子柒已成为当下华人世界全球影响力最大的vlogger。她在海外主流网站上的巨量关注度,引起了政府文宣部门和中央媒体的注意和认可,认为她讲好了中国故事,是中国文化输出的成功案例。

李子柒的视频所呈现的内容,是充满中国山水意境的乡村生活,视频画面在光影构图、明暗色调、景别影调、配乐剪辑等环节有很高的制作水准,并保持了稳定的一致性。在基本没有对话表达的场景下,李子柒给大众展现了一幅川西的诗意画卷和田园赞美诗,那是"掬水月在手,弄花香满衣",那是"落花人独立,微雨燕双飞",那是"蝉噪林逾静,鸟鸣山更幽",那也是"秋河曙耿耿,寒渚夜苍苍",这在媒体短视频风潮中是特立独行的稀有物种,它让华人受众可以在网络一隅,寄托去国怀乡的惆怅,凭吊渔樵耕读的幻梦。视频中室内的物品陈设、家居器用、造型材质虽不华美,却更能体会铺陈的用心与巧思。古拙与朴实的搭配,看上去诸物交相辉映,相得益彰,隐隐有一种侘寂之美。

海量的国外粉丝当然有云泥般的智趣分野,看到她的生活,有人联想起梭罗、尼采的自我放逐,有人触景生情于托克维尔的遁世隐居,有人认为她是凡勃伦笔下的有闲阶级,用超越金钱的优越感向世界炫富,而有人又将她看作鲍德里亚眼中,反对所谓消费主义与拜物教的文化偶像,工业化的滥觞将一切欲望和存在价值符号化成商品和购买行为,她却逆向还原成有生命活力的人类真实劳动。环保主义者认可她事事亲力亲为,不使用塑胶等任何不可降解或一次性物品,是真正的绿色低碳生活,建议"环保女孩"通贝里,除了保持愤怒外,多多以身作则。女权主义者赞赏她坚忍勤奋、多才多艺,完全不需要男人,能解决所有问题,是所有独立女性的仿效榜样。甚至有佛教徒也来评论,佛陀讲说眼耳鼻舌身意的世网尘劳,是脱离苦海理应寂灭

---

① 李子柒的意境和中国形象[EB/OL].[2019-12-26]. https://mp.weixin.qq.com/s/6dL-osdXKjoFZapfGxxP9g.

的欲望,李子柒的粉丝是迷途难返的芸芸众生,六根都不清净,真是无缘须弥世界。而在现实里,多数俗世凡人无非将李子柒的视频作为放松消遣,偶尔引发强烈的代入感与情感投射而已。

如此多样化的受众群体,从主流到边缘,覆盖了文化背景庞杂的多元人群,难怪中央媒体评价李子柒,"没有一个字夸中国好,但她讲好了中国文化,讲好了中国故事"。

本章小结

互联网的兴起,带来了复杂的传播生态,新的价值创造逻辑以及新的消费需求,开创了一个主体争鸣的时代。本章围绕个人、企业、城市、国家四个传播主体,按照时代内涵、数字时代的新特征和具体打造策略的逻辑来论述。在自媒体繁荣的背景下,个人主体通过找准定位、有效占位、优质输出、自我营销四个步骤来打造属于自己的IP。企业需要在品牌创建的过程中拥抱变化,在品牌定位、营销沟通、价值创造等领域进行尝试,不断赋予品牌新的生命力。城市发展进入4.0阶段,要想在激烈的城市竞争与角逐中实现突围,应该通过差异化竞争、多主体协作、优质内容挖掘和营销技术整合来讲好城市故事。面对全新的世界格局和媒介生态,打造国家品牌应该从凝聚传播主体、抓住传播契机、讲好中国故事和提升国际话语权四方面入手。本章旨在为身处数字时代的各类主体,提供适应时代特征的品牌传播策略,使其品牌更具生命力、竞争力、创造力。

思考题

1. 试着为自己设计一份打造个人品牌的策划书。
2. 举例分析某一企业品牌的发展现状,并提出发展建议。
3. 你认为你所在的城市应该确定怎样的城市品牌定位?
4. 你认为哪些中国符号可以代表中国国家品牌的精神内核?

第四章

数字时代品牌的特性构建

学习目标

1. 掌握数字时代的品牌特性。
2. 掌握数字时代构建品牌特性的策略与方法。
3. 掌握打造品牌的个性化、人性化、生态化、持久性的方法。

在数字化的时代背景下,品牌之间的竞争日益激烈,消费者的需求呈现出多元化、个性化的发展趋势。品牌要想脱颖而出,就需要构建起品牌特性。品牌特性构建是形成品牌差异化、与其他品牌建立区隔的重要手段。数字时代为品牌特性构建提供了更多的方法与途径。

第一节 塑造品牌的个性化

品牌如人,也具有个性。提到 LV,会想到高端、奢侈;提到宝马,会想到尊贵、年轻、活力;提到无印良品,会想到简约、自然、质朴;提到麦当劳,会想到快乐、自在。一个品牌想要让消费者过目不忘,就需要有自己的品牌个性,并找到差异点来定位品牌个性。具有鲜明个性的品牌,更容易在竞争中脱颖而出,在传递品牌信息、维护客户关系等方面都表现出强大的优势。

一、品牌个性的内涵

20 世纪 50 年代,美国 Grey 广告公司提出了"品牌性格哲学(Brand Character)",阐述了品牌个性的重要观点,由此品牌个性理论逐渐形成。关于品牌个性的定义,学者们有着不同的看法。凯文·莱恩·凯勒(Kevin Lane Keller)认为品牌个性体现的是消费者对某一品牌的感觉,与产品特性相比,它能够提供象征及自我表达的功能[1];大卫·艾克(David A. Aaker)认为品牌个性是指品牌所具有的一组人类特征[2]。国内学者卢泰宏认为品牌个性实际上就是消费者自己的真实个性在某种商品上的一种再现[3]。综上,品牌个性可以被理解为品牌在建设的过程中被品牌使用者赋予的人性化特质,而且这种特质可以塑造品牌的差异性。

随着市场竞争日益激烈,产品呈现出高度同质化的现象。而品牌个性可以使品牌在同类产品中脱颖而出,成为塑造品牌差异化的重要突破口。品牌个性是品牌的灵

---

[1] K. L. Keller. Conceptualizing, measuring, and managing customer-based brand equity[J]. Journal of Marketing,1993(1):1-29.
[2] D. A. Aaker. Dimensions of brand personality[J]. Journal of Marketing Research,1997(8):317-356.
[3] 卢泰宏,周志民. 基于品牌关系的品牌理论:研究模型及展望[J]. 商业经济与管理,2003(2):4-9.

魂,可以为产品创造出附加价值,为消费者带来超出产品本身的情感体验。品牌个性是品牌的人格化,是品牌价值的人性化表达。品牌个性超越了产品层面的功能性价值,更多表现为品牌的象征性价值,具有持久性和独特性,容易吸引消费者的注意力,与消费者建立情感上的连接,从而建立品牌忠诚度。如服装品牌优衣库,其简单、务实的品牌个性被人们认可。优衣库定位于中产阶级人群,以百搭为理念。优衣库的服装面料舒适、款式简单易搭配;门店管理,包括门店陈列、店员服务等,都是致力于为客户打造轻松、务实、快乐的购物体验;品牌宣传也是以凸显简单、务实、百搭为主题调性。优衣库追求极简主义,"服适人生",品牌个性鲜明,从而引领了快时尚品牌。

二、品牌定位及定位策略

(一)品牌定位

20世纪70年代美国著名营销学家艾·里斯与杰克·特劳特提出了定位理论。他们认为"定位是你对未来的潜在消费者的心智所下的功夫,也就是把产品定位在未来潜在顾客的心中"[①]。菲利普·科特勒最先将定位引入到营销之中,将市场定位定义为:"对公司的产品进行设计,从而使其能在目标顾客心中占有一个独特的、有价值的位置的行动。"[②]2001年,在美国营销协会举办的对20世纪营销理论的评比中,定位理论超过了罗瑟·瑞夫斯的USP理论、大卫·奥格威的品牌形象理论,甚至菲利普·科特勒的整合营销传播理论,成为"有史以来对美国营销影响最大的观念"。

我国学者卢泰宏等人认为品牌定位理论起源于里斯和特劳特提出的广告定位理论,并结合认知心理学理论成果发展而成。他们总结了里斯、特劳特、科特勒和凯勒等对品牌定位的认知,认为品牌定位是营销战略的核心,通过设计公司的产品服务和形象,从而在目标顾客心目中占据独特的价值地位[③]。

品牌定位是指品牌根据自身产品的特点,在目标消费者心中占据独特位置,或者说是具有不同于其他品牌的独特性。品牌定位是一项战略性的举措,它是为特定的品牌在文化取向及个性差异上制定的商业决策,它也是建立一个与目标市场有关的品牌形象的过程和结果,如宝洁公司旗下的品牌飘柔、潘婷、沙宣、海飞丝等。飘柔定位于头发柔顺,潘婷主打强韧发质,沙宣宣扬的是专业美发沙龙体验,而海飞丝主打去头皮屑和控油。这些品牌虽然都是宝洁一家企业的产品,但是却分别针对不同的消费者,主打不同的特色功能。这样"术业有专攻"的行为我们称之为品牌定位。

---

① 艾·里斯,杰克·特劳特.定位[M].王思冕,余少尉,译.北京:中国财政经济出版社,2002:5-10.
② 菲利普·科特勒.营销管理[M].梅清豪,译.上海:上海人民出版社,2004:300-301.
③ 卢泰宏,吴水龙,朱辉煌,等.论品牌资产的定义[J].外国经济与管理,2009(1):32-42.

我国学者余明阳等人从传播角度认为品牌定位的出发点是目标消费者的心智，而不是产品本身[①]。定位是从产品开始的，但是定位不是围绕产品进行的，而是围绕着消费者的心智进行的，也就是说，将产品定位于潜在消费者的心智之中。品牌定位的关键在于如何让品牌在潜在消费者的心智中与众不同。

品牌定位是建立品牌形象的基础。在这个商品同质化现象严重的时代，准确有效的品牌定位可以使品牌从众多同类品牌中脱颖而出，吸引着消费者的注意力，并产生认知偏好。品牌定位也是企业实施差异化营销战略的需要。现如今，消费者的个性化需求日益强烈，企业需要通过基于消费者的精准定位，赋予品牌独特的价值，建立起差异化的品牌优势，从而使消费者的个性化需求得到满足。

有效的品牌定位可以为品牌创造出巨大的价值。例如，星巴克在进行品牌定位时，将文化内涵融入品牌，以咖啡为载体，向消费者传达一种咖啡文化，使喝咖啡成为一种时尚、有内涵的代名词。星巴克将消费人群定位于白领一族，但这里的白领是一种状态，而非一种身份。市场对于咖啡的需求通常分为两种，一种是生活场景下的休闲、放松之所，另一种是工作场景的需求。星巴克定位于工作场景需求，在选址时通常选择商圈、写字楼、商场等，热门地标是白领的典型领地，显眼的位置可以让白领随时到达，在工作之余获得优质的咖啡体验。

正确的品牌定位可以使品牌更好地进行传播，那么如何进行品牌定位呢？品牌定位要做到三件事。

1. 定人

品牌定位是以产品为核心的，产品自身具备的特色是品牌定位的依据。但同时，品牌定位最重要也是最主要的是以市场为导向，以消费者为目标。消费者的需求是一件产品产生的价值。在品牌定位中，第一件也是最关键的事就是定人。定人的意思是定消费者和消费者需求，是一个细分的过程。也就是说，当品牌对消费者进行了分类，就要针对某一种类别的消费者需求进行精准"打击"。因为年龄、地域、性别和消费习惯的不同，品牌需要在消费者之间进行取舍，妄图涵盖所有用户群体的品牌往往顾此失彼，难以发挥特长。饿了么星选就成功做到了"定人"。对于学生和上班族来说，吃外卖一直是一个痛点。他们往往觉得吃外卖不健康，却又没有多余的精力自己做饭。针对这一需求，饿了么星选和健身品牌Keep联合发起"吃好才有力气跑步"的活动。

如图4-1所示，在饿了么星选平台上，有来自Keep的专业健身教练指导每份菜品的分量和热量比，用户在选择菜品时可以一目了然了解到这份菜品是否健康；

---

① 杨芳平，余明阳. 品牌动态定位模型研究[J]. 现代管理科学，2010(5)：19-21.

同时,饿了么星选的首页还会推荐哪些店铺的食物适合减肥健身时食用。这一功能就是饿了么星选洞察到一些用户有健身需求,从而精准策划了这一场合作。

图 4-1　饿了么星选

2. 定价值

品牌定位的第二件事就是定价值。定价值的意思是,明确品牌下该产品的"独特消费主张"。也就是应该问四个问题:产品是什么?产品有什么用?产品在哪里用?产品适合哪些人用?这四个问题实际上都与人挂钩,所以品牌需要切合消费者的需求来定义自己的价值。品牌与消费者的对接,主要体现在品牌的概念、主张、价值和文化,以及消费者的日常习惯、生活态度、审美和心理喜好上。比如,有些消费者注重外观,那么针对这类消费者,可以从外观时尚、靓丽上来定义;有些消费者则是实用型的,那么品牌就不能花太多笔墨描述产品的设计新颖独特。

当品牌发现刚好切合了某一类消费者的某一种需求后,就需要对其他需求做出妥协。在洗发水品牌多芬的一则广告中,如图 4-2 所示,出现的场景都在展现着头发被拉扯、甩动却保持完美,这就是多芬这款洗发水的价值定位——强韧秀发。而这则广告的呈现方式是多位女性分别处于不同的生活场景,展示着使用多芬洗发水的魅力,体现出女性的自信和活力。

图 4-2　多芬洗发水广告

3. 定心

品牌定位的第三件事是定心。定心的意思是品牌讲什么故事来打动和俘获消费者的心。在一则 Timberland 马丁靴的广告中,如图 4-3 所示,广告里踢不烂的价值定位是质量结实。但是广告却没有直接说它的质量多么好,而是使用很多不同的场景来讲述一个男人的经历,而那双踢不烂马丁靴陪着男主人公一起经历生活的历练,男主人公最终成长为一个成熟的男人。这种历经磨练最终成熟的价值观也正对应着靴子的历变:"我走时叫 Timberland,回来时才叫踢不烂。"

图 4-3　Timberland 马丁靴广告

(二)品牌定位策略

1. 精准定位

在 STP 战略中,S 对应的是 Segmenting——市场细分,T 对应的是 Targeting——目标市场,P 对应的是 Positioning——市场定位。它也被称为"目标市场营销战略",于 20 世纪 20 年代中期提出,意思是品牌要适应消费者的需求差别,细分市场,有针对性地提供不同的产品。我国学者李飞对科特勒 STP 营销定位进一步完善,提出了定位钻石模型:用纵轴表示定位过程,横轴表示定位内容,三角形表示定位范围,然后将它们三者组合起来,构成了一个品牌定位的钻石图形。首先,找到目标市场,并了解其需求特征;其次,细分目标顾客利益并选择满足目标顾客的利益点,根据这个利益点确定定位;最后,实现营销组合①。

在汽车市场,消费者的需求有很多,如安全、速度、节油、尊贵、科技感等。以安全稳定为定位的沃尔沃汽车抢占了属于它的细分市场。在由好莱坞动作演员尚格·云顿主演的广告片中,如图 4-4 所示,强力突出着沃尔沃汽车的稳定和安全,传达给消费者"安全"的产品价值。一个品牌的塑造除了精准的定位之外,必须要有非

---

① 李飞,刘茜.市场定位战略的综合模型研究[J].南开管理评论,2004(5):39-43.

常坚固的实力支撑,这个支撑来自于核心专利技术和产品本身,因为品牌存在的长远与否最终取决于消费者的认可,而这个认可的基础则是产品本身的质量。

图4-4 沃尔沃汽车广告

2. 关联定位

如今的市场环境传播过度、跟风严重,点子、创意漫天飞舞。用户心智早已被前来者占满。新兴品牌和弱势品牌如何突出重围?老牌又如何保持生机?关联定位是一大战略。关联定位的本质是将品牌与消费者大脑中的固化概念关联起来,从而更快速进入用户的大脑,最终在消费者心智中占据一个有利的位置。关联定位有以下三种类型:高频场景关联定位、超级符号关联定位、强势对手关联定位。

第一,高频场景关联定位。在一句熟悉的广告语"怕上火,喝王老吉"中,王老吉定位于预防上火的凉茶饮料,与我们日常生活中的一个高频场景——吃火锅,怕上火关联起来,体现出喝王老吉能预防上火的独特价值,从而使品牌成为了凉茶的代表。

第二,超级符号关联定位。《权力的游戏》是美剧顶级IP之一,它改编自美国作家乔治·马丁的奇幻小说《冰与火之歌》系列,第一季于2011年4月全球首播,近期播出第八季。借着这个IP,奥利奥推出一支充满"权游"风格的广告片。把广告片拍成《权力的游戏》片头效果,奥利奥使用了超级符号关联定位,通俗地说是在"蹭热度"。除此以外,奥利奥还推出联名销量版饼干,一改往日了蓝色卡通包装,变成《权力的游戏》风格的暗黑系包装。

第三,强势对手关联定位。强势对手关联定位,就是将品牌与占据消费者心智主流的竞争对手品牌关联起来,借助对手的定位找到自己的定位。一个新品牌要想突出重围,往往可以另辟蹊径,借助强势对手关联定位的方法,来让人们认识自己。比如最初诞生的汽车不叫汽车,而是被称为"不用马拉的车"。蒙牛在成立初期,曾在广告牌上印出:"向伊利学习,为民族工业争气,争创内蒙古乳业第二品牌"的标语。蒙牛借助伊利已有的知名度,进行品牌定位,使其品牌快速进入消费者心中。

3. 情感定位

在茶饮料市场已趋于成熟之时,小茗同学选择从情感层面重新定位市场,针对年轻学生群体,将品牌塑造为一个具有冷幽默、爱调侃的年轻化的学生形象,并在产品包装设计上表现出个性化特征,其高度差异化的冷泡茶定位,产品搞笑的人物形象,符合消费者追求趣味、创意、个性的心理特征,深受年轻群体的喜爱,从而在茶饮料市场获得一席之地①。小茗同学以"认真搞笑,低调冷泡"为口号,赋予品牌鲜明的人格化形象,进行一系列的趣味传播活动:独家冠名大型明星校园体验式真人秀节目《我去上学啦》;和秒拍合作号召人们模仿小茗同学的鬼畜表情和动作;在微信平台上推出一系列的搞笑表情包;与QQ family合力推出漫画瓶,将萌趣进行到底;如图4-5所示,与大英博物馆合作,推出定制瓶身,以大英博物馆中的四个经典馆藏为灵感,"模仿"文物形象,打造趣味视频动画,以年轻人的视角传达对历史文明的理解。小茗同学基于深度人性化洞察的创意,获得了消费者的情感偏好。

图4-5 小茗同学与大英博物馆联名瓶身广告

4. 品质定位

如今,消费者越来越注重产品的品质,追求生活品质。如图4-6所示,网易严选基于消费者洞察,坚持品质为先,主打高品质、好生活。网易严选自建团队,选择大牌制造商直供,员工深入原材料的核心产地,对每道工序层层把关,在每一次"严选"的过程中摒弃90%以上的选择,每一品类下仅保留优中选优的商品,把最好的推荐

---

① 刘玲.互联网时代品牌定位理念[J].智库时代,2019(42):251.

给用户,让用户省时、省心地选择生活所需。网易严选在产品设计上保持精致简约的风格,提倡"生活美学",具有日式简约风的设计、大品牌工厂制造、亲民的价格等优点,提出"好的生活,没那么贵"的口号。网易严选洞察到消费者对生活品质的追求,将品牌定位于品质好物,从而获得消费者青睐。

图 4-6 网易严选广告

数字时代下,品牌定位的核心并没有发生变化,核心依然是占据消费者心智。数字时代为品牌定位创造了更多的可能性,赋予了品牌定位更为丰富的内涵。基于大数据,通过对用户数据的收集、整合与分析,实现精准定位,重塑了人与品牌之间的关系。近年来,"小而美"的品牌相继出现,如江小白、网易严选。这些品牌精准定位其目标用户,对用户做出精准画像,为用户提供优质的服务体验,引导着市场竞争的差异化、标签化、社群化、情感化。在数字时代下,品牌应借助于大数据技术,对消费者数据进行收集、整合、分析,深度洞察消费者,建立符合消费者偏好的品牌定位,更新品牌传播的观念,找到适合自身发展的数字化之路。

 阅读资料

江小白的"青春小酒"

江小白作为率先面向年轻群体、打造"青春小酒"的白酒品牌,实现了行业的创新之举,并且在这一细分市场做到第一,成为休闲类场景下的代表性白酒品牌,其独特的品牌定位值得深入思考。

1. 消费人群定位

饮酒对于中国人来说,已经成为一个传承千年的习惯。随着 80 后、90 后逐渐成为社会的主流力量,在市场上具有更强的消费能力,在传统白酒企业激烈的市场竞争中,江小白颠覆一贯的思维,将年轻一代作为目标消费群体,成功占据这一市场空白①。江小白强调为年轻人量身定做,从产品包装、口感工艺到品牌定位,所有的

---

① 黄爱贞.数字营销时代江小白品牌塑造策略研究[D].武汉:武汉大学,2018.

方式都围绕80后、90后年轻群体的特征来进行,让目标消费群体与白酒真正亲密接触,既形成了自己的品牌特色,又收获了大批年轻的忠实用户。如图4-7所示,江小白以"我是江小白,生活很简单"为口号,打造专属于年轻群体的"青春小酒"。

图4-7　江小白广告

2. 产品定位

一是口感创新。江小白一改以往白酒企业着力打造的浓香、酱香、米香、兼香等多种特色,重点推出纯净清香的白酒口感。其标准化的生产流程、稳定的品质保障,使得该品牌的白酒入口绵甜,后味比较长,而且略带苦味,成功地将其定位为小曲清香型白酒,而这与江小白"青春小酒"的品牌定位不谋而合①。

二是外观精妙。如图4-8所示,江小白的外观特点之一便是简单,通身磨砂的瓶体、铝合金打造的瓶盖,使其厚重而不失质感,简单而不失高贵。外观特点之二便

图4-8　江小白广告

---

① 李慧敏.浅析品牌定位对广告的影响——以江小白为例[J].山西财经大学学报,2018(4):63-65.

是实用,防止二次灌装的瓶嘴设计,使得江小白在注重形象设计之余,还具备了防伪功效。就造型设计而言,江小白整体贯彻一种充满青春活力、富有朝气的理念,以80后男生的形象为造型主体,凭借一副黑色边框眼镜、一身休闲时尚西装、一条简单围巾等元素,与消费者产生了强烈的心理共鸣。除此之外,短小幽默的瓶身文字,直击年轻消费群体内心,不仅使包装愈加新鲜另类,而且为企业形象加分不少。

3. 品牌理念定位

江小白从名称、标识、包装、口号和营销等多方面入手,将年轻、自由、纯粹的风格表现得淋漓尽致。例如,在瓶身上印上一些短小的文字,形成独特的"江小白体",如"不停地喝酒,是为自己找一个放肆想你的借口""钱没了可以再挣,单纯没了就真的没了",对于年轻人来说,这些或温馨或幽默的文字,能够击中他们心中最柔软的地方,引起共鸣。

江小白的品牌定位与传统的白酒品牌定位有着巨大的差异,其面向的是80后、90后目标消费群体,定位为自由、纯粹的青春小酒。江小白基于独特、精准的品牌定位,从白酒这一红海市场切割出一个新的细分市场。江小白基于明确的品牌定位,深度洞察消费者,并根据消费者的需求与偏好,选择合适的传播渠道与传播策略,形成品牌差异化,从而成为80后、90后的"青春小酒"。

三、品牌个性塑造的原则和方法

品牌个性是品牌的灵魂,是品牌形象的核心,是实现品牌差异化的重要因素,是与消费者建立情感联系的重要工具。那么如何塑造品牌个性呢?品牌个性具有丰富的内涵,在其塑造的过程中,要遵循一些原则与方法。

(一)品牌个性塑造原则

1. 简约又不失深刻

消费者的注意力有限,广告要以单一诉求、以一个声音来表达,简洁而有力地表达出品牌的核心诉求,使品牌个性简约、易懂、易记。但在简约的同时又要具有深刻性,能使顾客有感触,产生情感上的共鸣,令品牌深入人心,使顾客产生偏好,这就要求品牌个性要与消费者的个性相符。品牌个性不是自说自话地展示魅力,而是要传达消费者的价值观,契合消费者的精神选择。品牌需要在自己和消费者之间找到一个平衡点,找到认同自己的消费者,才更容易产生共鸣。通过吸引那些认同企业价值观的消费者,品牌与消费者之间的关系由买卖层面的"弱联结"变成情感层面的

"强联结",品牌个性才能更好传达,消费者也更容易产生品牌忠诚。

2. 个性又不失共性

品牌个性要讲究"和而不同",彰显个性但很合群。品牌既要能体现出个性的不同,又能与其他品牌和睦相处。个性可以使品牌差异化,但过度个性,也容易与其他品牌产生冲突,带来误解与麻烦。在塑造品牌个性的过程中,不能违反大多数人或一个群体所共有的某一社会文化形态下的共同特质,但也要有自己与众不同的特质。在这个同质化严重的时代,具有独特、新颖品牌个性的品牌更容易吸引消费者的注意力,使消费者产生认知偏好。品牌个性的塑造要在共性之中找到个性,做到"和而不同"。

3. 丰富又不失统一

品牌可以通过多种方式进行品牌个性的塑造,包括聘请代言人、包装、广告、公关、活动、体验等。在多种宣传工具和宣传方式中,要注意保持风格的统一性。要坚持围绕品牌个性,以一个声音说话,进行整合营销传播。整合一切传播资源对品牌进行传播,除媒体广告外,企业相关文章报道、公益性的公关活动、促销宣传等都是品牌传播的有效途径。采用一种声音,利用多元传播的方法,整合传播资源,充分利用多种传播渠道,可使传播效果最大化[①]。

4. 持久又不失创新

品牌形象依赖于长期一致、一如既往的坚持与宣传。品牌要坚持统一的品牌形象,持之以恒地进行品牌个性的塑造。品牌个性的塑造在保持稳定性的同时,也要进行创新,创造品牌新鲜感,保持品牌活力,防止产生品牌老化的现象。品牌个性在发展的过程中,应保持核心内涵的稳定与不断变化创新的外在形式,为品牌沉淀出具有底蕴的个性。在稳定的核心内涵的基础上进行创新,能使品牌个性更加突出,同时也能避免品牌老化,使品牌获得更多活力和更强大的生命力。例如,可口可乐成功的秘诀在于对品牌核心价值的塑造和维护。可口可乐的核心配方、品牌核心理念,历经百年不曾变动,传统的红色底色一直不变,传递的"快乐与活力"也一直在延续。可口可乐在持久中又不失创新,其包装与广告宣传不断与时俱进,展现出时代的变迁。可口可乐一直保持初心,并能不断创新,给消费者带来新鲜感,使品牌保持活力,从而成为百年辉煌的饮料品牌。

---

① 周建庆,梁鑫,韦振宇.论品牌个性的塑造原则[J].商业时代,2007(30):35-36.

(二)品牌个性塑造方法

1. 明确品牌定位

品牌个性好比每个人独一无二的基因,品牌要紧紧把握自己的DNA。品牌个性是以品牌定位为基础的,而品牌个性又反映了品牌定位,并体现着对品牌定位的深化。明确的品牌定位对品牌个性的建立有着强大的支撑作用。宝洁的舒肤佳以"杀菌更持久"的定位彰显了其品牌个性,使其成为中国香皂市场的第一品牌。食物、人群与欢乐是麦当劳的品牌DNA。把握住了这三点,麦当劳在所有门店的装潢上使用活力的金黄色和红色,在有些门店设立儿童玩乐区,并且推出附赠玩具的儿童套餐。对孩子来说,儿童套餐、游戏设施、麦当劳叔叔都是欢乐的代表;对于大人来说,选一个适合全家用餐、孩子玩乐、气氛欢快的场所,则非麦当劳不可了。

2. 洞察消费者需求

品牌个性往往与消费者的内心世界密切相关,相近的个性会互相吸引,品牌个性与消费者的内心需求越相近,消费者的购买意愿就越高。品牌需要基于对消费者需求的深度洞察,发现消费者的某种情感或者自我表现的需要,恰当地对品牌注入情感与文化的因素,形成自身独特的品牌个性。品牌个性在形成与完善的过程中会吸引更多消费者。

红极一时的答案茶就做到了深度洞察消费者。如图4-9所示,答案茶的标语是"一杯可以占卜的茶"。"只要把你困惑的问题写在奶茶的腰封上,在心中默念5遍,揭开茶盖,属于你的答案就会浮现在眼前。"这个过程具有一种神秘的仪式感和对话感。答案茶符合年轻人追求新鲜、刺激、时尚等潮流元素的消费习惯。它利用年轻人的猎奇心理,以一问一答的解忧方式提供一种心理安慰,帮助年轻人排解压力,消除负面情绪。

答案茶依托大数据技术,从年轻人经常使用的各大品牌中搜集数据,比如网易评论、知名两性情感微博等,从中挖掘出年轻人经常关心的问题,

图4-9 答案茶

从而建立起"解忧答案库"。这些问题基本可以反映出不同年龄层感兴趣的点,主要包括情感、事业、学业等类型,在匹配答案时通过心理暗示去回答,给年轻人无处安放的心一个栖息之所。答案茶抓住消费者需求,具有社交属性,唤起了消费者的情感共鸣,通过消费者喜欢的方式,传达答案茶的品牌理念。答案茶以茶为媒,引导消费者通过

喝茶去寻找内心的答案。

3. 品牌符号化

品牌符号化正是具象化的品牌个性塑造,即找到能代表品牌个性的象征符号,向消费者传递品牌价值观和文化,能持续激发品牌的生命力。唐老鸭和米老鼠是迪士尼的卡通符号,代表着迪士尼的童真、快乐。还记得那句"快到我碗里来"吗?趣味诙谐、互相打闹的黄豆人和红豆人则是M&M'S巧克力豆的形象符号。

随着时代的发展,90后、00后消费群体不断崛起,品牌个性化成为一大趋势。未来,品牌将会不断适应年轻群体的消费习惯,更新自己的个性外延表现。但仍需记住,不随波逐流而迷失方向,坚守住自己的核心价值内涵,品牌方可长远发展下去。

 阅读资料

宜家"欢聚有奖"小程序,呼吁大家享受在一起的时光

宜家在春节期间,创作了一款奖励人们远离手机和网络的微信小程序"欢聚有奖"。游戏机制很简单:参与者先在小程序中选择喜欢的宜家产品,但每个产品的标价不是钱,而是时间。选定产品后,挑战即开始,要做的就是在倒计时结束前不碰手机,而是跟家人和朋友们一起面对面聊天,享受春节。根据产品价值不同,挑战时长从半小时到两小时不等。一旦退出小程序或使用手机上任何别的功能,挑战即宣告失败。手机要一直保持在倒计时页面,完成任务可以获得对应产品的限量7折优惠券,如图4-10所示①。

图4-10 宜家"欢聚有奖"小程序

① Clovey. 宜家"欢聚有奖"小程序,呼吁大家享受在一起的时光[EB/OL].[2019-02-18]. https://socialbeta.com/t/103927.

当今社会，我们的生活几乎已被电子设备占领，而陪伴家人朋友的时间越来越少。作为一个以"家"作为核心的品牌，宜家始终致力于帮助人们享受在一起的时光，让人与人之间的关系更近。在春节这个团聚的时刻，宜家推出"欢聚有奖"的微信小程序，鼓励人们放下手机，拒绝手机的诱惑，多陪家人聊天。宜家的品牌理念是"为大众创造更美好的日常生活"，通过"欢聚有奖"小程序，可以传播温馨、亲切的品牌个性。

宜家作为一个来自瑞典的家居零售巨头，从1943年诞生到现在，用了七十多年的时间，来丰富和完善它"为大众创造更美好的日常生活，提供种类繁多、美观实用、老百姓买得起的家居用品"的经营理念。宜家一直追求高质低价，以消费者需求为本，悉心研究出一系列创新家居，在产品质量方面进行严格把控。宜家注重实体店的体验式营销，其门店人员不会向顾客进行推销，而是任由顾客自行体验来决定，让消费者享受整个购物过程，感受到其品牌的亲和力，形成良好的口碑传播，对宜家品牌产生熟悉感、信任感，从而传播其温馨、亲切的品牌个性。

第二节　打造品牌的人性化

现如今，快节奏的生活方式，使人们对情感的需要日趋强烈。人们从单一追求品牌商品的价值功能转向更高层次的精神追求。人性化的品牌，更容易打动消费者，能更好地构建商家与消费者之间的沟通桥梁。品牌一旦具有了"人性化"的魅力，就会具有生命力，富有感染力，成为消费者情感的寄托，使消费者对品牌产生情感偏好、价值认同，提升品牌美誉度，培养消费者的品牌忠诚，从而实现品牌价值。

一、提供人性化的产品

品牌不仅要建立起自己的个性，占据消费者心智，品牌还要做好消费者的"知心人"，打造品牌的人性化。品牌人性化，首先要为消费者提供人性化的产品。这就是要求品牌做到两点：一是做消费者所需要的产品；二是从众多的产品中给消费者推荐最合适的。这也就涉及大数据的挖掘与精准投放，那么品牌如何利用大数据为消费者提供人性化的产品？

(一) 大数据挖掘指导产品研发

企业可以通过对大数据的挖掘分析，了解消费者的喜好和潜在的需求，从而针对性地研发相应的产品，这就是大数据技术对品牌产品研发的指导作用。不论是2013年Netflix的第一部自制剧《纸牌屋》，还是2019年3月份制作的《爱、死亡与机器人》，Netflix的自制剧总是保持着高水准，制作出受众喜爱的内容。例如《纸牌屋》的拍摄题材、制作团队阵容及剧情等因素都由大数据进行主导，如图4-11所示，

Netflix通过在社交媒体等平台上搜集和分析受众的反馈信息来指导《纸牌屋2》的制作,因此《纸牌屋》也被媒体称为"大数据定制剧"。而在这个案例中,Netflix对用户数据的挖掘与分析也正是其能够制作出受大众欢迎的视频内容的原因。

图4-11　Netflix"大数据定制剧"

为了更好地发挥数据的价值,天猫从销售平台扩展到了新品研发平台。2017年9月,天猫新品创新中心上线,旨在为品牌打造从新品研发到销售的全链路方案。2018年,天猫启动了"新零售数据赋能新品计划",将新品研发周期从18个月缩短至9个月。资生堂借助天猫大数据,专门针对中国人研发出一款解决头皮健康及头发分叉问题的洗发水,由旗下品牌AQUAIR进行发售,如图4-12所示。作为入口级平台,天猫通过大量的数据分析掌握了消费者的行为习惯,使其具备精准洞察消费者需求的能力。

图4-12　资生堂AQUAIR

(二)精准投放满足个性化需求

精准投放是建立在对数据的挖掘与分析的基础上,实现一对一的沟通传播,通过算法分析受众的喜好,从而向每个人推荐不同的信息。

如图4-13所示,亚马逊(Amazon)的推荐营销系统,通过对用户的购物喜好、消费能力等数据进行计算,从而做到"投其所好",向每一位用户推送不同的产品,销售转化率高达60%。

图4-13 亚马逊推荐营销系统

YouTube作为全球范围内最成功的流媒体平台之一,其全球解决方案副总裁Debbie曾直言YouTube成功的关键是YouTube有能力帮助每一个用户并为他们找到与个人兴趣最相关的内容。通过大数据绘制用户画像,满足受众的个性化需求,也是产品人性化的重要体现。

(三)谨慎处理数据隐私

消费者越来越看重自己的数据隐私,而品牌信息更加精准地投放对于数据挖掘需求的深入使得"如何找好二者之间的平衡点"这一问题成为品牌需要考虑和谨慎对待的主要矛盾。2016年,欧盟通过了《常规数据保护条例》(GDPR),如图4-14所示,并于2018年正式实施,而面对史上最严的数据隐私保护条例,Google、Facebook

图4-14 《常规数据保护条例》(GDPR)

等捕捉大量用户数据隐私的公司可能面临巨额罚款。由此可见,品牌在面对大数据这把双刃剑时也需要认真对待、谨慎处理。

(四)大数据精准营销应用

在数字时代下,品牌应该深度挖掘大数据价值,利用大数据驱动精准营销,可以从以下几个方面入手:

1. 用户数据挖掘

大数据应用的基础是平台建设,企业首先需要加强数据平台建设,将业务和流程通过互联网技术在线化,从而实现数据沉淀与价值挖掘。基于大数据技术,进行用户数据挖掘,可以得出清晰的用户画像,了解用户的个性与需求,从而实现一对一的内容定制和精准投放。

2. 广告精准投放

精准营销的关键是广告的精准投放,其包含两方面:一是目标受众的精准,即广告应该推送给谁;二是信息内容的精准,即向其推送怎样的广告信息。以前,企业难以获取足够的用户信息,缺乏用户数据的支撑,无法进行有针对性的信息传播,造成了广告资源的浪费。在大数据时代,可以通过用户数据的挖掘与分析,进行精准的、个性化的广告投放,从而实现精准营销。

3. 提升用户体验

要提升用户体验,关键在于真正了解用户及用户所使用产品的状况,做适时的调整。在大数据技术的支持下,可以通过用户数据的分析,完善消费者画像,精准地为用户提供其感兴趣的信息和产品,不断提升用户体验,从而形成品牌黏性,提升用户的品牌忠诚度。

4. 客户分级管理

在大数据技术的支持下,品牌可以通过用户数据的收集与分析,找到哪些用户对自己是最有价值的,帮助企业筛选出重点用户。可以通过社会化媒体,分析活跃粉丝的互动内容,关联潜在用户,筛选目标客户进行精准营销,将粉丝转化为潜在客户,从而可以使传统的客户关系管理结合社会化数据,动态更新消费者的数据与信息。

5. 品牌舆情管理

数字时代企业应构建品牌舆情监测系统,预测可能出现的危机事件。大数据可以进行品牌危机的监测,使品牌对危机事件有所洞悉。大数据还可实时跟踪危机传播的趋势,聚类事件过程中的观点,识别关键人物与传播路径,抓住源头和关键节点,快速有效地处理危机,从而减少危机事件对品牌的危害。

6. 市场决策支持

基于大数据分析,可以帮助企业进行市场预测,发现新的市场趋势,更好地应对市场的竞争与发展。体量大、内容全面、速度及时的大数据,会对市场的决策分析提供更好的支撑,从而帮助企业迅速、有效地进行决策,减少决策失误①。

品牌传播是面向人的传播,品牌要完成的是与人的紧密连接。借助大数据挖掘与精准投放,品牌可以蜕变为消费者的"知心人",做"懂你"的品牌,为消费者提供需要和喜欢的产品,打造品牌的人性化,进而加强消费者对品牌的忠诚度。

二、共情:做一个有温度的品牌

共情是灵魂与灵魂的碰撞,共情是一种深度交流的方式。人与人之间需要共情,品牌也需要通过共情来走进消费者的内心。共情需要在品牌和消费者之间建立情感纽带,引发深度共鸣。基于对消费者的深度洞察,直击消费者内心的痛点,使消费者感同身受,真正做到"走心"。

如图4-15所示,"所谓孤独就是,有的人无话可说,有的话无人可说","学会喝酒后,才真正开始懂老爸"。或许,你没喝过江小白的酒,但你一定听过江小白的文案。很多人被江小白吸引,是因为它瓶身上的某句文案戳中了自己的痛点,甚至是泪点。都说饮酒饮的不是酒,而是人生百态,其中滋味只有自己最清楚。江小白基于对人心的洞察、人性的挖掘,以"走心"的文案直击年轻群体内心的痛点,成为年轻人宣泄情绪的出口,实现了与年轻人的深度对话,成为一种"青春小酒"。江小白的这种做法,是品牌站在消费者的角度,为消费者发声,这正是品牌战略中"共情战略"的体现。

图4-15 江小白广告

(一)什么是共情战略

1. 共情——一种理解他人的能力

"共情"在心理学层面,可以被称作神入、同理心,又可以被称作同感、投情等。共情能力,指的是一种能设身处地体验他人处境,从而达到感受和理解他人情感的

---

① 铜小牛.如何利用大数据驱动精准营销[EB/OL].[2019-03-12]. https://mp.weixin.qq.com/s/hqTohdHhR9uv2ZdeO0xmlw.

能力。太平洋保险的广告很好体现了共情。太平洋保险通过一个善良女孩和可爱猫咪的组合,演绎了一个"爱值得被爱"的暖心故事。故事虽然简单,但却因为真实而动人,因动人而共情。影片中的女孩正是你我的缩影,带着温暖和善意对待生活,感受生活的美好。最终故事伴随着女孩和猫相处的融洽画面结尾,也正对应了那句广告语:"平时注入一滴水,难时拥有太平洋。"(见图4-16)

图4-16　太平洋保险广告

2. 共情——让品牌和消费者更接近

太平洋保险广告成功运用了共情战略,在讲述故事的同时传达理念。故事很贴近日常生活,主人公的角色很像都市里的每个人,消费者在观看时更容易沉浸其中;观看后,更容易产生共情,并且主动转发、传播,产生积极的反馈。而且,影片只在结尾部分出现品牌的名称、广告语信息,不会引起消费者的观影反感。凭借着讲述方式的平易近人、娓娓道来,传达的理念切合人心,这则广告在社交媒体上获得好评不断。在传播中,太平洋保险不仅向用户诠释了爱的内涵,树立了有温度的品牌形象,拉近了与消费者之间的距离;还体现了品牌责任感,让品牌形象更加丰富、动人。

(二)品牌如何运用共情战略打动消费者

1. 走心

品牌要做到"走心"。走心与否决定了消费者能否被打动,能否产生共鸣,能否对品牌产生好感,从而开始一系列消费行为。共情战略一旦成功,能产生巨大的效应,除了之前提到的江小白,网易云音乐同样针对年轻人而走心。继2017年的地铁乐评文案一举成功后,2018年网易云音乐把乐评印到镜子上,把镜子搬进了地铁站(见图4-17)。

不少乘客进入地铁站后,会多瞥两眼镜面,也有乘客驻足拍起了照,在朋友圈为这场"戳"心的营销做宣传。网易云音乐巧妙地运用了用户生产内容,直接通过用户们自己的表达引发共鸣。除此以外,把文案印在镜子上,来往的行人在看文字时也能看见镜子里自己的面庞,仿佛看见了这话里说的自己,营造了一种代入感、亲历

图 4-17 网易云地铁广告

感、回忆感、反思感的心理场景。网易云地铁广告通过扎心的评论,戳中人们内心的"痛点",引发人们情感共鸣,成功做到"走心"。

2. 多元化情感表达

品牌要展开多元化的情感表达。视频广告能承载的内容更多,表达的理念更丰富,带给受众的沉浸感也更强;海报广告则更直观,制作更加简单,但在阅读的持续感和承载信息量上没有视频广告好;推文文案广告承载的内容更多、更直观,制作更简单,但阅读体验没有视频广告强;H5广告有很强的互动感、体验感和代入感,可以与小游戏结合,让受众在游戏中与品牌互动,加深认识。品牌选择合适的表达渠道,使用多种渠道同时助力共情营销,可以扩大传播范围,加深传播效果。

3. 把产品信息转化为品牌内容体验

共情营销需要把传达产品信息转化为传达品牌内容体验。在转化自己的内容体验上,苹果公司另辟蹊径。如图 4-18 所示,《一个桶》是 2019 年春节时贾樟柯导演为苹果公司拍摄的微电影,影片开头宣称该片使用 iPhone XS 手机拍摄。整部影片的画面、色彩、构图都堪称专业,显示出手机摄影功能的强大。苹果公司把自己产品的摄影功能贯穿到影片当中,为受众带来的不仅是一部色彩漂亮、叙事流畅、情感动人的影片,更是最直观、最易于接受的品牌内容体验。影片讲述了一个温情的母子故事,故事里的主人公正是当今很多离家工作的年轻人的缩影,观众在观看时产生了情感认同,从而产生共情。

在数字时代下,品牌传播应该是"人性化"的,具有温度、温情的。品牌应基于

图 4-18 《一个桶》微电影

"情感""认知""行为"等多方面,与消费者建立关系。用户因为情感的共鸣而自发进行品牌传播,是传播的最高境界。品牌应充分利用技术优势,对用户数据进行收集、整合与分析,深度洞察消费者,发现消费者内心深处的情感需求,抓住消费者的"痛点",将情感巧妙地融入广告当中,优质的情感内容与合适的传播媒介相结合,为消费者提供优质的情感体验。品牌应该采用共情战略,将品牌的温度传递给消费者,与消费者建立情感上的连接,拉近品牌与消费者之间的距离。

三、理解:品牌哲学

对于品牌来说,企业生产的产品或服务都是随着市场的变化而变化的,是品牌的"现象世界";而企业通过产品的生产建立起来的文化和精神是品牌的"理念世界",也被称为"品牌哲学"。没有哲学理念的品牌是肤浅的、平庸的。品牌哲学为品牌注入生命活力,是实现百年品牌生命长青的内在因素。

(一)品牌哲学的含义

马克思曾说,哲学是时代精神的精华,是文明活的灵魂。虽然在哲学中未必有品牌学,但是品牌学的发展受到哲学思想的影响。陈放给品牌哲学下过具体定义,即从哲学高度研究品牌及运动的基本哲学规律,并为品牌实践从哲学层面提供指导。宋励则将品牌概念从西方营销学理论中解放出来,并上升为哲学范畴,提出进行品牌哲学研究的必要性问题[1]。从品牌哲学的角度来讲,"品牌力"代表了世界先进生产力的发展要求,"品牌文化"代表了先进消费文化前进的重要方向,"生态型品牌关系"则体现了广大受众和社会相关利益方达成共识的结果[2]。

---

[1] 张锐,张燚.品牌哲学产生的背景与研究框架[J].科技进步与对策,2008(11):165-171.
[2] 张燚,张锐.论生态型品牌关系的框架建构[J].管理评论,2005(1):18-19.

(二) 品牌哲学的表现

1. 品牌理念哲学

品牌哲学包括厂家生产该品牌和消费者购买该品牌的原因,也包括为品牌生存发展提供指导的哲学思想。这种哲学包含了品牌对工业技术的理解,对设计美学的理解,对群体心理的理解,对消费趋势的理解,对为人处世的理解等。

品牌不是没有内涵的空洞符号,它承载着这个公司或组织的"处世哲学"。品牌哲学是品牌自身价值观的传递,是品牌的灵魂。构建品牌哲学,是对品牌价值观最直观的呈现。品牌想要有牢固的追随者,就必须让消费者认同自己的品牌哲学。日本品牌无印良品强调还原商品的本质,力求去掉标签的痕迹,体现"大道至简"的哲学思想。"空"正是无印良品的品牌哲学。

如图4-19所示,无印良品著名的"地平线"海报正是它"空"的品牌哲学体现。远处天地相接的地平线简单、干净,不代表任何东西;视野广阔没有任何阻碍,能容纳一切。海报除了品牌名称外没有任何明确的信息,因为它本身就包含了无数信息。无印良品的"空"正是通过其海报和产品传达出一种"从无到有"的禅意与内敛。这不仅是它的品牌哲学,还是一种它所提倡的生活方式,一种极简的生活哲学。

图4-19 无印良品广告

2. 品牌视觉哲学

除了理念哲学,品牌的视觉呈现也是一门哲学。品牌视觉哲学体现出"变与不变"的智慧。品牌的Logo是消费者对品牌产生印象最直观的来源,所以Logo的设计既要保持自身特色,又要根据市场趋势和消费者喜好进行改变。这其中的"变与不变"我们可以从美图秀秀的Logo改版上窥知一二(见图4-20)。

图4-20 美图秀秀Logo

美图秀秀的新 Logo 是在原有基础上进行传承和创新,既保留了原来 Logo 的配色和圆环元素,又进行创新,把文字符号改成图形符号,更加具有艺术感和轻盈感,附于不同场景时的适应性也更强。与时俱进的 Logo 形象升级,也代表着美图秀秀顺应年轻审美趋势做出改变。

3. 品牌语言哲学

除了理念和视觉,品牌如何说出自己的标语也是一门哲学。品牌语言哲学,即品牌提出什么样的主张。品牌主张和品牌本身相关,却又折射出人生道理。如图4-21所示,"服适人生 LifeWear"是优衣库提出的主张,借以引发人们对于穿衣态度与追求的思考,提倡人们享受创新穿衣的乐趣,既舒适又得体,以"服适人生"。

图 4-21 优衣库广告

(三)品牌哲学的重要性

沃伦·巴菲特说:"每个伟大的品牌背后都有一个卓越的商业理念,强大的品牌承载着远远超越产品性能自身的价值。"这个核心商业理念就是品牌的核心价值观,即品牌哲学。品牌的发展需要品牌哲学的支撑,品牌哲学是品牌生产与发展宝贵的财富,是品牌持续发展的强大内在支撑。品牌哲学听起来缥缈无边际,但却渗透到品牌表现的各个方面。品牌哲学对于品牌的重要意义在于两方面,即思想统治品牌和思想区分品牌。

1. 思想统治品牌

品牌永存的核心是品牌的理念而不是产品。消费者对品牌的真正认识也是通过品牌的"理念世界"进行的。所以,品牌哲学是支撑品牌永存的核心。如图4-22所示的Jeep广告,Jeep标榜自由,它的品牌哲学是"感性"——用感性去不断发现SUV品类的新场景、新边界,以人性去不断进化SUV的智能科技体系。

图4-22 Jeep广告

2. 思想区分品牌

品牌哲学是创新的根据,品牌要想提出自己的主张,就必须根据品牌哲学进行创新。这些主张必须是其他品牌没有提出的,并且要具备深入人心的能力。只有这样消费者才会惊叹、记住,而后追随。宜家在2019财年媒体发布会时提出全新"家多一点你"的品牌主张,鼓励人们打造真正属于自己的家。这一主张的依据就是宜家"致力于提供家居生活解决方案"的品牌思想。

品牌哲学体现着品牌背后的价值观、文化、生活方式。人们购买的通常不是一种产品,而是一种生活方式。品牌哲学不仅是品牌的理念,也是品牌要吸引、鼓励人们共同追求的一种生活方式。品牌哲学作为品牌的核心价值观,不应轻易改变,否则将失去其特有的价值与吸引力。在数字化时代下,企业需要发挥数字技术的优势,深度洞察消费者,找到属于自己独特的品牌哲学,并长期地、始终如一地坚持下去。

第三节 构建品牌的生态化

在自然界中找不到两片完全相同的叶子,同样在商业生态中,也无法找到两个一模一样的品牌。将品牌理论和人类生态论的视角相结合,就形成了独特的品牌生态论。如今,品牌的内涵日益多元化,形成了一个以品牌为中心的复杂系统,包括企业、供应商、中间商、消费者、竞争对手、媒体、政府等经济、社会各要素。人们需要从一个新的角度去认识品牌的内涵及其所处的复杂环境,树立品牌生态化的观念。

一、品牌生态的相关概念

(一)品牌生态

大卫·艾克(David A. Aaker)在1998年提出了基于单个企业品牌系统的"品牌群"概念,首次将生态学概念引入品牌理论。安格尼斯嘉·温克勒在1999年提出了品牌生态环境的新概念,并指出品牌生态环境是一个复杂、充满活力并不断变化的有机组织的论断[1]。我国学者王兴元认为,品牌生态代表一种关系,反映品牌载体(企业或产品)的生存状态及其与环境的互动[2]。王启万等学者认为品牌生态是品牌在一个由品牌群及其相关环境品牌生态理论研究动态及展望要素构成的充满活力、动态变化的复杂系统中生存与发展的一种状态[3]。

品牌生态具有生态特征和系统特征,包括生长性、自组织和自调节、聚集功能等特征,以及非线性、主体多样性、适应性和可持续性等特性。品牌系统有其独特的发生机制,具有生长特性,在生命周期中产生、成长、成熟和衰退,一个品牌可以被视为一个生命体。生态品牌在系统中的生态特征具体通过资源流、关系网络结构,以及自组织、自调节的功能来体现。

营销学大师菲利普·科特勒认为,品牌是有生命力的,有灵魂的,在市场中,它具有无限的灵性。可以说,品牌是一种特殊的生命体,它具有生长、发育、繁殖、衰老、死亡,以及新陈代谢、遗传、变异、进化、感应、运动等生物学特性。品牌及其产品与其他生命体一样,存在于市场生态系统之中。适应则生存,创新则发展。品牌发展具有明显的产生、成长、扩张、成熟及衰亡的生态学表象。品牌生态能够全面系统地评价品牌竞争状况及其在市场中所处的位势,为品牌塑造及扩张提供依据,帮助企业选择合适的生态位,从而使企业在资源利用与优化方面获得更为广阔的空间。

(二)品牌生态系统

我国学者王兴元提出"名牌生态系统"的概念,指出名牌生态系统是指以名牌为龙头的品牌生态系统,由环境、名牌、企业、供应商、中间商、顾客、公众、相关组织与

---

[1] 温克勒.快速建立品牌:新经济时代的品牌策略[M].赵怡,译.北京:机械工业出版社,2010:182-208.
[2] 王兴元.名牌生态系统的竞争与合作研究[J].南开管理评论,2000(6):14.
[3] 王启万,朱虹,王兴元.品牌生态理论研究动态及展望[J].企业经济,2017(3):14-22.

群体等成员组成,各个成员依赖名牌获利而得以生存与发展,它是社会商业生态系统的核心组成部分①。王启万等学者认为品牌生态系统是由品牌与内外部环境要素构成的一个充满活力并不断变化的体系,有着极其复杂的层次和结构。讨论品牌生态系统的重要意义在于,有助于品牌更好地适应环境变化,创立名牌创新机制,建立新的竞争网络,整合价值链资源,进行品牌生态评估,以及重建竞争优势②。张燚、张锐对品牌问题的复杂性及生态特征进行了分析,探讨了基于生态系统的品牌经济与政治结构、品牌生态系统领导的新兴模式等③。翁胜斌等学者探讨了品牌生态系统的成长性,认为品牌基因强壮程度决定了品牌种群对环境的适应性④。

品牌生态系统将品牌置于一个系统中,分析不同层面的品牌关系。品牌生态系统体现了品牌理论的系统性思维,强调协同演进、互相适应,从个体竞争转向系统竞争,有利于品牌的动态可持续发展。目前,国内外学者构建了六种典型的品牌生态系统,包括利益相关者品牌生态系统、名牌生态系统、成分品牌生态系统、区域品牌生态系统、品牌群生态系统和竞争者市场品牌生态系统。这些研究对品牌实践具有指导作用。品牌生态系统的构建有利于在品牌实践中制定有效的品牌策略、提升品牌价值、改善品牌关系、创新品牌塑造和传播。

(三)品牌生态管理

品牌生态管理指通过精心地组建相互关联、相互促进的品牌群来创造可持续的竞争优势。品牌生态管理能够使品牌个体与利益相关者建立和谐共生的关系,塑造著名品牌,提升其市场竞争力。

张燚和张锐认为,品牌生态管理的核心是品牌生态系统。所谓品牌生态管理,就是对整个品牌生态系统的管理。品牌生态管理除了构造企业内部品牌系统的战略外,还要通过精心地组建相互关联、相互促进的品牌群来创造可持续的竞争优势。其目的不是去向孤立的企业品牌系统进行投资,而是去发展结构合理的品牌生态系统及其品牌关系,以便能够通过良好的合作与沟通产生生态协同效应,去创造出远高于资本成本的收益,并带来持久的品牌价值和品牌力。品牌生态管理的实质就是要与利益相关者群体建立一种和谐共生的关系,塑造名牌,其中包括品牌间的竞赛、争夺与对抗。品牌生态管理就是要从影响品牌的宏观、中观、微观生态要素出发,建立一种系统、深层次、全方位、互动的品牌关系管理模式⑤。

---

① 王兴元.名牌生态系统的竞争与合作研究[J].南开管理评论,2000(6):15-17.
② 王启万,朱虹,王兴元.品牌生态理论研究动态及展望[J].企业经济,2017(3):14-22.
③ 张燚,张锐.品牌生态学——品牌理论演化的新趋势[J].外国经济与管理,2003(8):42-48.
④ 翁胜斌,李勇.农产品区域品牌生态系统的成长性研究[J].农业技术经济,2016(2):115-121.
⑤ 张燚,张锐.品牌生态管理:21世纪品牌管理的新趋势[J].财贸研究,2003(2):75-80.

数字时代下，传统的品牌管理理论与方法日渐落伍，越来越无法适应在新的市场生态背景下对企业的要求。品牌作为企业最为重要的无形资产，对企业的生存和发展起着至关重要的作用。企业应革新品牌观念，树立品牌生态化的观念，实施品牌生态管理，提高企业品牌与商业生态环境的协同进化能力和适应能力，提升品牌的竞争力，实现品牌价值最大化。

二、构建品牌生态化的策略

品牌发展是一个动态的过程，随着市场环境的不断变化，品牌必须不断成长，以适应市场的变化，满足市场的需求。随着互联网的发展，商业社会已经进入一个以共同进化为显著特征的生态系统时代，品牌管理的层次也逐渐上升到品牌生态管理方面，生态协同已经成为激烈竞争的常态，构建品牌生态化成为品牌发展的趋势。品牌生态化是一个共创共赢、互利共生的过程，品牌可以通过品牌延伸、协同共演来构建自己的品牌生态圈，从而实现品牌生态化。

(一) 品牌延伸

随着生产水平不断提高，市场竞争日益激烈，产品的平均生命周期缩短。然而，培育一个新品牌的成本却在不断加大。因此，利用原品牌的知名度，将新产品快速打入目标市场，抢占市场份额愈发成为数字时代企业发展的核心手段。品牌延伸在品牌提升与维系中的地位也愈加重要。品牌延伸作为企业推出新产品和拓展市场时常用的策略，也是一种企业对自身品牌资产进行利用的重要方式[①]。品牌延伸利用原有品牌的知名度，借助成功品牌的市场信誉，能够减少新产品的市场风险，降低新产品的市场导入费用。品牌延伸是对品牌的一种丰富和创新，能为消费者带来新鲜感，从而为消费者提供更加多样的产品选择，使品牌群体更加丰富。同时，有效的品牌延伸可以强化品牌的知名度，提升品牌美誉度，形成品牌忠诚度，实现更大的品牌价值。

那么如何进行合理、有效的品牌延伸呢？可采用以下的品牌延伸策略。

1. 根据品牌类型选取相应对策

在进行品牌延伸时，应根据品牌类型的不同选择合适的策略。垂直延伸较为适合采用母子品牌策略，例如丰田在进军高端市场时选择推出子品牌雷克萨斯，尽量避免使消费者产生与母品牌丰田之间的联想。产品线延伸则适合采用主副品牌策略，例如我们所熟知的海尔大多采用主副品牌策略，例如"海尔小超人"变频空调，

---

① 符国群. 品牌延伸研究：回顾与展望[J]. 中国软科学, 2003(1): 75-81.

"海尔小海象"热水器等。品类延伸较为适合采取一牌多品策略,例如三星将品牌名称适用于手机、家电等多种产品品类。

2. 利用明星单品带动品牌延伸

艾媒咨询发布的《2018中国新消费专题研究报告》显示,在新消费时代,消费者表现得更为理性,不再盲目追求品牌,而是趋向于选择性价比高和个性化的产品。这种从产品到品牌的思维变化为新品牌的发展提供了机遇,通过"明星单品"策略,企业可以在某一领域快速打响知名度,积累品牌资产,进而带动新生品牌进行品牌延伸策略,进一步扩大市场份额。如图4-23所示,本土香氛品牌"气味图书馆"凭借明星香水单品"凉白开"迅速爆红网络,仅在2018年"双十一",凉白开就卖出了40多万瓶。通过"凉白开"的走红,气味图书馆积累了大量的粉丝,品牌的无形资产得到了提升,气味图书馆顺势又推出了洗护香氛系列产品,进一步扩大本土香氛市场。2018年气味图书馆的线上收入较上一年翻了3倍。这便是明星单品对品牌延伸产物的带动作用。

图4-23 气味图书馆广告

对于传统大品牌来说,在新消费时代,想要维持消费者的忠诚度的难度加大了。为了维系消费者对品牌的忠诚度,大品牌也需要为顾客提供性价比高的明星单品,让渡一部分利润。而为了维持相对成本高、利润低的明星单品的发售,企业也往往会采用品牌延伸的方法进行扩收。

3. 利用大数据进行精准延伸

借助大数据的挖掘与分析,品牌可以围绕着用户制定符合用户需求的精准延伸决策。可利用大数据分析选择品牌延伸领域。京东和阿里巴巴通过电商平台获取了大量的用户数据,包括用户的消费水平、消费偏好、地理位置等相关数据,这些数据汇聚成品牌的无形资产,为品牌延伸提供了足量的数据支撑。如图4-24所示,通过对用户数据的分析,京东和阿里巴巴纷纷向金融服务行业延伸,推出京东金融和蚂蚁金服,为消费者提供小额贷款,进一步解放用户的消费欲望。企业还可以通过与大数据分析公司或者自身的数据分析团队合作,准确评估影响品牌延伸的相关影响因素,实时追踪网络舆论动向,选择合适的时机进行品牌延伸。

图4-24　京东金融、蚂蚁金服

(二) 协同共演

如今,消费互联网时代已转向为产业互联网时代,互联网作为泛在要素,对各行各业产生了巨大的影响。平台是某种经过精心设计的基础设施,能够唤起多方主体的关注,整合分散资源,提供一致的标准和协议,创造互动机遇和便利,实时管理互动过程。基于平台的开放式聚合,使用户参与价值创造,平台成为构建品牌生态的有力工具。随着产业边界的融合,企业边界的打开,环境复杂性的日益增加,品牌发展从单平台支撑的简单生态演变为多平台协同的复杂生态。

生态共演是以环境为约束、价值为牵引、平台为手段,寻求多主体、多资源全局优化的动态过程。其中,多平台仅是工具,多平台组合仅是生态共演的一个要素。跨平台网络效应是多平台协作创造的网络效应,从强调节点数增加到强调网络中流动的互补性资源的积累。跨平台网络效应是生态闭环建立的标志。跨平台网络效应作为一种实体存在,依托于现实需要的高成本互动,驱动网络的业务价值。而技术网络效应是一种数据化的存在,依托于算法技术,能够提升网络互动性。跨平台网络效应与技术网络效应之间存在"实体资源映射数据资源,数据技术提升互动效率"的关系。技术网络效应利用技术创造数据之间的互动,在跨平台效应架构下发挥技术红利,加速生态发展,巩固和深化多平台架构。在生态共演下,跨平台网络效应和技术网络效应结合,形成复杂的网络效应,推动产业重构和效率提升[①]。

在数字化时代,生态战略应成为企业不可忽视的竞争优势来源。生态战略观强调全局性和动态性,强调协同演进。生态作为一种客观存在,任何组织都存在自己的生态。企业需要构建一个生态,利用一个生态,管理一个生态,来推动企业的可持

---

① 侯宏.产业互联网时代的生态战略观[EB/OL].[2019-09-15]. http://m.sohu.com/a/341571160_99957909.

续发展。商业模式为生态构建提供成员激励,是业务生态构建成功的前提。商业模式是公司生态的微观基础,生态管理很大程度上是商业模式组合的管理。生态的支持使得商业模式有更大的创新空间、更好的成长机遇。生态是商业模式不断叠加的结果。品牌的可持续发展需要业务、公司、产业生态间的协同演进。

在数字时代,企业生态系统协同演化应该做到以下几个方面:

1. 构建信任机制,搭建信息共享平台,实现共创

生态系统间的相互协同、相互合作是建立在相互信任的基础之上的,大数据背景下信任机制的构建通过信息共享平台实现数据共享。基于大数据的分享与获取,个体之间形成紧密协作的关系,实现共同进化。基于大数据技术,可积累亿万级的海量数据,搭建企业生态系统赖以生存的支撑平台。

2. 整合网络资源,进行开放式协同创新,实现共生

基于大数据的平台搭建,协助企业生态系统内的各个组成部分进行资源共享、合作互动,发掘消费者需求,寻找市场机会,营造以数据分析为核心的用户参与创造模式,从传统的以生产为中心转变为以用户为中心的定制化、个性化和精准化协同服务的创新模式,实现企业生态系统内的成员共创共生。

3. 利益均衡和谐发展,跨界融合异业经营,实现共赢

企业生态系统是跨行业的、动态发展的过程。它打破了传统的商业模式,实现了产业融合和异业经营,创新了商业模式,实现了跨行业间的资源整合与转型升级。企业生态系统内的利益相关者在协同竞争与合作的互动关系中,寻求多边利益均衡的共同发展,共同维持企业生态系统的利益均衡、包容协调、和谐发展、生态平衡,实现多方共赢。

4. 重塑企业生态,打造平台战略,实现共享

大数据资产驱动的企业生态系统产业链合作、社会化协作和网络化生产,定位于服务多边群体机制,提升各群体之间的同边与跨边网络效应。通过产业链结构重构,实现了进一步的产业垂直整合,重新塑造了企业生态系统的结构、终端、平台和应用,实现了企业生态系统合作伙伴间利益共享机制所体现商业模式的特性,并与共享数据的技术架构所体现应用程序的特性相融合,从企业生态系统的整体战略需求与调整的角度,制订平台战略,从而有效引导和协调企业生态系统多方群体之间的互动和协同,并共同分享系统整体协同效应所带来的价值增值与持续盈利[①]。

---

① 梁勤. 大数据时代,企业的生态系统要这样演化[EB/OL]. [2019 - 08 - 30]. https://mp.weixin. qq.com/s/ythXcyV7JG4pGxWX10yf9w.

第四节 打造品牌的持久性

麦当劳诞生于 1902 年,至今已 118 岁;百雀羚是创立于 20 世纪 30 年代的护肤品牌,如今近 90 岁的它仍然占据国产护肤品牌的榜首。这些品牌的长盛不衰向我们提出一个问题:未来,如何塑造一个持久的品牌。

一、确保用户留存

(一)用户留存

用户留存指用户曾经使用或者购买过此类产品或服务,经过一段时间或者迭代,依旧使用此产品或服务,并且为此消费。留存用户占新增用户的比例即为留存率。留存用户和用户留存率体现了产品和应用的质量和保留用户的能力。用户留存率反映的实际上是一种转化率,即由初期的不稳定的用户转化为活跃用户、稳定用户、忠诚用户的过程。对于电商来说,用户重复购买是留存的体现。对于 App 软件来说,用户重复使用是留存的体现。对于品牌来说,消费者的持续购买是留存的体现。留存的基础是品牌要具有足够的黏性,让用户的生命周期更长。产品要能满足用户的核心价值,然后通过一系列方式,让用户留下来,持续使用产品,形成用户黏性,提升品牌忠诚度。

(二)品牌忠诚度

品牌忠诚度不仅是一种偏爱的心理行为,也是一种持续性的状态。消费者的品牌忠诚度是品牌能否持久的关键,当我们在探讨如何塑造持久品牌时,也在思考如何保持消费者的品牌忠诚度。Asseal 认为品牌忠诚度代表了对特定品牌的偏好态度,这种态度导致了稳定一致的购买行为[1]。Dick 和 Basu 强调品牌忠诚度除了有重复购买的行为表现外,还必须有一个对品牌强烈持久的积极态度[2]。品牌忠诚度是指受产品或者服务的质量、价格等因素的影响,消费者对特定的品牌产生感情依赖,并表现出对该品牌的产品或者服务有偏向性的行为反应[3]。品牌忠诚度可以被理解为品牌消费者对于特定品牌的态度稳定、情感依赖、重复消费的心理及行为。它包含态度和行为两个维度,既包括消费者对某特定品牌产生积极的认同和推荐,也包

---

[1] H. Asseal. Consumer Behavior and Marketing Action[M]. 4th ed. Boston: PWS-KENT Publishing Company, 1992:10.

[2] A. S. Dick, K. Basu. Customer loyalty: Toward an integrated conceptual framework[J]. Journal of the Academy of Marketing Science, 1994(22):99 – 113.

[3] 瞿艳平,程凯. 论品牌忠诚度[J]. 江汉论坛,2007(6):43 – 45.

括消费者在实际行动上能够持续购买某特定品牌的产品。

从长远看,一个品牌的成功,不在于有多少顾客购买过,而在于有多少顾客经常性地购买。品牌忠诚度具有不可忽视的价值。首先,培养品牌忠诚度可以大幅度降低企业的营销成本。品牌忠诚度越高,顾客受其他企业竞争行为的影响就越小。根据营销学中的"二八原则",80%的业绩来自于20%经常惠顾的顾客。同时,维系一个老客户的成本比开发一个新客户要小得多。其次,培养品牌忠诚度可以有效吸引新顾客。既有顾客对于品牌表现出忠诚,会增强潜在客户的信心,形成良好的口碑。

二、塑造品牌真实感

品牌忠诚来源于情真意切的情感纽带,也就是品牌真实感。这就是塑造持久品牌要做的第二件事——塑造品牌真实感。在竞争日益激烈的市场环境下,消费者更青睐可被信赖的、诚实的和可靠的品牌。品牌真实性被视为创造品牌信任的手段、企业获取竞争优势的关键来源和品牌成功的灵丹妙药[1]。

品牌真实性并非品牌固有的内在属性,而是消费者个体对品牌要素和品牌活动的感知和评价。品牌真实性的影响不仅涉及心理层面,也涉及行为层面,且品牌行为的反应往往是通过品牌态度引起的。Coary认为,品牌真实性是企业对消费者在产品、企业信条和行为上的承诺,因此品牌中蕴含的真实性极易引致消费者对该品牌的信任,进而产生购买意向[2]。真实性能够提升消费者对于品牌的信任关系,同时能促进消费者构建积极的品牌态度并且产生对品牌的忠诚行为。消费者对品牌真实性的感知会影响消费者的品牌购买意愿和口碑推荐的积极性[3]。产品质量是品牌真实性的核心,好的工艺和优质的材料可以体现品牌的真实性,如"好空调,格力造"。真诚的品牌更容易塑造品牌的真实感,即品牌坚持最初给消费者的承诺,并且避免任何可以危害品牌价值的行为,如海尔的"真诚到永远",链家网的"链家在线,为自己找一个真实的家"。

要使消费者相信品牌的存在,对品牌建立起信任,就要求品牌必须走下"空中楼阁",到生活里去,到消费者心里去。那么如何构建品牌真实感,打造品牌真实性呢?

---

[1] 徐伟,冯林燕,王新新.品牌真实性研究述评与展望[J].品牌研究,2016(5):21-31.
[2] Coary. Scale Construction and Effects of Brand Authenticity[D]. Los Angeles: University of Southern California,2013.
[3] 涂聂,谢美林,李英吉.社会化媒体感知真实性、品牌依恋和品牌信任对城市品牌忠诚的影响[J].山西农经,2019(8):24-26.

(一)触达心灵

品牌需要在某一时刻触达到消费者心灵,与消费者进行情感上的对话,彼此产生情感上的牵连。比如拜耳是一个百年药企品牌,它就针对孕妈这个目标消费群体推出一支 H5 广告。如图 4-25 所示,H5 里展现了工作家庭两不误的现代都市职场孕妈的日常,体现出职场孕妈的不易、现代女性的努力和坚强,以及妈妈们为宝宝、为家庭努力生活的主张。品牌通过广告表达了对女性的理解、尊重与关爱。

图 4-25　拜耳广告

(二)构建专属品牌符号

品牌真实感来源于品牌联想,即品牌需要构建自己的专属品牌符号。如何让品牌符号深入人心,使消费者产生品牌联想,品牌需要构建起品牌符号。人们最早认识 M 豆,大多是从电视广告上那几个活泼可爱的巧克力豆人卡通形象开始的。如今的 M 豆开始拥有了更加鲜明的人设和社交网络活跃痕迹。如图 4-26 所示,这支"红豆失联了"的 M 豆新闻,由@M 豆-红豆发布在微博上,以一种幽默滑稽的手法表现红豆失联后的趣事,最后红豆表示自己还在豆瓣上写影评;微博下还有黄豆和橙豆的评论。M 豆将品牌符号人格化,通过卡通形象建立起品牌符号,其生动形象的品牌符号深入人心,赢得广大消费者的青睐。

图 4-26　M 豆广告

(三) 品牌说故事

品牌的真实感也来源于背后所承载的故事,这些故事背后是品牌独特的价值观和个性。价值观用来凝聚人心,个性用来触达心灵。在迪拜打工的南亚工人们工资微薄,对他们来说,给家人打电话是最幸福的时刻,但昂贵的电话费让这一行为变得奢侈。可口可乐为他们建造了一个特殊的电话亭,只要投入一个可口可乐的瓶盖,就可以免费拨打3分钟的国际长途电话。可口可乐用暖心的活动传达出自己的独特价值观——快乐。

图4-27 可口可乐广告

可口可乐还推出了"你好幸福"的视频,讲述了迪拜打工者的艰辛生活,引发了人们对于艰辛环境的思考。可口可乐倡导人性的关怀,将创意与文化结合起来讲述自己的品牌故事,从而传递其品牌价值。

数字时代下,数字技术的优势为深入了解消费者提供了更多的可能性。品牌应基于对消费者的深度洞察,用走心的方式触达消费者内心,用品牌专属的符号占领消费者心智,用品牌故事来传递品牌理念,从而打造品牌的真实性,塑造品牌的真实感,让消费者对品牌产生品牌认同、品牌信任、品牌依恋,从而形成品牌忠诚,以此来打造具有持久性的品牌。

三、保持品牌年轻化

品牌传播的姿态需要跟随社会主流话语趋势而变,当社会趋于年轻化,品牌传播的方式也要年轻化。"保持一颗年轻的心"就是塑造持久品牌要做的第三件事。随着社会发展,90后、00后逐渐成为消费的主力,消费市场呈现出年轻化的趋势,品牌面临着品牌老化的危机。品牌如何保持活力,吸引年轻一代的消费者,成为品牌生存发展面临的一大难题。

所谓品牌年轻化,就是品牌为了使资产再生,通过"寻根"的方式重新获得失去的品牌资产。品牌年轻化的核心在于重新获得品牌资产来源,因为品牌资产能给企业带来价值,如市场策划的有效性、品牌忠诚、品牌溢价和品牌延伸的良好环境等;

同时也要给顾客带来价值,如增加购买决策的信心和满意度①。

品牌年轻化不是将目标用户转移到年轻人身上,而是一种生活方式、品牌理念的年轻化,让品牌形象焕发出生机与活力。品牌年轻化不是针对年轻人做年轻化,而是要拥抱所有的消费群体,围绕品牌 DNA,释放符合当前语境的传播内容,为品牌增添年轻、时尚的活力元素,从而使品牌焕发出活力。

(一)创意产品的年轻化

如今,比起追逐爆款、限量,消费者更加喜爱创新的、稀缺的、个性化的产品。品牌年轻化首先需要有符合消费市场的年轻化产品。在数字化的传播语境中,产品即媒介、产品即口碑,"好的产品自己会说话"。产品的年轻化可以为消费者带来直观的感受,带来视觉的焕新,使消费者产生不一样的品牌感知。品牌年轻化首先应围绕着产品来思考,进行产品创新,生产更符合消费者需求与偏好的产品,打造产品吸引力。许多品牌在产品创新上进行了尝试。

1. 大白兔润唇膏

2018年,为人们所熟知的两大国货品牌美加净和大白兔进行合作,联合推出了"奶糖味润唇膏"。如图 4-28 所示,这款唇膏不仅外包装高度还原经典大白兔奶糖设计,更融入了牛奶精华,拥有与大白兔奶糖一样的醇香牛奶味,给消费者带来一波"回忆杀",勾起消费者童年的回忆。

图 4-28 大白兔润唇膏广告

2. 六神与 RIO 推出"花露水味鸡尾酒"

六神花露水与 RIO 合作推出限量版花露水味鸡尾酒,如图 4-29 所示。正如其文案所说,"复古也是一种潮流,经典怀旧与时尚潮流的融合,画风高贵冷艳,清心寡欲,一股大自然的清新味道扑面而来。乍一看是花露水,仔细一看,还真是花露水味鸡尾酒"。这款产品富有创意,吸引了不少年轻人,天猫"6·18"首发,一经上架,17 秒就被抢购一空。

---

① 陈振东.基于CBBE视角的品牌年轻化研究:以品牌个性和品牌忠诚为视角[J].管理学报,2009(7):972-977.

图 4-29 六神与 RIO"花露水味鸡尾酒"

3. 回力与百事合作

作为"国货之光"的回力，创建于 1927 年，如今已经 93 岁了。回力一直探索潮流青年的喜好，不断在推陈出新。2019 年，回力与百事联名推出红蓝鞋，如图 4-30 所示，经典款＋流行元素的搭配，是复古与时尚的结合体，吸引了许多消费群体的注意，受到人们的追捧。

图 4-30 回力百事联名款鞋

(二)传播方式的年轻化

日益复杂的传播环境中，想要获得好的传播效果，就要知道什么调性的传播内容和形式更容易引起用户的关注。如今，消费者渴望通过娱乐去排解生活压力，他们爱玩、会玩。因此，品牌在进行传播时，要具有娱乐化精神，保持传播调性的趣味性，从而撬动传播效果。

以近90岁的百雀羚为例,如今其销量仍然占据着国产护肤品牌的榜单前列。除了改造产品,它也开始以一种年轻的方式讲述自己的故事,和年轻消费群体互动。用户通过扫描二维码就可以看到"局部气候调查组"为百雀羚制作的《美女特工》H5广告,如图4-31所示。广告的故事背景选在20世纪,很符合百雀羚的悠久历史特色。故事虽老,叙述方式却很新:精致的漫画、H5长文、反转的情节、冷幽默的结尾,正符合年轻人的思维模式。广告演绎了一部精心设计、画面精美的谍战戏,在结尾,揭开了真相。"百雀羚,始于1931年,陪你与时间做对"。通过年轻人喜爱的方式,传达了品牌理念,收获了良好的传播效果。

图4-31　百雀羚广告

(三)传播理念的年轻化

品牌年轻化不仅仅是产品形式、传播手段的年轻化,更是传播理念、品牌态度的年轻化。消费者看重的不仅仅是产品的吸引力,更看重其产品背后传达的传播理念与品牌价值。

2019年,思念食品与李诞合作拍摄了一部暖心综艺《思念物语》,如图4-32所示。这部综艺中,有5位主人公,讲述了5段关于"思念"的动人故事,将世间诸多无以言表的催泪瞬间,浓缩在短短18分钟内,满含深情①。例如,在第一集中,《四个春天》的导演陆庆屹回忆回家的"第五个春天",陆爸爸因年岁渐高、腿脚不便,首次无法再送他去车站,陆庆屹突然意识到:"孩子的成长速度在放缓,父母的老去却很突然。当现实如此直观地展示出来,我们才知道时间的残忍。"第二集里,与妻子相恋相识36年的桂军民,在妻子因癌症死亡被冷冻进零下196摄氏度的液氮后,不由得感叹:"岁月蹉跎,生死相隔,唯有思念,让爱永恒。"第四集中,"花臂奶爸"白明辉畅

---

① 老豆.品牌年轻化新玩法,思念食品牵手李诞拍了一部暖心综艺[EB/OL].[2019-05-09]. https://mp.weixin.qq.com/s/dHf_7wg1FqOPSKTTE9eWA.

谈学生时代被母亲"折磨"的往事——"我的妈呀",情到深处感悟:"父母想要了解你时,千万不要把他们拒之门外,因为思念是无法控制的。"

图 4-32 《思念物语》

每周一位嘉宾,来到古色古香的"思念小馆",与"思念会话人"李诞一边分享着热腾腾的饺子,一边促膝长谈人间冷暖。如果不提,你可能很难想象,藏在暖心故事背后的,是一个家喻户晓的食品品牌——思念食品。

这档由思念食品出品,恒顿传媒和 Figure 联合制作的微综艺,不主打美食,而是以纪实+访谈的形式呈现给观众一个个有故事的人生。每一集呈现一个人物,每一个人物呼应一个主题。不管是关乎父母家乡、爱情永恒、热爱陪伴还是流浪人生,都如同一股暖流汇入人心,转化为精神层面深刻的认同。其内容深情、节奏轻快,能最大限度地沟通受众,释放生活压力。另一方面,匠心品质、信息量丰富的内容又带给观者强大的感染力与情感治愈,人们通过节目卸下心防,真切感受到品牌的温度与关怀。

这档节目以"思念"为传播内核,实现了情感价值与品牌形象双向赋能。节目以"思念"为情感内核,描绘家人之间、人与动物之间的真情关爱,实现情感内核与思念品牌价值深层次的融

图 4-33 《思念物语》微综艺

合。而作为"思念"情愫里的特别元素,美味往往承载着人们最深远的记忆。"美味,怎能不思念",一口美味的水饺,不光是串起了内心深处的专属回忆,也与消费者形成了情感黏性,构成情感价值与思念品牌的互相赋能,让品牌理念传达深入人心。

品牌既要保持初心,传承下去,更要与时俱进。数字时代下,品牌要基于数字技

术,深度洞察消费者,拉近与消费者之间的距离,拥抱年轻人。通过产品形式的创新,选择符合年轻人媒介习惯的传播渠道,传达出品牌背后的传播理念,为品牌注入年轻化的时尚元素,从而使品牌焕发出生机与活力。

阅读资料

大宝这波新玩法亮了

大宝作为经典的国货品牌,伴随着人们成长,拥有一批忠实粉丝。但随着时代的变迁,当代一些人群对大宝不够了解,认为大宝是"老一辈"的护肤品。为打破这一固有印象,大宝开展了一系列的品牌营销活动,通过年轻人喜爱的传播渠道和传播方式,吸引了年轻群体的注意力,为品牌注入了年轻的、时尚的元素,从而保持品牌年轻化。

老广告新拍脑洞大开吸睛年轻人

大宝联合二更视频一起翻拍了"天天见"的经典广告片,以脑洞大开的方式,触及年轻人的神经。如图4-34所示,一句老广告片里的"大宝天天见",在新片里,男主一秒穿越回28年前,那些熟悉的场景又以一种新的方式出现在眼前,既勾起了忠实粉的回忆,又让年轻人眼前一亮①。这次的新广告片是大宝年轻化的尝试之一,在鬼畜、穿越、无厘头盛行的当下,大宝用年轻人喜欢的方式,讲述着自己的故事和品牌主张。

图4-34 大宝广告片

大V持续造势"天天见"引爆社交网络

新广告片由二更视频首发,一经上线便掀起了一股"天天见"热潮。随后大宝官方微博也立马发布视频,将"一样的你天天见"加入社交话题中,网友争先跟贴,一时间"一样的你天天见"刷遍社交网络。

---

① 头条君.品牌年轻化突围战如何打?大宝这波新玩法亮了![EB/OL].[2018-06-23]. https://mp.weixin.qq.com/s/CyQ3CdWObAc40fpLO5WlaQ.

知名博主周鱼的一条"新老对比照"微博,引得粉丝们纷纷在评论中晒出自己的对比照,引发回忆潮。周鱼表示小时候大宝陪伴着自己成长,而现在大宝依然陪伴在身边,即便很多东西都在变化,唯一不变的还是"大宝天天见"。可见大宝对于很多年轻人来说,不只是一个国民经典品牌,更像是生活中温暖的伙伴。和周鱼的回忆杀不同,娱乐博主关爱智障儿童成长,不走情怀路线,反而开启了"玩坏"的脑洞,截取视频中的片段制作成魔性表情包,也受到了很多年轻受众的追捧,如图4-35所示。

图4-35 大宝表情包

黑科技"出色礼盒" 全渠道种草年轻人

在产品层面,大宝也不断听取年轻人的肌肤需求,研发一系列新品,坚持国民品牌的初心,让每个消费者都适用,并且用得安心。京东"6·18"活动中,大宝用一款黑科技的"出色"礼盒惊艳了消费者,如图4-36所示。初见它时,只是一个普通的带

图4-36 大宝"出色礼盒"

有鲜花图案线条的白色礼盒,而当它遇到水,不可思议的一幕发生了。白色的礼盒开始渐渐变色,水墨红的花朵更添了一份生机,瞬间"焕新颜"。

从老片新拍到黑科技礼盒,从脑洞到种草,大宝的品牌年轻化突围战打得响亮、打得漂亮。其实每个品牌都有着自己的生命周期,唯有不断的年轻化迭代,才能保持品牌活力,不被用户抛弃。品牌年轻化,大宝一直在进行!

本章小结

在数字化时代,唯有构建起品牌特性,才能使品牌在竞争中占据优势地位。构建品牌特性,首先需要塑造品牌个性化,实现品牌差异化。精准的品牌定位有助于品牌个性的塑造,通过塑造品牌的个性化来吸引消费者目光,满足消费者需求。其次,要打造品牌的人性化,为消费者提供人性化的产品,传递品牌哲学,与消费者建立情感上的连接,拉近品牌与消费者之间的距离,做一个有温度、温情的品牌。再次,品牌生态化成为未来品牌发展的趋势,品牌要树立品牌生态管理的观念,构建自己的品牌生态圈,打造品牌生态化,从而实现协同共演、互利共生。最后,品牌真实性是品牌持久发展的基础,企业要塑造品牌的真实感,培养品牌忠诚度。在数字时代下,品牌既要不忘初心,也要与时俱进,要保持品牌年轻化,焕发品牌生机与活力,从而成为一个具有持久性的品牌。

思考题

1. 塑造品牌个性化有哪些策略?
2. 数字时代下,品牌人性化的内涵是什么?
3. 请结合具体案例谈一谈对品牌生态化的理解。
4. 思考数字时代如何保持品牌的持久性。

» 第五章

数字时代品牌的
整合传播

学习目标

1. 了解整合营销传播的发展路径。
2. 掌握数字时代品牌价值共创的核心构念与内涵界定。
3. 了解在数字时代进行多维整合营销传播的方法。

第一节 数字赋能下的多维整合营销传播

信息与传播技术互联化、碎片化、社交化使得获取、创造、分享成为互联网信息生产活动的主要内容。这极大地改变了大众传播时代的单向传播环境,推动消费者成为内容的生产者与传播者。数字互联网赋予了消费者更多的权利。面对新的市场环境,营销传播理论界开始意识到塑造统一品牌形象的重要性。自此整合营销传播诞生。媒介环境不断变化,营销理论界对于企业、品牌、消费者关系的认知进一步深入,整合营销传播(Integrated Marketing Communication,IMC)理论也在现实基础与业内需求的推动下不断丰富完善。

一、传统的线性 IMC 模型的传播目标

1. 20 世纪 70、80 年代整合营销传播目标:塑造统一品牌形象

进入信息社会之后,传播渠道增多,受众不断分流,品牌形象也越来越难以协调,市场全球化的进一步扩张,使得塑造统一品牌形象成为业界的重要诉求。Webster 在 1971 年出版的《营销传播:现代促销战略》一书中,提出以整合的手段去塑造统一品牌形象,整合营销传播理论由孕育走向萌芽[1]。之后舒尔茨(D. E. Schultz)创建 IMC 研究项目团队,提出首个整合营销传播策划的概念:综合性的营销传播计划能带来附加价值,即通过评估一般广告、直接反应营销、销售促进和公关等各种传播手段的战略作用,以获得明晰的、一致的和最大化的传播效果[2]。该阶段整合营销传播策略的理论还比较简陋,更多是在强调,不同媒体传递同一种声音,塑造同一个品牌形象。此时的理论仍旧有浓厚的企业中心主义思维,尚未实现由 4P 向 4C 转变,消费者处于被支配的状态。

---

[1] 桂世河,汤梅. 整合营销传播目标的演进与发展趋势[J]. 管理现代化,2019(1):78-81.
[2] D. E. Schultz. Integrated marketing communications: Maybe definition is in the point of view[J]. Marketing News,1993,27(2):17.

2. 20 世纪 90 年代整合营销传播目标：建设品牌与消费者的关系

进入 20 世纪 90 年代，邓肯等学者汲取关系营销理论的研究成果，意识到对顾客忠诚的价值，认为一个成功的关系就等于一个成功的品牌，并把品牌关系设定为 IMC 的核心目标追求。他们认为整合营销传播是通过战略性地管控或影响所有的信息，鼓励有目的的对话，从而创造、培养与顾客以及其他利益相关者之间的可获利关系。这一时期的整合营销传播认识到对话的重要性，愿意以一种平等、分享、协商的姿态同消费者交流。

再之后，学者开始追寻建立品牌关系的终极价值——创造品牌资产。舒尔茨在《下一代整合营销传播：五个步骤的价值传递与回报率的测量》中阐述了整合营销传播所主张的品牌资产，认为品牌价值或资产不是由企业自己创造的，而是在同消费者和其他利益相关者的交流互动中共同创建的，最终目的是实现品牌共享。

早期的 IMC 模型虽然也认识到了双向沟通的重要性，但是实际上隐含的认为营销传播的每个方面都是由企业发起和组织的，消费者是品牌建设过程中的被动参与者和观察者，他们只承担品牌解码的功能。其实质上仍旧是企业对消费者的单向控制，在这一过程中消费者极为被动，只能无奈地消费企业提供的价值。

二、数字互联网赋权带来多维 IMC

1. 信息不对称格局崩裂，线性 IMC 失去现实基础

互联网作为一种媒介融合了过去所有传播形式的特点，自我传播、人际传播、组织传播、大众传播都可以在互联网平台上找到自己的位置。从传播形态上看，互联网作为一种新的传播技术，将传统大众传媒的各种类型综合起来，是一种复合型传播。从传播的时态上来看，互联网又超越了原有大众传播的实践性媒体和空间性媒体的对立，使所有的信息被固化[①]。在互联网上，消费者可以对某一特定的内容进行充分的检索、查阅，以获得充分的认知和了解。除此之外，消费者还可以就某一特定内容在网络社区和社交平台同其他消费者进行沟通交流，补足缺失的信息。

传统媒体时代企业与消费者的信息不对称格局就此打破。过去企业作为更加强大的经济实体，通过消费者调查和分析以及所掌握得众多媒体渠道，往往在信息获知上相对消费者占据优势地位。互联网时代的到来使得这种优势地位不再明显，消费者掌握更多信息自主权利，传统的高低不平衡格局被打破。过去的线性 IMC 强调企业对消费者的控制也就失去了现实背景，单纯的线性 IMC 失去了市场话语权。

---

① 陈刚. 新媒体时代营销传播的有关问题探析[J]. 国际新闻界，2007(9)：22-25.

2. 社交媒体满足消费者自我表达欲,用户内容生产(UGC)参与品牌建设

社交媒体影响力的扩大和媒体社交化使得互联网的社交属性愈加明显。企业在积极适应这一趋势的过程中开辟了众多品牌社区,供消费者交流讨论。这些都无疑满足了消费者在互联网空间的自我表达欲望,也为消费者质疑企业的做法提供了可能。

一方面,消费者参与企业创建的话题,就企业的产品和品牌分享自己的感受,充分发挥自己的创造力,结合自己对品牌的意识和联想,表达自己的诉求。这些内容被企业获取分析,成为塑造品牌的重要消费者支撑。另一方面,消费者在网络空间的社交互动,创造了辩证的符号和空间,挑战了企业和机构在文化身份建构上的权威。参与社交媒体使得消费者能够反驳企业使用传统的"吹牛和吹嘘"营销传播计划。消费者已经不再满足被支配地位,而尝试参与品牌的建设之中。

三、多维 IMC 的核心思想

在互联网构筑的数字生活空间中,信息流动与获取更加高效,消费者通过网络可以获得更加全面的企业和产品信息,也能够在社交媒体空间分享自己的消费感受。数字互联网赋予了消费者更多的信息权和话语权,使得消费者在与品牌沟通时掌握更多的主动性,扭转了企业和消费者之间传统的权力失衡。这也迫使企业整合营销传播策略,从单边线性 IMC 转化为多维 IMC。

多维 IMC 的实质是价值创造方式的改变。从生产者单独创造价值转变为生产者与消费者共同创造价值。在产品主导逻辑下,生产者作为价值的唯一创造者,整合各种资源,决定价值创造,生产者提供的产品或服务就成了价值创造的载体,实现产品或服务的交换价值是生产者所关心的核心利益。而在消费者与生产者共同创造价值的模式下,消费者变得日益活跃,在产品和服务的设计、生产和消费过程中与生产者进行互动合作,进而对价值创造产生影响[1]。

在多维 IMC 理论指导下,企业、消费者以及其他利益相关者之间是平等的,通过对话与协商共同创建品牌资产,共享品牌价值。传统营销活动中由品牌方主导的品牌价值被买卖双方共同创造的价值所取代。

---

[1] 武文珍,陈启杰. 价值共创理论形成路径探析与未来研究展望[J]. 外国经济与管理,2012(6):66-73.

第二节 数字时代的品牌价值共创

一、价值共创下协商品牌的崛起

不同于工业社会时代的生产者创造价值,互联网时代品牌价值由生产者与消费者共同创造。生产者与消费者的互动促进协商品牌的兴起,多维 IMC 正是在这种现实基础上产生并指导现实,而服务主导(Serrice Dominant,S－D)逻辑则是多维 IMC 的深层逻辑。

(一)价值共创思想的流变

早期价值共创思想主要见于服务经济学的研究文献中。Storch 1823 年在研究服务业对经济的贡献时曾经指出,"服务过程需要生产者与消费者之间的合作",这一观点暗含了服务结果和服务价值创造由生产者和消费者共同决定的思想。在消费者生产理论的观点中,厂商提供给消费者的任何产品,都不能直接满足消费者的需要,消费者的需要是通过消费者"生产"来得到满足的,即消费者利用生产者提供的产品或服务以及消费者自己的时间、知识和能力等"消费资本"来创造能够满足自己需要的价值。生产者在这一过程中的首要任务就是帮助消费者完成他们的"生产过程",生产者在消费者生产过程中,其作用的大小和独特性直接决定生产者的竞争优势和利润[1]。

早期的价值共创思想表明,在价值创造过程中,消费者具有一定的生产性,他们以自己特定的方式与生产者进行合作,并对服务效率和价值创造产生影响[2]。市场营销领域的价值共创体现为基于消费者体验的品牌价值共创和基于服务主导逻辑的品牌价值共创。

1. 基于消费者体验的品牌价值共创

价值共创在市场营销领域引起关注也就是近十年的事情,Prahalad 和 Ramaswamy 从企业竞争的视角出发,提出了基于消费者体验的价值共创理论。

企业与消费者合作创造价值,这既不是生产者取悦消费者的手段,也不是消费者通过参与为生产者创造价值,而是生产者与消费者作为对等的主体共同为自己和对方创造价值的过程,两者在价值共创过程中通过持续的对话和互动共同建构

---

[1] G. S. Becker. A theory of the allocation of time[J]. The economic journal,1965,75:493－517.
[2] 武文珍,陈启杰.价值共创理论形成路径探析与未来研究展望[J].外国经济与管理,2012(6):66－73.

个性化的服务体验,共同确定和解决需要解决的问题。因此,价值共创贯穿于企业与消费者互动和消费体验形成的整个过程。基本观点可以概括为以下两点。

第一,共同创造消费体验是消费者与企业共创价值的核心。消费体验是一个连续的过程,而价值共创贯穿于整个消费体验过程,因此消费者体验价值的形成过程也是消费者与企业共同创造体验价值的过程。消费者是与企业共同创造体验价值的核心和决定因素,因此企业应该把自己的战略重点从提供产品和服务转向为为消费者营造新的体验环境。

第二,价值网络成员间的互动是价值共创的基本实现形式。"共创价值形成于消费者与价值网络各结点企业之间的异质性互动。"[①]企业与消费者的互动不仅能够帮助企业获取关于消费者及其偏好的深层次信息,而且能够帮助消费者在服务提供者的支持下完成价值创造的过程。互动以多种形式存在于价值网络之中,旨在共同创造价值的互动也是价值网络内部的互动。

2. 服务主导逻辑的品牌价值共创

服务主导逻辑替代传统商品主导逻辑,从新视角理解经济交换和价值创造,将顾客体验的价值共创进一步深化和丰富。Vargo 和 Lusch 将商品主导逻辑下分开的产品和服务统一,认为一切经济都是服务经济,顾客积极参与关系交换和共同生产,价值由顾客决定和共同创造。

Vargo 和 Lusch 于 2004 年提出基于服务主导逻辑的价值共创理论。S-D 逻辑与传统营销思维之间的根本区别在于,S-D 逻辑将企业活动的目的视为促进消费者自己创造价值而不是生产和分配商品。从本质上讲,S-D 逻辑认为产品没有内在价值,价值产生于消费者从产品或服务中获取的利益。因此 S-D 逻辑试图解释行为者如公司、消费者等,如何通过"服务换服务"交换来创造价值,而不是通过"以物易物"或者"以物易钱",利益不仅由交换价值构成,而且最重要的是由使用价值构成,这些价值不可分割地源于以消费者为导向,并且相互满足互动过程[②]。因此营销传播可以被解释为一种服务,即帮助客户了解品牌并在使用中创造价值。

Vargo 和 Lusch 在 2004 年提出服务主导逻辑的 8 个常见命题,将消费者纳入企业价值生产的过程,明确消费者可以参与企业设计、生产、传递及消费等各个环节实现价值共创。2016 年他们对此进行第三次修订,确定为 11 个基本命题,如表 5-1 所示。

---

① C. K. Prahalad, Ramaswamy. Co-creation experiences: The next practice in value creation[J]. Journal of Interactive Marketing, 2004(18): 5-14.

② Agostino Vollero, Don E. Schultz, Alfonso Siano. IMC in digitally-empowering contexts: The emerging role of negotiated brands[J]. International Journal of Advertising, 2019(38): 3, 428-449.

表 5-1 服务主导逻辑的基本命题的发展①

假设	基本内容	解释说明
1	服务是一切经济交换的根本基础	操纵性资源（如知识和技能）得到广泛应用，服务是一切交换的基础，以服务交换服务
2	间接交换掩盖了交换的根本基础	产品、货币和制度掩盖了"以服务交换服务"的本质属性
3	产品是提供服务的分销机制	产品通过所提供的服务来驱动价值创造
4	操纵性资源是竞争优势的根本来源	导致期望变化的相对能力驱动竞争
5	一切经济都是服务经济	专业化和外包化水平不断提高，服务变得越来越重要
6	价值是由多个参与者共同创造，总是包括受益人	价值创造是互动的
7	生产者不能传递价值，而只能提出价值主张	在自己提出的价值主张得到认可后，生产者便着手为创造价值提供可用资源，并采取合作的方式来创造价值，但并不能独立创造和传递价值
8	以服务为中心的观点是以消费者为导向，并且关注关系重要性的观点	服务是由消费者决定并共同创造的
9	一切经济和社会行为主体都是资源整合者	意味着价值创造的情境是由不同资源整合形成的多重价值网络之间的联系
10	价值总是由受益人独特地用现象学方法来决定的	价值是具有独特性、体验性和情境依赖性的，而且还承载着意义
11	价值共创通过参与者创造的制度和制度安排来协调	价值共创是系统的、稳定的、可控制的

（二）服务生态系统中崛起的协商品牌

服务主导逻辑经由 Vargo 和 Lusch 以及其他学者的拓展形成服务生态系统。在当前数字互联网环境下，成为研究价值共创的重要研究视角。服务生态系统中单纯的生产者与消费者二元关系被拓展为多元网络关系。Vargo 和 Lusch 在 2010 年

---

① 简兆权,令狐克睿,李雷.价值共创研究的演进与展望——从"顾客体验"到"服务生态系统"视角[J].外国经济与管理,2016(9):3-20.

将服务生态系统定义为,不同的社会和经济行动主体基于自发感应和响应,根据各自的价值主张,通过制度、技术和语言为共同生产、提供服务和共同创造价值而互动的松散耦合的时空结构,如图 5-1 所示。市场营销可以被理解为一种服务,是服务生态系统的重要部分。多维 IMC 解决的正是各行为主体如何通过资源整合以实现互动过程中的价值共创。在服务生态系统中,同样的客户不被视作"数量资源",而是被视作价值创造过程中的"操作资源"。

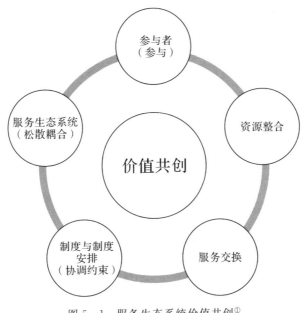

图 5-1 服务生态系统价值共创[①]

IMC 向多维度转变意味着企业需要管理多个传播渠道和品牌联系点,包括企业和消费者控制,所有这些都是相互关联的。这产生了"多个"传播渠道和"多个"行为主体之间关于品牌的"多个"对话的连续相互作用。值得注意的是,"价值共创代表着交换的互惠性以及促进这种交换的共享机构存在"[②]。遵循这一逻辑,互惠为价值创造与服务的核心,在数字环境中尤其如此。在数字互联网时代,企业与消费者之间的权力不平衡消失,互惠逻辑对于传统 IMC 中,仅从公司角度片面看待传播实践产生的对结果的测量提出了挑战。从多维 IMC 来看,营销代理人应该促进和调解与个人消费者和社区的互动和对话,以求共同创建协商品牌,并负担保证和评估所发生交易的公平性。在互惠和公平中创造品牌价值,才是多维 IMC 追求的结果。

---

① 简兆权,令狐克睿,李雷. 价值共创研究的演进与展望——从"顾客体验"到"服务生态系统"视角[J]. 外国经济与管理,2016(9):3-20.

② S. L. Vargo, R. F. Lusch. Institutions and axioms: An extension and update of service-dominant logic[J]. Journal of the Academy of Marketing Science, 2016, 44(1):5-23.

服务生态系统是各不同的行为主体基于自身资源进行互动形成的松散耦合的时空结构,多维 IMC 是资源整合和互动的过程,是连接不同节点的网络。通过多维 IMC 对品牌参与者进行资源整合的过程,就是服务生态系统中各行为主体相互协调的过程,在此过程中形成的品牌我们称之为"协商品牌"。协商品牌可以描述为企业、客户和其他感兴趣的角色整合其资源并通过传播调解和协商他们的位置,以进一步发展品牌以便为所有相关者共同创造价值的过程。多维 IMC 与协商品牌关系如图 5-2 所示。

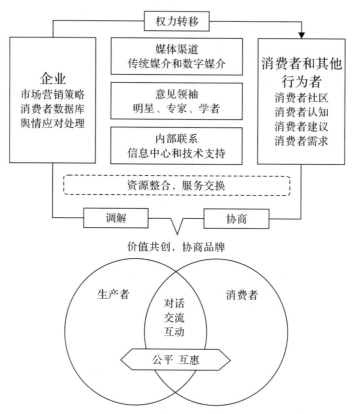

图 5-2 服务生态系统中的多维 IMC 促进协商品牌的崛起①

二、品牌价值共创的核心构念与内涵界定

通过梳理品牌价值共创研究的发展脉络,发现不同学者从各自的研究视角出发,对品牌价值共创的构念进行总结。互动、体验、关系、融入等成为品牌价值共创的核心维度。信息传播技术的发展,使品牌价值共创研究面临一个新的数字环境,其核心构念出现了新变化,最新的研究成果如表 5-2 所示。

---

① Agostino Vollero, Don E. Schultz, Alfonso Siano. IMC in digitally-empowering contexts: The emerging role of negotiated brands[J]. International Journal of Advertising, 2019(38):3, 428-444.

表 5-2 品牌价值共创的核心构念

作者	互动	体验	赋权	融入	关系	社区	平台	分享	其他
弗朗斯（France）等人（2015）	✓			✓		✓			类别卷入
拉马斯瓦米（Ramaswamy）& 奥茨坎（Ozcan）（2016）	✓	✓	✓	✓	✓		✓		
考夫曼（Kaufmann）等人（2016）				✓		✓			品牌喜爱
卡奥（Kao）等人（2016）	✓		✓	✓					
伊格莱西亚斯（Iglesias）等人（2013）	✓		✓		✓	✓			对话空间
兰詹（Ranjan）& 里德（Read）（2016）	✓	✓	✓	✓				✓	个性

有关品牌价值共创构念的相关研究成果还十分有限，由表 5-2 可以发现，现有研究将互动、体验、授权、融入、社区、平台等作为品牌价值共创的主要构念。在梳理已有研究的基础上，数字时代品牌价值共创的概念范围包括互动与体验、赋权与融入、关系与平台三个模块、六个维度的主要构念。

（一）互动与体验

品牌化已经进入一个新时代，即品牌的基础是独特互动的品牌体验设计的时代，品牌价值是通过不同利益相关者间的社会互动动态建构的，互动与体验成为品牌价值共创过程中相互联结的两个要素①。

企业与顾客间的互动是价值创造的基础，在体验价值的范畴下，市场成为顾客、顾客社区和企业之间交流互动的公共空间，对话、接近权、透明度和对风险—利益的理解成为互动的四个主要维度。组织和个体消费者在公共对话空间的互动依赖品牌界面和一线雇员实现，并很大程度上影响品牌价值共创的过程与结果②。互动与体验在共创品牌价值中存在交互和协同作用，并在功能型品牌和享乐型品牌上拥有

---

① B. Merrilees. Interactive brand experience pathways to customer-brand engagement and value co-creation[J]. Journal of Product & Brand Management, 2016, 25(5): 402-408.

② O. Iglesias, N. Ind, M. Alfaro. The organic view of the brand: A brand value co-creation model[J]. Journal of Brand Management, 2013, 20(8): 670-688.

不同的表现,功能型品牌对应行为和认知体验,而享乐型品牌对应感受和情感体验。梅里利斯(Merrilees)进一步地运用交通信号灯来比喻品牌化中的三种体验,绿灯代表正向的品牌体验,黄灯代表徘徊的品牌体验,红灯代表负向的品牌体验,品牌体验可能根据时间变化和顾客差异而产生变化,其中徘徊的品牌体验最不稳定,变化的倾向最强[①]。在数字世界中,参与者的体验转化为一种联合代理体验,代理指的是互动集合并包含能够产生结果的行为能力,品牌价值共创就是要通过代理集合来共创良好品牌体验。同时,互联网带来的低成本和多维度的互动机会,也提高了共创体验。

(二)赋权与融入

数字世界的虚拟共创可以被解释为一种增强自我决定(Self-determination)和自我效能(Self-efficacy)体验的赋能活动。赋权(Empowerment)被概念化为任何能够增强自我决定和自我效能并减少无力感(Feelings of Powerlessness)的方式[②]。信息技术的发展使消费者能够接触更多与品牌相关的细节性信息,并获得诸如搜寻信息、寻求购买建议、分享观点等广泛的数字能力。互联网被认为是一种顾客赋权技术,它通过重构个体身份和提升自我效能与技能两种方式增强个体赋权,以互联网为中介的大量互动工具为顾客赋权提供强有力的支撑[③]。

数字赋权世界的品牌价值共创核心是品牌融入设计机制,它决定品牌体验的方向和性质。顾客融入是一种基于特定目标的互动体验过程,表现为不同强烈水平的心理状态,具有情境依赖和多维特征(认知—情感—行为)。顾客融入的初始动机大多是信息搜寻需求,并伴随学习、分享、倡议、社会交往和共同发展等诸多子过程[④]。实证研究发现,顾客—品牌融入受到企业主导的驱动因素(品牌互动和品牌质量)和以顾客为中心的影响因素(品牌自我一致性和品牌卷入)共同作用[⑤],在线上共同创新社区(Online Co-innovation Community)中,顾客融入受品牌资产、社区感和金钱激励的正向影响,并被先前的共创体验正向调节[⑥],高水平的品牌融入是实现品牌共创的影响因素之一。

---

① Merrilees, Bill. Experience-centric branding: Challenges and advancing a new mantra for corporate brand governance[J]. Journal of Brand Management, 2017, 24(1): 1-13.

② Füller, Johann, et al. Consumer empowerment through internet-based co-creation[J]. Journal of Management Information Systems, 2009, 26(3): 71-102.

③ Y. Amichai-Hamburger, K. Y. McKenna, S. A. Tal. E-empowerment: Empowerment by the Internet[J]. Computers in Human Behavior, 2008, 24(5): 1776-1789.

④ Brodie, Roderick, et al. Consumer engagement in a virtual brand community: An exploratory analysis[J]. Journal of Business Research, 2013, 66(1): 105-114.

⑤ C. France, B. Merrilees, D. Miller. Customer brand co-creation: A conceptual model[J]. Marketing Intelligence & Planning, 2015, 33(6): 848-864.

⑥ Zhang, Jing, et al. Building industrial brand equity by leveraging firm capabilities and co-creating value with customers[J]. Industrial Marketing Management, 2015(51): 47-58.

(三) 关系与平台

数字时代的品牌价值共创需要一个虚拟数字平台,平台中融入由利益相关者构成的网状关系,共创价值中的关系性体验对共创结果产生深刻影响。

从服务提供者和顾客的微观二元视角来看,关系性(Relationality)可以被界定为互动中的三个范畴:我、他者和我们。"我们"是"我"和"他者"交叉重合的场域,高关系性的对话域需要"我们"较大的互动范围,并带有动态、互惠、协作的特征,具备生产价值的能力[1]。然而,共创平台中聚合了诸多利益相关者,不同的线性关系相互交织形成一幅网状的关系图景。服务生态系统观点认为品牌价值共创是受益人导向性和关系性的,它将其视为一种通过利益相关者的网状关系和社交互动共创品牌使用价值的动态过程[2]。作为共创品牌价值的实践场所,品牌融入平台是一个包含利益相关者、产品、界面和过程的数字化互动集合,通过融入平台共创品牌关系体验需要设计和管理利益相关者之间的偶遇,提升互动行为发生概率和平台融入水平。在数字环境中,共创平台包括虚拟社区和社交媒体两种形式,企业、顾客和第三方都可以搭建以某一品牌为核心的社区,而社交媒体多是由品牌方搭建和主导的。例如,国内智能手机品牌小米搭建的小米社区、小米百度贴吧以及简书中的小米专题,社交媒体的互动传播则以小米公司的自有媒体为核心。

通过对品牌价值共创核心构念的梳理和阐释,试图厘清各构念间的相互关系,如图 5-3 所示。互动与体验、赋权与融入、关系与平台构成三个相对独立又相互关

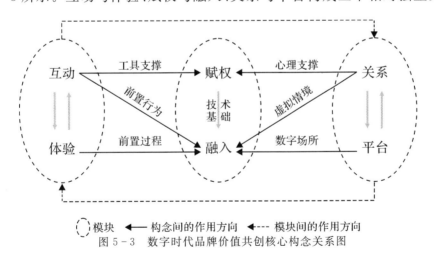

图 5-3 数字时代品牌价值共创核心构念关系图

---

[1] Payne, Adrian, et al. Co-creating brands: Diagnosing and designing the relationship experience[J]. Journal of Business Research, 2009, 62(3): 379-389.

[2] S. L. Vargo, R. F. Lusch. Institutions and axioms: An extension and update of service-dominant logic [J]. Journal of the Academy of Marketing Science, 2016, 44(1): 5-23.

联的模块:充分有效的互动促进个性化体验的形成,良好共创体验扩展了互动的深度和广度;互联网赋权为顾客融入提供技术基础;平台为关系形成提供载体,高水平的关系质量可以提升平台的活跃度。以赋权为中心,互动和关系分别为其提供工具性和心理支撑;以融入为中心,互动与体验作为其前置行为和过程,关系与平台为其提供虚拟情境和数字场所。同时,"关系—平台"模块与"互动—体验"模块相互依存,互相作用。

通过对核心构念间关系的厘定,可以从三个模块、六个构念对数字时代品牌价值共创的内涵进行界定。在互动与体验上,数字时代背景下,互动由双向转为多维,体验由个体视角转为联合代理视角;在赋权与融入上,互联网技术给予利益相关者更多的数字权利,利益相关者通过认知、情感和行为等实现品牌价值共创的多路径融入;在关系和平台上,各利益相关者借助互动行为,在以品牌为核心的虚拟数字平台上形成复杂的关系网络。因此,数字时代品牌价值共创可以理解为:依赖于信息传播技术赋权,各利益相关者通过互动融入数字平台形成联合代理体验,并构成复杂关系网络,从而共创数字情境价值的动态过程。

第三节 数字时代品牌营销传播实践

截至 2019 年 6 月,中国网民为 8.54 亿,互联网普及率达到 61.2%,信息互联网技术应用于生活的各个方面。2018 年,国内生产总值达 90.0309 万亿元人民币,其中数字经济规模达 31.3 万亿元人民币,占国内生产总值的比重达 34.8%,数字经济成为我国经济增长的重要引擎,成为我国经济社会平稳发展的一大支柱[1],数字互联网为中国经济社会发展注入新动能。中国作为全世界增长最快的市场之一,整合营销传播理论传入中国以来就产生了重大影响,众多营销机构都对 IMC 理论进行实践尝试,中国成为 IMC 理论实践的重要阵地。但是从整体来看,中国市场仍不够成熟,且极为复杂,整合营销传播理论在中国市场的应用仍然存在问题。

Jerry Kliatchko 在 *Revisiting the IMC construct* 一文中对 IMC 管理提出的四个基本要素,包含利益相关者、内容、渠道和结果[2],为数字时代中国市场多维 IMC 的策略制定、实施以及效果评估提供了维度支撑。我们结合中国国情和新的媒介环境,在原有理论的基础上提出多维 IMC 的战略导向、战略过程、传播实施。

---

[1] 第 44 次中国互联网发展报告[R/OL].[2019-08-30]. www.cnnic.net.cn/hlwfzyj/hlwxzbg/hlwtjbg/201908/t20190830_70800.htm.

[2] Jerry Kliatchko. Revisiting the IMC construct[J]. International Journal of Advertising,2008(27):1,133-160.

一、战略导向:建设品牌社群

(一)数字的连结,从社群到品牌社群

社群是人们基于社会关系建立的群体集合,而传播的实质就是社会关系的互动。麦克卢汉在理解媒介中讲到,媒介的变化,改变人们感知和认识世界的方式,也改变人与人之间的关系,创造出新的社会行为。社群是基于传播媒介聚合到一起的,进行信息传播、情感交流、文化和价值共享的用户群体[①]。互联网的发展使得人与人之间的连接变得更加紧密而广泛,数字互联网消除了时空的界限,使志同道合的用户更容易发现彼此。互联网成为人们彼此交流沟通、分享信息与知识、形成相近情趣爱好和情感共鸣的特殊关系网络[②],互联网社群成为各种兴趣群体和粉丝群体的活跃地,豆瓣聚集着大量的电影文学爱好者,而微博成为粉丝最为活跃的平台……互联网使得社群价值不断放大,催生出社群经济,在生产、营销、消费各个环节都产生了变革性的影响。而品牌社群则是互联网社群的一种特殊形式,在品牌社群中各利益相关者围绕品牌进行互动。

消费者群体以兴趣为共同话题形成集群,更容易产生购买行为。根据埃森哲调查统计,89.6%的消费者有自己的兴趣群体,且56%的消费者认为兴趣群体中推荐的产品是其重要购物参考,54%的消费者认为兴趣群体推荐的产品可靠,47%的消费者愿意购买兴趣群体推荐但价格稍高的产品,46%的消费者经常与兴趣群体中的一些朋友一起购买相关产品[③]。品牌社群的形成有利于品牌价值的创造。

品牌社群具有三个基本特征,即共同意识、共同仪式和传统以及责任感,这三个基本特征是品牌社群最本质的体现,也是品牌社群形成的必要条件[④],在数字时代这种特征表现得更为明显。共同意识是一种集体意识,它是指社群成员互相认同,并与社群之外的人相区分。数据算法带来的智能分发与推荐,使得品牌社群内部的同质性和社群间的异质性变得更为明显。仪式和传统是重要的社会过程,品牌社群的意义通过共同的仪式和传统得以复制和传递,品牌所拥有的历史、文化和价值也得以传承,符号的流动加速了文化创造,使得品牌和品牌社群的价值内涵在数字互联网时代更加丰富。责任感是指社群成员感到自己对整个社群和其他社群成员负有

[①] 金韶,倪宁."社群经济"的传播特征和商业模式[J].现代传播,2016(4):113-117.
[②] Howard Rheingold. The Virtual Community: Homesteading on the Electronic Frontier[M]. Reading, Mass: Addison-Wesley, 1993:5.
[③] 埃森哲.2018埃森哲中国消费者洞察系列报告——新消费 新力量[R/OL].[2018-06-21]. https://www.accenture.com/cn-zh/insight-consumers-in-the-new.
[④] 王新新,薛海波.论品牌社群研究的缘起、主要内容与方法[J].外国经济与管理,2008(4):25-31.

一定的责任和义务,社群中各利益群体平等互惠,共同付出,实现对社群的维系。

(二) 多维 IMC 与品牌社群

品牌社群的主体是围绕品牌进行互动的各利益相关者,多维 IMC 的目的则是通过对利益相关者的资源进行整合,实现平等互惠的价值共创,因而品牌社群的建设与维护成为多维 IMC 的重要内容。社群经济是基于社群而形成的一种经济思维模式,它依靠社群成员对社群的归属感与认同感而建立,借由社群内部的横向沟通,发现社群及成员的需求,其重点在于通过服务这些需求而获得相应的增值,进一步建立社群内部的生态系统[①]。

在数字时代,传统的营销模式不再像以往那样作用显著,多维 IMC 就是要将时代催生下的社会化营销、定制营销、口碑营销、体验营销等新的营销模式进行充分融合。一方面,通过互联网的便利,提供满足利益相关者需求的服务,不断增强其产品体验与情感需求,维系社群成员之间的关系,形成积极反馈与口碑传播;另一方面,将社群营销链进行延伸,从而实现利益相关者更深层次的激活,充分发挥其主动性和创造力,使每一个利益相关者都能成为品牌价值的创造者[②]。

1. 精确定位,满足个性需求

社群经济不同于工业时代大批量标准化生产的规模经济逻辑,任何社群都不能吸引所有人,也不能够满足成员的所有价值。依托互联网的品牌社群,聚集了大量真实、活跃的利益相关者,他们有不同的利益诉求、兴趣取向和社会关系。在同质化中表现出极致的异质性,社群呈现出"小而美"的发展趋势,其长尾末端的需求应该受到重视。把握需求长尾,可以充分利用互联网信息大数据,挖掘成员需求。网易云音乐是中国最为成熟的音乐社群,其个性化推荐之精准被业内公认。网易云音乐通过产品后台大数据功能,对用户数据进行分析,跟踪用户行为,为用户提供定制内容,在音乐受众圈内广受好评。

2. 创新社群服务,发挥参与者价值

社群媒体的信息传播功能和社会交往功能能够帮助社群运营者进行供求信息的提供和整合,实现社群组织内部人和服务的连接。创新社群服务体系,社群内部的需求能够得到更快满足,有利于提高群体满意度,激发群体荣誉感,能够充分发挥参与者的积极性。同时增加社群内部的交流,加深利益相关者的情感沟通,有利于增加社群内部的协作能力,激活群体参与的积极性。小米手机以"和米粉做朋友"为

---

① 胡泳,宋宇齐.社群经济与粉丝经济[J].中国图书评论,2015(11):13-17.
② 王战,冯帆.社群经济背景下的品牌传播与营销策略研究[J].湖南师范大学社会科学学报,2017(1):141-148.

已任,一方面以 MIUI 论坛为平台聚集粉丝参与开发和传播,不断激发和满足粉丝需求,不断升级产品,保持粉丝参与热度,另一方面,充分利用社交进行营销服务,实时响应粉丝反馈,提供精细化服务,强化粉丝对于小米品牌的参与度、认同感和忠诚度,从而使小米手机受到众多米粉追捧。

3. 先社群后品牌,提高自传播能力

社群具有内生的自传播能力。一个社群想要维持长久的活力,需要将虚拟边界拓展至现实世界,将社群成员的互动延伸至线下,创造社会热点。而后借助互联网的力量将活动反馈至线上进行二次传播,形成传播闭环。"罗辑思维"每年的"霸王餐"活动,即发动线上社群为一段互联网思维的霸王餐献计献策,线下粉丝自发联络餐馆,参与组织执行。"霸王餐"活动大大提升了用户的参与乐趣和黏性,又通过媒体报道和粉丝分享实现了二次传播,提升了"罗辑思维"的品牌知名度。

二、战略过程:共创品牌内容

(一)数字时代的品牌内容生产

数字互联网的发展使得内容生产的机制与方式也发生了重大变革。互联网搭建起信息传播的桥梁,连接和互动实际上成为内容生产的本质。用户内容生产(UGC)成为原有营销活动中专业内容生产(PGC)的重要补充,甚至融合成为新品牌内容生产(BGC)[1]。在智能终端、云计算、大数据日益成熟的今天,智慧化内容生产的价值得到凸显,PGC 和 UGC 都将被智能所统率。

用户生产内容(user-generated content,UGC),泛指以任何形式在网络上发表的由用户创作的文字、图片、音频、视频等内容,是互联网发展过程中网络信息资源的创作和组织形式[2]。UGC 模式为企业提供了更多的接触消费者的机会,为互联网海量数据提供了来源,用户主动提供的数据更加真实灵活,便于企业精准定位,分析消费者需求,同时降低了企业成本,拉近了企业和终端消费者的距离[3]。用户和用户参与为内容生产注入了新的活力,成为价值共创过程中重要的一部分。专业内容生产(PGC)继承自传统媒体时代,是早期互联网内容生产的主要内容,在市场营销领域

---

[1] 曾祥敏,曹楚.专业媒体新闻内容生产创新实践——用户生产与专业生产深度融合的路径研究[J].现代传播,2015(11):34-41.

[2] 赵宇翔,范哲,朱庆华.用户生成内容(UGC)概念解析及研究进展[J].中国图书馆学报,2012(5):68-81.

[3] 钟一平.大数据时代背景下 UGC 模式在当今企业营销中应用的思考[J].新闻传播,2014(6):240-241.

中,也是企业最常用的手段。专业内容生产在今天仍旧具有不可替代的作用,虽然其一枝独秀的局面被用户内容生产(UGC)所打破,但是专业内容生产仍然在很大程度上影响着用户内容生产。

在数字互联网演进的今天,用户内容生产和专业内容生产必将在智慧化内容生产上实现融合。数据分析技术打开了内容精确生产之门,人工智能技术打开了内容自动化生产之门,而物联网技术正在开启"万物皆媒"的世界。智能时代重新定义了内容生产、分发和消费三者的关系,内容生产的智能化、内容分发的算法化、内容消费与内容生产的融合化,带来了全新的内容生态①,也在市场营销领域掀起了一场内容革命。

(二)以人为本的智慧化内容共创

品牌利益相关者在互联网空间中积淀下来的大数据成为多维 IMC 中需要整合的重要资源,而智慧化则为内容资源的整合提供了工具。智慧化内容生产是以人为本的,其生产根基于人类活动产生的海量数据,智慧化决策的最终决断者是人,而智慧化内容生产的目的是为人提供更好的服务。

品牌利益相关者在互联网世界留下的痕迹成为智能化内容生产的基础。信息采集和转化技术的演进,为我们提供了全天候、多方位的社会环境检测,人的各种行为经由技术中介转化为海量的数据。品牌利益相关者的各种行为以及其背后隐藏的需求都会成为智能平台分析的内容,为智慧化内容生产提供数据支持。

智能化内容生产为品牌建设者提供了更加科学的建议。在决策制定的过程中,智能平台以数据和技术模拟人的经验,并在洞察人的需求的基础上开拓经验的新方向。智能信息技术为决策的最终制定提供一种经验的补充和矫正机制,大大提高了内容共创的效率,使得利益相关者的需求满足更具效率。

智慧化内容生产为品牌利益相关者提供了更好的服务。在智慧化内容生产过程中,以大数据为支撑,社会信息的广度和深度被开拓,形成了服务"超市化"结构。"精准度"成为服务提供领域的新追求,借助于智能信息加工,可以呈现全面客观的事实,实现对利益相关者需求的深层剖析,并能够对利益相关者的行为进行精准预测。利益相关者可以更加便利地获得自己想要的服务。

以品牌利益相关者为本的智慧化内容生产使得 PGC 和 UGC 的内容相融合,并充分获取和满足各利益相关者的诉求,为品牌内容共创提供了更加智能的决策,使得品牌利益相关者的需求能够得到满足,有利于品牌价值共创。

---

① 彭兰.智能时代的新内容革命[J].国际新闻界,2018(6):88-109.

三、传播实施：融合传播渠道

(一)数字时代的消费者媒介接触

随着媒体技术的发展，媒介融合成为发展的趋势，基于新的媒体生态，品牌价值共创需要转变传统的营销传播形式，构建基于媒介融合的、跨媒体的品牌传播矩阵。在数字时代，媒介融合需要借助数据分析，绘制出由消费者的媒介接触点、接触路径、接触平台所组成的媒介接触网络，以媒介接触网络为依据整合多种渠道，向消费者传达一致的品牌信息。

在多元化、碎片化的信息时代，依靠单一或少数媒体渠道越来越难以达成理想的营销目标，而品牌长期在单一渠道进行广告投放会造成受众被反复清洗之后价值度降低，同时覆盖范围和信息传达的形式和内容也十分有限。根据 ADD 广告研究联盟发布的《自娱：2018—2019 年中国新势能人群 App 接触行为报告》指出，新势能人群，即将掌握未来消费世界话语权的群体，成长于全新的移动网络环境下，其消费行为和生活方式呈现出高度自助、高娱乐密度、全时移动在线等特征。在移动互联网时代，受众习惯于在多个媒介平台进行快速地不规则游走，为了获取足够时长的注意力，品牌不得不在多个平台分发自己的品牌信息。而将媒介全渠道进行有机整合，建构营销传播生态体系，实现高效统一的传播，是解决现实需求的关键。

(二)建构营销传播生态体系

互联网技术的革新催生了市场营销行业的变革。从数字媒体、社会化媒体、媒介融合、全媒体，到程序化广告、计算广告、内容营销、场景营销、数据化营销等，不断涌现着新媒介和新技术。营销展现越来越多维，内容更加精细化，营销全程数据化趋势明显，运作越来越专业化，工作细分程度不断加深，业态更加多元，营销的整体复杂性大大提高。对于市场营销来讲，技术的革新看似提供了新的工具和可能，实则无法进行有效统一，难以充分发挥传播合力。

步入智媒时代，人工智能实现了对传统营销策略的超越。从对用户数据的深度挖掘到情感语义分析、情绪实时感知等自然语言的解读应用，再到程序化广告、智能预算分配等营销效率的优化提升，智能媒体展现出营销渠道整合的巨大价值。在智能媒体的加持下，广告营销行业实现了从规模化到"精准规模化"的转变，AI 技术的应用使得广告投放能够实现对消费者决策链路的全覆盖，并且能够对不同场景、不同渠道、不同投放形式进行综合分析比较，制定出更加具有效率的营销组合拳。

数字传播技术重塑了营销环境，使得消费者、品牌、平台之间的关系发生了重大的变化。各类市场主体纷纷采用物联网、大数据、云计算、人工智能等新技术实现自身赋能,催生了一批企业新模式和新业态,"互联网+营销"等颠覆了传统的营销模式。

在中国市场,营销的专业化高质量发展路径成为众多品牌商家不断探索的目标。以阿里巴巴、腾讯为代表的中国的头部互联网企业,依靠自身的数据和技术优势,正在积极探索和努力推动营销领域的供给侧结构性改革,不断完善营销传播生态,为品牌提供更加专业高效的数字化营销能力。

阿里巴巴拥有非常丰富的媒体矩阵,包括淘宝、天猫为代表的电商平台,优酷为代表的视频内容平台,支付宝为代表的生活服务平台,微博为代表的社交媒体平台和高德为代表的出行平台,贯穿衣食住行等各个生态场景。阿里巴巴可以触达90%以上的中国消费者。在数字传播时代的浪潮下,阿里巴巴基于自身的数据和技术优势,提出了一种以"人"为核心,以企业数据和技术资源为能源,实现"全链路""全媒体""全数据""全渠道"的智能营销方式,他们称之为品效协同的全域营销(Uni-markerting)。第一,打通不同平台各账号间的关系,以统一的 Uni ID 为消费者制定一个立体、权威的画像;第二,通过品牌数据银行,对品牌诸多分散的、独立的数据库进行融合分析,将自有数据与阿里巴巴独有的 Uni ID 匹配,打通一个个"数据孤岛",实时融合品牌自有的消费者数据资产,形成可识别、可追踪、可反馈的人群链路行为数据体系;第三,以人为核心,就整合统一后的消费者链路进行可视化、可优化、可行动的运营,通过工具型产品去赋能品牌商家,能够让消费者在不同的触点,有最相关内容的体现,完成消费者和品牌之间全链路、全周期的行为闭环。

数字时代的全域营销能够帮助品牌以消费者为中心做数字化品牌建设,通过数字化管理消费者关系,分析消费者行为,最终把消费者跟品牌的关系用数据表达出来。基于数据赋能,分析每一个行业的运营细节,提出个性化解决方案,快速实现品牌孵化、品牌运营、品牌提升,创造品牌价值。

 阅读资料

多维整合营销传播的效果评估[①]

IMC 的评价在早期的 IMC 理论中很少涉及,舒尔茨(1998)在原来的基础上重新定义了 IMC,增加了效果评估这一要素,指出 IMC 是一个战略性的业务过程,用于计划、发展、执行和评估累积的、协调的、可测量的和劝服性的品牌传播活动,这些

---

① 解密整合营销传播的力量:你的 IMC 计划整合得如何?[EB/OL].[2018-04-14]. kuaibao.qq.com/s/20180414G0BV1S00.

活动可能是针对消费者、顾客,以及预期的、目标的、相关的外部及内部受众的[①]。

IMC不同于其他广告理论,它是一个大的理论框架,可以将其类比为营销传播活动的指导思想,因此对于IMC的测量难度很大,目前对IMC测量的研究主要包含工具和媒介手段运用的测量、营销传播效果的测量、用户满意度的测量。例如,Mahidhar在2007年提出了IMC效果测量的新系统,包括三个衡量标准:使战略目的、战术过程以及营销结果都能保持一致;体现整个营销过程周期性的协调;对于客户和市场特征的灵活适应性等。

在数字传播时代,新的传播沟通技术不断涌现,营销工具也不断增多,如何选择和整合这些手段从而实现更好的传播效果成为营销者考虑的重要问题。整合营销传播大师凯文·莱恩·凯勒(Kevin Lane Keller)提出整合营销传播手段选择的7项标准(见表5-3)[②],为数字时代多维整合营销传播计划的制定提供了重要参考。

表5-3 整合营销传播的评估标准7C

标准	定义
覆盖范围(Coverage)	每种传播手段所能覆盖的市场份额,以及不同传播手段之间存在多少交叉部分
成本(Cost)	传播选择和计划的财务效率
贡献能力(Contribution)	某种传播手段独立于其他传播手段的、在实现传播效果和传播目标方面的固有能力
一致性(Commonality)	某个传播手段是否能和其他传播手段达到共同的传播效果和目的,即整合营销传播中的"同一种声音"
互补性(Complementarity)	某种传播手段在多大程度上实现其他传播手段实现不了的效果和目标
交叉效应(Cross-effects)	某种传播手段能否和其他传播手段互相协作,并共同对传播效果产生影响
适应性(Conformability)	某种传播手段在不同条件下都能对目标消费者产生影响,不管他们有什么样的传播经历和其他特征

[①] Don E. Schultz, Heidi F. Schultz. Transitioning marketing communication into the twenty-first century[J]. Journal of Marketing Communications, 1998(4):1, 9-26

[②] Kevin Lane Keller. Unlocking the power of integrated marketing communications: How integrated is your IMC program? [J]. Journal of Advertising, 2016, 45(3): 286-301.

本章小结

互联网的兴起赋予了消费者在品牌价值创造中更多的权利,线性IMC倡导的企业对消费者的控制,已经不再符合市场的需求。以服务主导逻辑为支撑的多维IMC改变了以往品牌价值的创建路径和意涵所指,品牌利益相关者间的价值共创成为塑造品牌价值的新主张。本章首先分析了整合营销传播范式从线性到多维的演进,探究了其背后暗含的价值创造逻辑的转变,即品牌价值共创,并在此基础上梳理了价值共创思想的流变,界定了数字时代价值共创的核心构念和内涵。其次,从中国市场的现实情况出发,从战略导向、战略过程、传播实施三个角度进行了相关解读。在数字时代做好品牌营销传播,应该建设好品牌社群,通过智慧化内容生产实现品牌内容的共创,同时在传播实践的过程中,应该整合传播渠道,构建营销传播生态体系。

 思考题

1. 多维整合营销传播范式下如何体现互惠的评估方式?
2. 如何建设互联网品牌社群,实现品牌价值共创?
3. 思考在智慧化内容生产方式下,品牌利益相关方应该扮演怎样的角色?
4. 当前的IMC效果评估方式存在哪些问题?未来将会产生何种转向?

》第六章

数字时代品牌的全球化传播

学习目标

1. 理解数字时代背景下,品牌全球化传播的内涵、特征、表现。
2. 学习数字时代下品牌进行全球化传播的策略、要素。
3. 熟悉中国品牌出海的经典案例。

2019年7月22日,美国《财富》杂志发布2019年世界500强排行榜。从数量上看,世界最大的500家企业中,有129家来自中国(含港澳台企业),中国大公司数量首次与美国(121家)并驾齐驱,这是一个历史性的变化。在世界级大企业的数量上跻身全球第一梯队的同时,中国企业如何做大做强、培育具有全球影响力的世界品牌的需求变得更为迫切。在数字时代的背景下,中国企业增加对品牌全球化传播的投入,以走向世界成为家喻户晓的国际品牌这一时机已经成熟。

第一节 数字化驱动品牌全球化传播

《圣经·旧约·创世纪》中有这样一个故事,人类联合起来兴建通往天堂的巴别塔,为了阻止人类的这一计划,上帝让人类说不同的语言,使其相互之间无法顺畅沟通,计划因此失败,人们各散东西。在前地理大发现和工业革命时代,人类文明被山海阻隔,巴别塔只是存在于神话传说中的美好幻想。但是随着工业革命的诞生,人类社会的生产力迎来了飞跃,数字化时代的来临,互联网将世界各地的人们串联在一起,麦克卢汉所预言的"地球村"正在成为现实,全球化在数字革命的驱动下迅速推进。

一、三次全球化浪潮与全球化4.0

在过去的两三百年间,人类社会开始向近现代过渡。伴随着三次工业革命与现代化进程的推进,人类生活在全球规模的基础上发展,国与国之间在政治、经济贸易、文化上相互交流、彼此依存,联系不断增强。全球意识崛起,地球被连成一个整体。回顾这段历史,我们可以将全球化的演进梳理为三次浪潮。

(一)第一次全球化浪潮

第一次全球化浪潮出现在19世纪后半期到20世纪初,最后被第一次世界大战打断。国际贸易的繁荣和国际资本、劳动力的大规模流动成为这个时代的特征。

这一阶段全球化的扩张,主要得益于第一次、第二次工业革命的开展,以及资本主义制度在世界范围内的广泛确立和巩固。蒸汽机、内燃机被应用于海陆交通运输,使得国际贸易和经济扩张在空间上成为可能。与此同时,国际金本位制维护了各国汇率的稳定,刺激了进出口贸易的增长。以亚当·斯密为代表的学者提出的自由贸易理论被广泛接纳。殖民扩张也在这一时期达到高潮,西方国家通过向非洲和亚洲的政治扩张甚至是武力侵略,打开了亚非拉地区的大门,攫取了大量的原料生产地和工业制成品倾销地。

第一轮全球化浪潮激活了全球市场,以福特流水线和泰罗制为基础实现的大规模生产,原料产地和产品倾销地的打开,促进了重工业和制造业的兴起,进而催生了巨型金融信托公司和合股公司,企业的所有权和经营权出现分离。

(二) 第二次全球化浪潮

20世纪五六十年代,第二次世界大战尘埃落定,经济全球化的第二次浪潮也再续新篇。这次浪潮在宏观上的表现是以美国实力支撑的国际金融和国际贸易体制的确立,在微观上则是巨型跨国公司的兴起,特别是美国跨国公司成为了世界经济的主角。

以美元和黄金为基础的金汇兑本位制和基于美元的固定汇率制度构成的布雷顿森林体系,确立了战后资本主义世界的基本金融制度。关贸总协定(世界贸易组织的前身)则勾勒了多边贸易体制的框架。这套国际经济体制促进了西方国家在战后的经济复兴,也带动了进出口贸易,尤其是制成品贸易的增长,以及外国直接投资(FDI)的涌流。

跨国公司在20世纪五六十年代的活动分外引人注目,有两个特征值得注意。其一,最初出现的跨国公司几乎清一色都是美国公司,投资对象最初是欧洲和日本,后来又增添了韩国、中国台湾等东亚国家和地区。其二,这些跨国公司的规模一般都很庞大,且大多集中在原本就是寡头竞争的那些行业,因而可以说,寡头竞争从国内市场走向了国际市场。

在第二轮全球化浪潮中,可口可乐、波音、杜邦等企业将业务迅速扩张到世界各国,诞生于美国的跨国巨头涵盖了食品快消、医药化工、机械制造、文化娱乐等各个产业,也由此改变了世界各国人民的生活,从这一角度来说,第二轮全球化浪潮也是一次"美国化"(Americanization)浪潮。

必须说明的是,在这一轮全球化浪潮中,由于美苏冷战的影响,社会主义阵营国家,实际上被隔绝在了全球化浪潮之外,因此第二次全球化浪潮实质上也可以说是雅尔塔体系下的"半球化"。

(三) 第三次全球化浪潮

从20世纪70年代后期起,新的趋势渐渐涌动,在20世纪八九十年代终于汇成第三次经济全球化浪潮。促成这次浪潮的因素包括西方国家经济政策的调整、新技术的创新和扩散、发展中国家的经济自由化改革和开放政策、企业经营活动的国际化、冷战格局的崩溃等。

西方国家经济政策的改革调整主要是由于凯恩斯主义失灵,西方国家在20世纪70年代纷纷陷入经济滞胀的困境,在里根主义和撒切尔主义的思想下,西方国家逐步放松对经济活动的管制,尤其是对金融、交通运输和信息通信等服务业采取了自由化措施。这些措施刺激了金融创新和信息革命,增强了企业间的竞争和经济体制的活力。国家财政也向着平衡预算和削减赤字的方向改革。1986年美国通过税制改革法之后,带动了席卷60余国的世界税制改革的潮流。

伴随着本轮全球化浪潮,技术创新开始加速。发展势头最为迅猛的是由微电子和半导体技术带动的信息和通信技术,最终促成了一场铺天盖地的信息革命。这种变化深刻地改造了生产过程与管理体制。

发展中国家在20世纪80年代左右普遍经历了发展战略的改变。二战之后独立的发展中国家最初采取的都是以进口为导向、依靠国有企业、以重工业为目标、以计划体制和保护主义为手段的发展战略。20世纪70年代,一批采取了以出口为导向的发展战略,更多地依靠私营部门和市场机制的东亚国家和地区成功地实现了经济的持续增长,一跃而成为"新兴工业化国家",其代表就是著名的"亚洲四小龙"。在这些榜样的带动下,后发国家逐渐改弦易辙。新一批新兴工业化国家正在东南亚地区崛起。中国在1979年之后重返国际经济舞台,印度在80年代中期之后,尤其是1991年后也已走向开放。

企业经营活动的国际化水平也在不断提高。除了美国公司之外,欧洲和日本的跨国公司也开始活跃在国际经济舞台上。20世纪70年代和80年代初期,经济合作与发展组织(OECD)国家的跨国公司主要是向发展中国家转移加工、装配工业,到了80年代后期,发达国家之间的相互投资和合作日益密切(表现为80年代后期的企业兼并浪潮,以及跨国公司之间在研究开发和市场开拓等方面的合作),发展中国家向发达国家的制成品出口在80年代之后反而在下降。除了巨型垄断企业之外,与新兴产业和服务业有关的中小型企业也开始走向跨国经营[1]。

冷战格局的崩溃,东欧剧变、苏联解体,原来铁幕后的国家纷纷转投资本主义阵营,经济全球化的触角也顺势扩张到这些经济体内。

(四)全球化 4.0

2019年1月21日,世界经济论坛年会在瑞士达沃斯拉开帷幕。3000多名全球

---

[1] 何帆.经济全球化的三次浪潮[J].世界知识,1998(6):29-31.

精英围绕本届年会的主题"全球化4.0:打造第四次工业革命时代的全球架构",进行了300余场专题讨论。作为人类文明发展的规律之一,全球化的步伐自哥伦布发现新大陆,甚至更远可以追溯到丝绸之路开辟以来,就一直没有停歇。在经历了前三次全球化浪潮后,全球化脚步迈向了4.0。

全球化4.0是指建立在信息与通信产业技术的高度发达与第四次产业革命的基础之上,以数字技术为基础的全球性"全覆盖型"的网络布局[1]。全球化4.0不仅将投资、生产、服务连成一体,形成了全球性空间布局结构,而且也把人们的社会生活纳入到一体化网络之中,深刻改变了品牌传播的格局。

与此前三次全球化浪潮不同的是,全球化4.0时代是一个激荡碰撞的时代,也是一个层出不穷和前所未有的挑战时代,包括人工智能、大数据、自动化、未来的网络与虚拟经济、新的地缘政治等,全球化4.0可以看作是人类新的发展阶段[2]。

如今,我们已经初步体验到智能化、数字化技术所带来的巨大变革,但是从发展的眼光看,这仅仅是开端,10年后、20年后必然会大不一样,甚至我们现在还很难清晰描绘未来的世界。在这一轮数字全球化的浪潮中,中国品牌要想真正走向世界舞台的中央,就必须拥抱数字化时代的到来。

二、营销边界与时空限制的消融

马克思1857年在《资本论》手稿中指出:"资本家用时间去消灭空间。"麦克卢汉也曾言:"速度会取消人类意识中的时间和空间。"生活在铁路时代的马克思与广播电报时代的麦克卢汉,都从物质的角度揭示了现代传播的时空特征[3]。在数字化时代,营销的边界与时空限制同样在被技术所消弭。

(一)营销边界的消弭

随着大数据、人工智能、可穿戴设备等新技术的逐步应用,对消费者的需求定位不再局限于粗线条的模糊判断,多元化、精细化的消费者画像成为现代营销中不可缺少的一环。MarTech概念的首创者Scott Brinker指出,消费者的购买决策路径在今天的数字世界中被压缩了。与此同时,无论是营销的触点,还是内容的数量都在急剧扩张。

消费场景、营销场景、服务场景呈现合一化发展趋势。同时,消费者本身、消费行为、品牌传播之间的边界越来越模糊。在消费者和品牌关系变化的今天,营销将不

---

[1] 张蕴岭.关注全球化4.0[J].世界知识,2019(2):72.
[2] 王辉耀.全球化4.0时代已拉开大幕[EB/OL].[2019-01-29].http://www.sohu.com/a/291700044_148781.
[3] 蔡凯如.现代传播:用时间消灭空间[J].现代传播(北京广播学院学报),2000(6):16-18,31.

再只是品牌的单一行为，而是置身于相互融合、相互促进的"无界"环境内。在"万物皆媒"的背景下，迅速变化的市场环境和媒介化数字化的生活场景，令整个营销环境日趋复杂。在数字化时代的商业生态中，品牌商、媒体、零售商……营销链条上各方的角色特征也逐渐淡化与趋同，整个广告环境已经发生了剧变，数字正在重构广告传播。

在生产端，品牌商面临着棘手境地，品牌的宣传和销售路径变得不可捉摸，在媒体上投放广告，在线上线下平台销售的传统营销手段已经难以取得令人满意的效果。与此同时，随着移动互联网生态的成熟，在当下中国社交媒体的版图中，"两微一抖"（微博、微信、抖音）以近十亿的用户量，渗透进了社会的方方面面，成为大众获取信息、交往沟通、休闲娱乐的主要渠道，"两微一抖"也成为了品牌主进行社会化营销的标配。在这种背景下，企业开始直接下场，借助社交媒体平台，直接与消费者进行沟通。

在媒体端，作为信息发布的窗口的媒体平台也开始借助自身优势，介入到销售环节。互联网经济是一种流量经济，流量变现是互联网产业面临的重要课题，除了利用平台流量投放广告之外，电商也成为了一种较为成熟的变现模式。近年来，媒体跨界电商的商业模式大量涌现，大批媒体平台借助优质内容产生的巨大流量，多年深耕垂直领域带来的品牌公信力、号召力以及在用户大数据上的稳定运营，迅速发展成为电商领域的新生代表，如新京报、京华时报等与阿里巴巴推出"码上淘"业务；钱江晚报推出"钱报有礼"电商网站、微信商城；三联生活周刊推出"松果市集"……从广告渠道到销售渠道，媒体在品牌营销链条上的职能和角色也开始在转变。

在营销端，传统的营销代理商 4A 广告公司，也在积极进行自我革新与转型。中国本土最大的公关代理公司之一的蓝色光标，近年来开始将自己定位为一家在大数据和社交网络时代为企业智慧经营全面赋能的营销科技公司，并且开始不断扩充自己在算法、大数据等方面的人才储备。全球最大的管理咨询公司之一埃森哲收购了近十年来全球风头最盛的创意热店 Droga 5。六大的传媒集团之一的 WPP 也在开始谋求收购初创科技企业，用技术为广告创意赋能。竞争、合作、收购等商业举措在科技企业、营销代理商、管理咨询公司这些原本隶属于不同行业的市场主体间上演。

在全球范围内来看，Google 和 Facebook 是广告市场增长的最主要动力，它们旗下的网络媒体平台已经成为品牌主最青睐的投放平台。在中国，阿里系的阿里妈妈、腾讯系的广点通、字节跳动旗下的巨量引擎等营销平台也成为了这些互联网科技企业重要的收入来源。

从戛纳国际创意节的吉光片羽的变化中也可以清晰地洞见如今营销边界的消弭：2011 年，被誉为广告界的"奥斯卡"的"戛纳国际广告节"正式更名为"戛纳国际创意节"。这昭示出广告越来越成为一门集合了创意、技术、内容等多行业交叉艺术的发展趋势。参与者从传统的代理公司扩大到互联网创业公司、技术公司等,与会者无一例外都在谈论数字化创新和整合,参赛作品中数字化案例占比与日俱增,更多的全场大奖颁给了体验、技术、社交媒体、用户生产内容等案例,营销者的选择变得非常丰富和多元化。

(二)时空限制的消解

过去二十多年间,互联网的飞速发展,重新建构了人类社会与个人生活,数字化社会的特征之一是消解时空,即通过不断突破时空的约束而达成对旧有时空秩序的消融与瓦解,并在这一过程中重构新的时空运行秩序,这也意味着人类生活方式的重构[①]。

其一,时空约束开始被数字化技术所解放。传统的商业模式的运转逻辑是在旧的时空秩序下展开的,传统的消费场景深刻地受到时空约束。比如我们需要购买一件最新上市的新款服装,需要跨越空间的限制,乘坐交通工具前往市中心的商业街;同时也需要受到时间的约束,在其营业时间内进行消费活动。但是在数字化的电商场景下,这些时空限制就被消解了,我们可以在任何时间、任何场景下,通过手机、电脑等数字设备完成商品选择、购买等消费流程。

其二,在传统商业模式中,消费活动会受到时空枯竭的限制。比如无论规模多么庞大的百货商场,其货架空间、商品陈列的数量都是有限制的,从来不存在一个商场能够满足所有消费者的所有需求,这就是空间枯竭。但在数字化的电商平台,如淘宝、京东、亚马逊上,所有的商品都以数字的形式,以一段二进制的代码的形式存放在服务器当中,几乎不存在空间的消耗,因此理论上而言,电商平台的商品数量是无限的。时间枯竭,这是指任何商场都难以做到无限时的营业,也无法在一个时间段内满足所有消费者的需求,特别是在促销活动当中。但是在"双十一"等时段的网络购物中,电商平台确可以通过维护服务器、扩容带宽、提高算力,再提高时间效率,避免时间枯竭。2018年天猫"双十一"消费总额突破2135亿人民币,就很好地说明了数字化网络对于传统营销时空枯竭的突破。

 阅读资料

无界营销之道

"无界",源自于在京东在2017年10月提出的一个营销理念。"无界"简而言之就是在商业发展的催生下,场景无限、货物无边、人企无间……营销的边界也逐渐消

---

① 陈禹安.消解时空:互联网商业的本质与未来[J].销售与市场(评论版),2014(3):22-24.

弭。2018年的京东"6·18"活动前夕,市场突然被一场京东无界6·18联盟的跨界营销引爆。从线下门店,到线上平台,再到铺天盖地的地铁广告,仿佛一夜之间,普天之下的品牌和商家们都喊出了一个口号:"此刻××尽享,××6·18,点燃你的热爱。"京东以"你喜欢的这里都有"和"6·18点燃你的热爱"为这次活动的传播主题,并把它公开分享,成为所有品牌商可以参与的传播主张,使其在这个范式下和自身品牌结合,完成了一次无界营销的传播实战①。

无界营销是基于大数据时代的到来、人工智能的发展、零售业态的革命,提出的一个面向未来的、以用户为中心、以数据为基础的新型营销理论。通过开放、赋能、无界的营销,实现用户、媒体、品牌多方的共赢。在无界营销时代下,京东肩负着零售商的重大担当,与媒体方、品牌方共建 JD BrandEco 营销生态,与消费者和品牌不同规模的需求有机配合,迎接无界营销时代的到来。

三、跨境平台推动全球化购物模式兴起

跨境电商是指分属不同关境的交易主体,通过电子商务平台达成交易,进行电子支付结算,并通过跨境物流送达商品、完成交易的一种国际商业活动。近年来,随着人们生活水平的提高,信息通达、物流便利,使得通过跨境电商购物成为了越来越多消费者的选择。跨境电商的兴起,也为品牌的全球传播提供了最直接的渠道,相较于广告营销活动,跨境电商可以直接让全球的消费者,直接购买使用特定品牌的产品,在消费者对产品的使用和体验中传递品牌信息。对于任何品牌而言,让产品说话,永远是最具说服力的传播方式。

(一)我国跨境电商的发展历程

跨境电商的兴起,最初来自于海淘、代购等个人活动,后在多种因素的刺激下开始了规模化商业化的运营,越来越多的企业开始进入这一领域,并且逐渐取代了海淘和代购,成为跨境商务的主力军。

1. 2007 年之前,探索阶段

跨境电商的探索早在 2007 年以前就已经展开,此时个人代购是最主要的方式。留学生群体成为了跨境电商的第一代探路者。随着海外留学群体的扩大,以留学生为代表的代购开始兴起。随着这种海外代购模式的发展完善,消费者选好商品后,寻求靠谱的代购方,给予一定的代购费,从而完成购买行为。该阶段的关键在于代购人的选择,大多依靠同事、亲戚、同学或朋友等熟人口碑推荐、购买。

---

① 门继鹏.京东:无界营销之道,全面赋能打破营销边界[J].成功营销,2018(Z1):30-31.

2. 2007 年到 2010 年，起步阶段

2007 年，淘宝"全球购"上线，跨境电商进入起步阶段，代购也开始体系化转型。2007 年到 2010 年三年间，市场上相继出现了一些专注于代购的网站。淘宝"全球购"即为这一时期的典型代表。代购市场也在逐渐壮大，代购市场体系日益完善。

3. 2010 年到 2013 年，发展阶段

2010 年中国调整进出境个人邮递物品管理措施，海外代购成本与风险大幅增加，跨境电商结束野蛮生长，进入发展阶段。消费者开始从美国亚马逊、eBay 等国外网站购买商品，一些网站也将商品送抵转运公司的国外地址再转运到国内，海淘模式涌现并发展壮大。2012—2013 年中国跨境电商试点城市全面启动。

4. 2014 年至今，成熟阶段

2014 年国家海关总署发布第 56 号、57 号公告，跨境电商开始迅猛发展。各种利好政策的密集出台，推动跨境电商发展，传统国内电商企业、外贸企业等纷纷涉足跨境电商业务，跨境电商企业数量与规模不断攀升[1]。

(二) 跨境电商的模式

跨境电商由于涉及商品种类繁多，相关企业、品牌多元，以及各种关税、进出口管制政策，因此呈现多元复杂的格局。目前来看，市场主流的跨界电商模式有以下几种。

1. C2C 模式

C2C 模式即消费者直接对接消费者模式。C2C 模式下的跨境电商卖家一般都是有海外采购能力或者跨境贸易能力的小商家或个人，他们会定期或根据消费者订单集中采购特定商品，在收到消费者订单后再通过转运或直邮模式将商品发往中国。C2C 代购平台通过向入驻卖家收取入场费、交易费、增值服务费等获取利润。我们常接触到的微信代购、淘宝海淘商家，以及 Panli 代购等平台，即为 C2C 模式的典型代表。

2. B2C 模式

B2C 模式即企业对消费者的模式。B2C 模式主要分为第三方电商平台和独立电商平台。第三方平台指规模以上的企业可以自主入驻电商平台，对消费者进行交易，主要以 eBay、速卖通等为主要代表。独立电商平台，则是需要平台，也就是品牌方全面参与商品的整个供应链，包括所销售商品的选择、供应商开发与谈判、电商平

---

[1] 张夏恒. 跨境电商类型与运作模式[J]. 中国流通经济, 2017(1): 76-83.

台运营等,并深度介入物流、客服、售后等服务环节,主要以网易考拉、京东海淘、DX、兰亭集势等为代表。

3. B2B 模式

B2B 模式即企业对企业的模式。这一模式单笔交易规模较大,但使用频率不高,主要集中在工业生产流程,以及原材料与大宗商品的交易上,与人们的日常消费关联度不大。

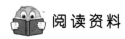 **阅读资料**

阿里巴巴 20 亿美金收购网易考拉 领投网易云音乐①

2019 年 9 月 6 日,网易与阿里巴巴共同宣布达成战略合作。阿里巴巴集团将以 20 亿美元全资收购网易旗下跨境电商平台考拉,天猫进出口事业群总经理刘鹏将兼任考拉 CEO,考拉品牌保持独立运营。此外,阿里巴巴也会领投参与网易云音乐 7 亿美元融资。

近一个月来,网易考拉卖身阿里巴巴的消息频出,但双方都对此缄默。8 月 13 日,多家媒体报道称双方有意达成合并协议。8 月 19 日,丁磊组织了一次内部会议,未明确表达任何态度,导致外界质疑此次收购或会失败。不过,最终丁磊还是把考拉卖了出去。

"丁磊是不会长期烧钱的。过去几年是互联网泡沫时代,很多大公司做了新项目,但最终顺利活下来的不多。在经济环境波动的背景下,网易去年就开始进行内部调整,考拉卖身只是这个大背景下的插曲。"一位接近该交易的知情人士对 AI 财经社如是表示。

据此前咨询公司易观报告,2019 年一季度,天猫国际占中国跨境进口零售电商市场 32.2% 的份额,位列第一;考拉则占 24.8% 的份额,位列第二,是第三名的两倍。收购完成后,天猫国际将稳坐跨境电商的头号交椅。

第二节 数字时代品牌全球化传播的驱动要素

2018 年,中国向全球出口了 2.494 万亿美元的商品,这充分反映了全球市场对于中国企业的重要性。面对经济下行和互联网人口红利下降的双重压力,中国企业必须将目光投向全球市场,在数字化的背景下创新品牌全球化传播模式,驱动中国

---

① 阿里 20 亿美金全资收购网易考拉,领投云音乐 7 亿美元融资[EB/OL].[2019-09-06]. http://finance.sina.com.cn/stock/relnews/us/2019-09-06/doc-iicezueu3792184.shtml.

品牌走向全球,以扩大市场份额,寻求企业新的增长点。

一、数据驱动:品牌触达全球消费者的新路径

2017年英国著名财经期刊《经济学人》刊发封面报道《世界上最有价值的资源不再是石油,而是数据》(The world's most valuable resource is no longer oil, but data),阐述了数据在当今社会生产中的地位,认为数据在未来将会取代石油成为最重要的生产要素。的确,数据对于各行各业而言,其重要性都在日益显现。"数据和技术"也已经成为品牌传播变革的新的核心要素和重构品牌生态的重要驱动力量。在品牌出海的过程中,"数据"也是其原生驱动力之一。

(一)数据+技术+创意:品牌全球化传播模式的数字化转型

近年来,全球处于一个科技爆发的小高潮时期,大数据、AI、物联网、5G、OTT、VR/AR等新技术逐渐应用到各个领域。对于数字营销行业而言,这些新科技正在改变营销的基础,并且带来了新的机会和挑战。

纵观品牌传播发展的进程,其驱动要素在不断演进。报纸、电视等传播媒体曾经是品牌触达消费者的核心渠道,广告内容创意则是品牌与消费者的沟通对话的内容驱动力,媒介+内容构成了传统的品牌传播模式。

而今天,广告行业正处于重重迷雾之中。KOL宣称要取代广告公司,咨询公司不断向广告业渗透,大平台带来了全新的游戏规则……在数字时代,品牌全球传播的创新与变革不同于过往的地方在于,基于大数据的精准广告投放在逐步打造新的品牌传播产业链,数据+技术+创意,构建了品牌传播的新模式。

东京电通第四创意局创意总监志村和广在介绍电通最新的品牌传播案例时提到,他本人非常爱吃金枪鱼,但他发现了一个有趣的社会现象:在日本,金枪鱼是比较昂贵的鱼,可是市面上金枪鱼的质量却参差不齐,人们并不知道如何去评估金枪鱼质感的好坏,而志村和广本着对金枪鱼食物的热爱,特意去日本最大的金枪鱼交易市场做调查。他发现,只有工作10年以上的专业金枪鱼鉴定师才可以准确地分辨鱼的质感,但现状是专业鉴定师并不多,针对此现象,志村和广就主动与双日贸易公司(全球最大的金枪鱼贸易公司)沟通,将双日贸易公司拥有的大量金枪鱼数据与东京电通的创意和AI技术整合,通过AI技术+创意的形式,开发了一款专门识别金枪鱼的App TUNA SCOPE,将上述提到的问题很好地解决[1]。

---

[1] Top Agency. 东京电通,不止是一家广告公司[EB/OL]. [2020-01-14]. https://mp.weixin.qq.com/s/xmFpYZwIESDO69vvEa5RfA.

(二)信息流广告与程序化购买:数据驱动广告投放新业态

广告是伴随着大众媒介的兴起而出现的一种商业服务,随着媒介的变革,广告业态也在随之变化。在传统媒体时代,报刊、广播、电视构成了广告投放的主要平台,媒介资源的购买还是以刊例、竞标为主要形式,每年的央视标王都会吸引无数媒体和企业同行的目光。品牌的国际传播,也与在国内市场的投放模式别无二致。

随着互联网的兴起,媒介环境迎来剧变,传统的投放模式逐渐失效,数字化、智能化的新媒介环境,催生了信息流广告、程序化购买等全新的广告形式与投放模式。

信息流广告即 In-Feed,是原生广告(Native Advertising)的一种,即将品牌推广内容,随着媒介信息的流动插入其中,并融入用户的媒体使用体验中,在内容上提供给用户价值,促进产品与用户之间的关联和共鸣[①]。

信息流广告区别于其他原生广告最显著的特点是基于用户大数据和程序化购买的投放策略。"基于大数据的信息流广告投放"是指依托互联网广告网络及广告交易平台,应用大数据信息检索、受众定向及数据挖掘等技术对目标消费者数据进行实时抓取与分析,针对消费者个性化特征和需求而推送具有高度相关性商业信息的传播与沟通方式[②]。

信息流广告首先出现在国外社交平台,如 Facebook、Twitter 当中,后又被 Instagram 等社交媒体沿用,继而进入中国的社交媒体平台,目前国内的信息流广告平台,以今日头条、新浪微博、微信朋友圈为主要代表。

由中国开发者推出的社交游戏平台 HAGO,上线仅一年已经在印度尼西亚市场积累了 5000 万用户,成为当地游戏行业的主力军,这一成绩的取得离不开 HAGO 与 Twitter 在市场推广上的杰作。Twitter 不仅通过原生广告服务为 HAGO 带来了千万量级的新用户,同时还将 HAGO 打造成游戏平台之外炙手可热的话题,从而为 HAGO 吸引到更多流量,平衡了自然增长用户和推广增长用户之间的比例。2018 年 12 月,HAGO 举办了一场结合 AR 技术的有奖竞赛,基于 Twitter 平台的几大独特优势——年轻化、高参与度的用户群体,简洁的资讯推送,实时、开放的平台内容等,HAGO 选择与 KOL 意见领袖合作确立广告创意,围绕有吸引力的奖品及获奖者的获奖感言,并结合其他素材剪辑成一支 20 秒的短视频。在有奖竞赛上线的 7 天时间里,相关内容在 Twitter 平台上获得累计近 560 万次曝光量,点击率超过 8%。

信息流广告作为一种全新、高效的广告形式,主要通过程序化购买的形式,完成

[①] 徐智,杨莉明.微信朋友圈信息流广告用户参与效果研究[J].国际新闻界,2016(5):119-139.
[②] 鞠宏磊,黄琦翔,王宇婷.大数据精准广告的产业重构效应研究[J].新闻与传播研究,2015,22(8):98-106.

投放与露出。程序化购买作为一种新的广告运作模式,是对传统的人力购买广告资源模式的一次巨大的革命。顾名思义,程序化购买,即通过基于自动化的系统(技术)和数据,自动地执行广告资源购买的流程。程序化购买可以极大地提高广告采买的效率,以及广告投放的精准度,实现在合适的时间、合适的地点,将合适的广告信息传递给合适的人,因此程序化购买目前发展迅速,越来越多的品牌主和广告代理商开始将程序化购买引入到品牌传播实战当中来。

程序化购买的实现通常依赖于需求方平台(Demand Side Platform,DSP)、供应方平台(Supply-Side Platform,SSP)对接广告资源,借助数据管理平台(Data Management Platform,DMP)收集消费者与媒体数据,精准定位目标媒介渠道,并在广告交易平台(Ad Exchange)上,通过实时竞价模式(Real-Time Bidding,RTB)和非实时竞价模式(Non-RTB)两种交易方式完成广告资源采买①。此前,美国运通和宝洁公司宣布,未来将广告预算的100%和75%都通过程序化购买形式进行。

一直以来,广告的程序化购买都是广告营销行业的一个美好愿景,囿于技术与数据瓶颈难以取得突破,但是随着AI技术的发展,彻底摆脱人力,完全智能化的广告购买与传播模式成为可能。在未来通过数据与AI的驱动,品牌在全球化的过程中,将通过各种网络平台,将信息精准地触达全球消费者,真正满足全球不同国家、不同地区消费者的需求。

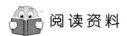
阅读资料

数字营销关键词解读

1. DSP

DSP是服务于广告主投放和管理广告的平台。广告主在DSP上提出相关需求,通过DSP对接广告交易平台,接入符合条件的媒体资源,锁定目标受众,实现广告的精准投放。目前很多品牌主开始试水通过DSP平台来进行广告投放。

2. SSP

SSP是服务于媒体投放和管理广告的平台。媒体即供应商通过SSP实现广告展示控制,包括投放时间、投放频次等。通过余量的补充设置,媒体可以对来自Ad Exchange的广告设置投放的优先级。SSP对于优质的媒体以及媒体的黄金广告位而言,可以接入更多的优质广告客户;对于闲置的媒体资源,可以及时接入其他的广告主,提高媒体的广告收入。

---

① 黄杰.大数据时代程序化购买广告模式研究[J].新闻知识,2015(4):58-60.

3. DMP

DMP是把分散的多方数据进行整合纳入统一的技术平台,并对这些数据进行标准化和细分,让企业可以把这些细分结果推向现有的互动营销环境里。DMP对DSP和SSP都具有重要的意义,通过对受众数据的收集,并对受众进行分析,是实现广告精准化的重要条件之一。

4. Ad Exchange(ADX)

ADX是DSP、SSP发生广告交易的平台,类似于一个交易市场。DSP服务于广告主即需求方,SSP服务于媒体即供应方,最后它们都需要通过Ad Exchange来产生交易,即通过竞价或者非竞价的方式,完成广告资源的购买和销售。

5. RTB

RTB是一种利用第三方技术在数以百万计的网站上针对每一个用户展示行为、进行评估以及出价的竞价技术。当用户访问一个网站时,SSP即向Ad Exchange广告交易平台发送用户访问信号,随后广告位的具体信息则会经过DMP的分析匹配后发送给DSP,DSP将对此进行竞价,价高者会获得这个广告展现机会,并被目标用户看到。从开始竞价到完成投放,这一系列的过程仅需100毫秒,全部依托机器完成。

6. Non-RTB

Non-RTB是对RTB模式的一种补充,在程序化购买广告中是通过私有化购买来完成广告的投放,品牌广告主预先购买了某网站的优质广告位。对于广告主来说,Non-RTB同样能够用程序化购买的方式来管理广告投放,可以通过对广告位中出现的受众进行筛选来完成。当网站访客为非目标受众的时候,广告不展现,当然也就不用支付广告费用,这个从本质上来说,购买的仍然是受众,只不过品牌广告主可以更好地控制投放广告的媒体的质量。Non-RTB满足了很多品牌广告主所投放的广告在锁定目标受众的同时出现在具有知名度的媒体上的愿望。而通过RTB投放的广告,可能出现在一些知名度较低的网站上。

二、场景驱动:数字化场景建构品牌营销生态

得益于移动设备的广泛使用,智能终端及其配套应用生态不断升级,例如以基于位置的服务(Location Based Services,LBS)、物联网(Internet of things,IoT)、数字传感器等技术为驱动的网络服务的落地,大众的日常生活日趋数字化。计算机终端、通信、媒体以及现实生活之间的壁垒被打破,信息实现了无界限流通与分享,人们与网络的连接方式也开始渐渐脱离实体与物理空间的束缚,转而通过数字化、网络化的场景进行连接。

美国资深科技记者罗伯特·斯考伯和谢尔·伊斯雷尔在其合著的《即将到来的场景时代》一书中预言:"大数据时代后,下一个科技大趋势就是场景时代。"数字化场景正在重构我们的商业、媒介、消费、社交的形态,成为品牌全球传播的连接点、触发点与消费点[①]。构建品牌的全球场景生态圈,已进入大企业的国际化传播与发展的实践当中。

数字化场景具有超强的连接性,通过五种技术力量(移动设备、社交媒体、大数据、传感器、定位系统)建构场景,根据人类的需求,将万物互联互通。根据场景的构成,可以将场景分为互联网使用场景与现实生活场景两种类型。

(一)互联网使用场景

在数字时代,互联网使用在大众生活中占据了越来越大的比重,如搜索、浏览、网络游戏、在线社交等使用行为几乎无时无刻不伴随着网民,互联网使用场景成为消费者生活的重要场景。

由 Web 网站(Google、Yahoo、BBS 等搜索引擎、网站或网络论坛)、通信设备(智能手机、可穿戴设备、智能电视等)、社交平台(微博、微信、Facebook、Twitter、Instagram 等)、内容服务、游戏娱乐应用等构成了互联网使用场景,为人们提供了进入娱乐、社交的端口[②]。

基于网民的上网行为,互联网使用场景又可以分为输入场景、搜索场景和浏览场景这三大场景。围绕网民输入信息、搜索信息、获得信息的行为路径,品牌主和广告代理商构建了以"兴趣引导+海量曝光+入口营销"为线索的网络营销新模式。用户在"感兴趣、需要和寻找"时,品牌的营销推广信息适实出现,充分结合了用户的需求和目的,是一种充分满足推广品牌的"海量+精准"需求的营销方式[③]。

(二)现实生活场景

现实生活场景,主要指消费者在日常生活中的所处的各种场景,包括工作、休闲、线下消费、线下休闲娱乐、交通出行等场景。2016 年 12 月 5 日,亚马逊宣布推出革命性线下实体商店 Amazon Go。2018 年 1 月 22 日,位于西雅图的亚马逊首个无人零售店 Amazon Go 正式向公众开放。亚马逊方面表示,消费者可"不用排队,不用结账,没有收银台",从而重塑实体购物场景,为消费打造 Just Walk Out 的购物体

[①] 国秋华,程夏.移动互联时代品牌传播的场景革命[J].安徽大学学报(哲学社会科学版),2019(1):133-137.
[②] 朱建良,王鹏欣,傅智建.场景革命:万物互联时代的商业新格局[M].北京:中国铁道出版社,2016:17.
[③] 企业推广新思路,场景营销受沪企关注[EB/OL].[2013-04-20].https://tech.ifeng.com/internet/detail_2013_04/20/24438628_0.shtml?_114sotuwen.

验。据了解,顾客只需下载 Amazon Go 的 App,在商店入口扫码成功后,便可进入商店开始购物。Amazon Go 的传感器会计算顾客有效的购物行为,并在顾客离开商店后,自动根据顾客的消费情况在亚马逊账户上结账收费。Amazon Go 主要的识别技术叫作 Amazon Rekognition,该技术能够在消费者购物流程中进行一系列不同类型的识别,以判断多种不同的购物场景。通过无线射频识别(RFID)、多传感器融合(包括压力传感、红外传感、荷载感应等)、多摄像头监测、3D 摄像等系统动态监控客户,借助计算机视觉、深度学习和大数据进行完整消费行为分析,从而完成自动扣费。亚马逊通过 Amazon Go 的尝试,向消费者展现了未来数字化购物场景的想象,一种全新的、颠覆性的消费生态展现在了大众面前[1]。

三、体验驱动:体验经济时代的企业全球化战略

对于"果粉"而言,苹果体验店是一个圣殿一样的存在。在这里,用户基本处于一种躺赢状态。除了能体验各种新品,这里还有一个被称为 Family Room 的售后区域,凡是用户搞不定的、嫌麻烦的,都可以找店员帮助完成,比如账户注册、手机设置或数据迁移等。店员还会教用户一些苹果产品的使用小技巧作为附赠[2]。除了在苹果体验店中无微不至的购物体验,在使用苹果系列产品,如 iPhone、iPad、MacBook 等时,iOS 系统和 Mac 系统之间无障碍的同步、苹果全系产品间完美的配合、流畅的系统、直击日常使用痛点的功能设计,会带给用户完美的使用体验,使得苹果的产品让用户爱不释手,其粉丝群忠诚度极高。

苹果公司在打造消费者完美体验上的实践,是其风靡全球的根本所在,也很好地解释为什么在世界范围内,苹果公司都能拥有一大批铁杆拥趸。随着生产力水平的飞跃,体验经济正在成为一股潮流,势不可挡。

20 世纪 70 年代,未来学家托夫勒在《未来的冲击》中写道:几千年人类经济发展的总历史将表现为三个阶段,即产品经济时代、服务经济时代和体验经济时代[3]。在当今社会,特别是欧美、日韩等发达国家和地区,已经进入了生产过剩、产品过剩的阶段,体验经济是人类社会在科技进步带来的生产力跃升的背景下的必然趋势。马斯洛把人的需求分为五个层次,即生理需要、安全需要、社交需要、尊重需要和自我实现需要。消费者对于体验的追求,即对应着在生理、安全、社交、尊重等需要实现后,对自我实现的需要。

---

[1] Amazon Go 终于来了,"拿了就走"的技术是怎么实现的?[EB/OL].[2018-01-22]. https://36kr.com/p/5115188.
[2] 旷世敏.营销研究:产品会死,体验永生[EB/OL].[2019-11-04]. https://36kr.com/p/5262715.
[3] 托夫勒.未来的冲击[M].孟广均,译.北京:中信出版社,1996:20.

体验经济时代是产品与服务的有机结合①。关于"体验"的定义,美国经济学家约瑟夫·派恩和詹姆士·吉尔摩认为:"体验是个人以个性化的方式参与其中的事件。"②体验营销不仅为企业组织的可持续性和全球化传播的发展规定了必须选择的产品战略、服务战略,同时也指明,唯有将二者紧密结合才是在日益激烈的市场竞争中制胜,在世界范围内培育忠实消费者的核心战略。

针对体验经济时代消费需求的变化趋势,企业在国际化进程中,就必须适应体验至上的新规则,制定新的营销与传播战略。

(一)"增加客户体验"的营销理念

在体验经济时代,消费者所购买的,除了产品与服务,更重要的是它们背后带来的消费体验。企业要努力贴近顾客,体会顾客需求与感受,增加顾客在消费过程中的体验,以此带给顾客在心理上的愉悦感,将消费的过程变成美好的回忆。

看着调酒师演示摇壶、量酒、倒酒,听着他将金酒、伏特加、朗姆酒的故事娓娓道来,或者带着复古的一次性胶片相机,以步行的方式穿过上海的原法租界——这不是来自豆瓣的同城活动,也并非哪个兴趣社区的周末聚会,而是 Airbnb 在 2016 年 11 月 22 日正式上线的新业务 Trips(体验)。落地一年后,Airbnb 的 Trips(体验)项目超过 3100 个,覆盖 26 个国家和地区的 40 多个城市。自 2017 年 1 月以来,每周使用"体验"的总人数增长了 20 倍,每次预订的人均消费为 55 美元(约人民币 360 元)。Trips(体验)项目在中国上海落地后,上海的体验活动已由最初的 10 个增加到了 77 个。同期,Airbnb 的季度营收达到了 10 亿美元,营收大涨 50%。Trips(体验)项目的成功,对于 Airbnb 而言,意味着它不再是一个单纯的住宿预订平台,而逐渐发展为一个以餐饮、社交、娱乐等为主体专注旅行体验的趣缘社区,甚至成为一个全服务的旅行生活生态③。

(二)满足、创造消费者的个性化需求

如果说消费者所选择产品或服务,被看作品牌与其自由恋爱的结晶,那么产品或服务就一定要恰好击中消费者内心,满足其个性化需求。每个人都渴望独一无二,独家定制,无论是服装饰品、数码设备,还是娱乐休闲、教育培训,都应该以满足不同消费群体的个性化需求为导向。

试想一个场景,有两双球鞋摆在你的面前,你会更爱哪一双? 左边是耐克普通球鞋,右边是耐克 Sportswear 90/10 系列,耐克只负责一双鞋子设计工作的 90%,消费者自己完

---

① 刘凤军,雷丙寅,王艳霞.体验经济时代的消费需求及营销战略[J].中国工业经济,2002(8):81-86.

② 约瑟夫·派恩,詹姆士·吉尔摩.体验经济[M].毕崇毅,译.北京:机械工业出版社,2001:5.

③ 吴佳健.已上线3000+体验项目的Airbnb,早已不是一个仅能预订民宿的App了[EB/OL].[2017-11-24].https://36kr.com/p/5104447.

成最后的10%,自己在体验店进行浸染、喷绘,鞋带、鞋扣都由消费者挑选搭配。对于绝大多数消费者而言,答案不言而喻。那双充满了自我想象力、参与感,独一无二的球鞋会把人们内心的愉悦推向高潮,以至于多年后,消费者再看到这双鞋,仍会想起当时所倾注的心血。这种难忘的产品体验,使得耐克的球鞋定制服务,至今一席难求①。

(三)突出消费者参与,加强品牌与客户的互动

品牌与消费者之间,不仅仅是卖方与买方之间的关系,对于大多数品牌而言,要想实现基业长青,有赖于培育一批忠实的消费群体,品牌要学会与消费者交朋友。在体验经济时代,企业可以让顾客体验产品、确认价值、促成信赖后,主动贴近产品,成为忠实客户,让企业与客户间、客户与客户间形成互动,让事实说话,让美好的感觉口碑相传②。

丹麦玩具品牌乐高(LEGO),成立至今已有近90年的历史,时至今日,它依然是全球范围内,最受欢迎最具代表性的玩具品牌之一,拥有数量庞大的忠实粉丝群。而乐高的成功,则离不开其对于用户参与感的构建。为了赋予乐高玩家更高的参与感与成就感,乐高公司推出了"乐高专业认证大师(LCP)"称号,这是官方给予乐高玩家的最高评价。获得这个称号的人,往往意味着搭建乐高积木成为了他(她)工作的全部,乐高公司会授予他们使用乐高品牌的权利,由此鼓励他们参与乐高积木的创作,激发长尾效应。

此外,在乐高与麻省理工学院合作开发编程的机器人/建造类玩具Mind Storms NXT项目中,促使机器人执行各种不同动作的软件遭到黑客入侵。在此次系统软件被黑的事件中,乐高采取了对黑客表示友好的态度,随后这些用户与乐高集团合作开发了第二代Mind Storms,因为他们比乐高的工程师更加了解用户对该机器人的要求。乐高一直非常注重将领先用户引入到公司产品的研发当中来,让他们涉足于自己感兴趣的产品的研发,因为乐高相信相较于工程师,深度用户可能更能够理解产品的现实需求。而这促使乐高的每一代产品,一经问世就能引发用户的极大的兴趣与热爱,这也是乐高作为一家玩具企业长盛不衰的秘诀之一。

四、创新驱动:快速迭代满足消费者需求

从世界范围来看,当下,全球技术发展进入高度活跃阶段,各国在高技术领域的竞争空前激烈;在国内,我国正处在转变发展方式,由依赖物质资源消耗驱动,转向依靠科技创新驱动的关键阶段。国际形势与国内现实需求的交汇,凸显了创新驱动发展的关键作用,创新驱动发展战略等决策也已成为我国在顶层设计层面的重大战略部署。

近年来,5G商用正式启动让相关产业链驶入发展快车道,曲面屏、柔性屏的出现促使业界探索下一代移动设备,区块链技术应用已延伸到智能制造、供应链管理、

---

① 旷世敏.营销研究:产品会死,体验永生[EB/OL].[2019-11-04].https://36kr.com/p/5262715.
② 刘凤军,雷丙寅,王艳霞.体验经济时代的消费需求及营销战略[J].中国工业经济,2002(8):77-82.

数字资产交易等多个领域……①科技创新为中国产业升级,中国品牌"走出去"提供了澎湃动能与长效动力。

贾雷德·戴蒙德(Jared Diamond)在《枪炮、病菌与钢铁》一书中指出,人类从狩猎到农业生产的生产变革催生了社会分工,农夫生产足够多的粮食,使得其他人能够从事专业的手工业生产和行政管理。从此,人类摆脱原始束缚,开始进行大规模、专业化的创新活动②。早期人类的创新活动受限于知识积累、信息沟通能力和社会生产力水平,往往表现为某些天才的灵光闪现,是一种无组织、缺乏有效方法支撑的创新。直到工业革命后,人们才逐渐意识到,创新可以带来巨大的财富回报,企业家开始进行有组织的创新活动,使创新活动规模化、制度化③。例如,早期的杜邦公司实验室、西门子公司实验室通过技术突破形成工业化生产能力,从而实现了公司的快速成长④。

自第三次工业革命互联网的大规模普及应用以来,人类社会的创新又进入了新的飞速发展阶段。1965年,英特尔(Intel)创始人戈登·摩尔(Gordon Moore)提出著名的摩尔定律:当价格不变时,集成电路上可容纳的元器件的数目,约每隔18~24个月便会增加一倍,性能也将提升一倍。迄今为止,这种趋势已经持续了超过半个世纪,摩尔定律很好地揭示了数字时代信息技术指数级进步的速度。也正因为如此,中国品牌要想走向世界,真正成为世界级品牌,就必须不断进行科技创新,维持快速迭代,始终走在行业技术发展的前沿,创造并满足全球消费者的需求。

区别于传统的基于长期技术攻关实现的线性创新,在数字时代背景下,技术范式由工业制造、传统PC互联网向信息产业、移动互联网转变,技术换代周期缩短,行业内不断有后来者入局,竞争激烈。激荡的市场环境,给企业创新带来巨大的挑战,过去所确立的技术优势难以持续,不确定性成为常态。芯片、零部件、供应链的不断升级,产品生命周期的缩短,消费者需求的变化莫测,企业对未来和市场难以做出有效计划与预测,这便要求企业以更快的速度、更加灵活的方式进行产品开发与创新。正因为如此,包含了用户参与、快速试错的迭代式创新,成为了数字时代企业发展的必然选择。

那么何为迭代式创新?在数学上,迭代是重复反馈过程的活动,其目的通常是为了逼近所需目标或结果。每一次对过程的重复称为一次"迭代",而每一次迭代得到的结果会作为下一次迭代的初始值。迭代式创新即借鉴了这种数学思想,通过短周期地不断开发、试错,以上次开发的结果反馈为起点再次开始新一轮的产品开发过程(见表6-1)。

---

① 盛玉雷.打造创新驱动新引擎[N].人民日报,2019-12-11(5).
② 贾雷德·戴蒙德.枪炮、病菌与钢铁:人类社会的命运[M].谢延光,译.上海:上海译文出版社,2006:23-25.
③ 陈劲.创新管理及未来展望[J].技术经济,2013(6):1-9.
④ 黄艳,陶秋燕.迭代创新:概念、特征与关键成功因素[J].技术经济,2015(10):24-28.

表 6-1 迭代式创新与传统创新模式的比较①

	渐进式创新	突破式创新	迭代式创新
连续/间断	连续	间断	连续
频率	较高	低	高
速度	较快	慢	快
改变程度	低	高	高
应对不确定性的能力	弱	弱	强

例如,谷歌的开发战略,就是这种"永远 beta(测试)版"的迭代策略:没有完美的软件开发,永远都可以更好,永远在更新或改善功能。谷歌邮箱 Gmail 推出 5 年之后才撤掉 beta 版的字样,成为稳定的服务。在与苹果 iOS 智能手机操作系统的竞争中,后发的谷歌采取了与苹果完全不同的迭代开发战略。谷歌在其操作系统安卓(Android)上采用了开源软件的模式,与多家企业合作生产平板电脑和智能手机。安卓系统从 Android 2.3.3 到 Android 4.0,只有约半年,许多手机都来不及更新换代以支持新版本的操作系统,但 Android 4.1、Android 4.2 紧接而来。这么快的迭代,使谷歌的许多合作厂家应接不暇,不同操作系统之间产生适配问题。但谷歌更新的速度与决心都远超苹果,在合作厂家之间掀起迭代竞争,迫使它们不断更新产品,从而使安卓系统在短期内赶上了苹果 iOS 系统②。

由此可见,迭代式创新特别适用于当今数字时代下竞争激烈、不确定性强的环境,也适合分布在全球的不同企业、不同开发小组之间的合作,其本质是一种高效、并行、全局的开发方法,有利于企业在面对全球竞争中的复杂多变的局势。

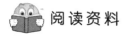阅读资料

微信的迭代创新

腾讯公司是中国最大的互联网综合服务提供商之一,旗下主要产品 QQ、微信在国内拥有海量用户。腾讯微信自 2011 年 1 月 21 日首次推出,截至 2019 年末,每月活跃用户已超过 11 亿人,覆盖 200 多个国家和地区。历时 9 年,微信采用迭代创新方式快速实现了 1.0 版本到 7.0.10 版本的迭代发布,经历了从最初的"能发照片的免费短信""能进行语音对讲的应用",到"抢红包""发朋友圈",再到今天的"微信,是一个生活方式"的发展之路。微信的功能在高频率的迭代更新中,不断丰富完善,成为一个"移动通信、社交、娱乐、金融服务和电子商务的综合平台"。微信的成功展现

---

① 张腾,王迎军.迭代式创新的研究与实践发展[J].现代管理科学,2016(10):100-102.
② 孙黎,杨晓明.迭代创新:网络时代的创新捷径[J].清华管理评论,2014(6):30-37.

了迭代创新的魅力,微信的核心功能不是一次性开发完成的,而是通过多次迭代创新实现了完善和增强,微信的价值定位也由最初的即时通讯工具逐渐扩展为社交、游戏娱乐、金融服务和电子商务领域的应用工具①。

五、价值驱动:宣扬品牌价值理念,积极承担社会责任

据英国《金融时报》报道,2018年在纽约证券交易所和纳斯达克证券交易所,共有33家中国企业上市,创八年来新高。截至2019年末,在美国上市的中国企业已近300家。在海外上市企业的大幅度增长,意味着海外媒体对这些中国企业的关注也将大大增加。

有学者查阅了近年美国《经济学人》(*The Economist*)杂志上的中国公司广告,发现无论是高科技公司(如华为)、银行(如中国建设银行)、航空公司(如海航、南航),还是房地产公司(如万达和绿地),它们的广告投放仍处于产品或服务导向诉求的策略阶段,鲜有品牌价值主张和企业社会责任,看不见建立品牌与消费者情感联系的纽带。

与上述现象形成呼应的是,福布斯2019年全球最具价值品牌100强榜单中,中国企业仅有华为上榜,品牌价值80亿美元,而苹果已经连续第9年夺冠,品牌价值达2055亿美元。这显然与我国目前的国际地位,与我国企业规模体量、营业额不相匹配。

要改变这一状况的战略方向是:中国公司要建立强有力的全球定位战略,塑造品牌形象附加价值,以扭转原本低端的品牌形象,实现价值链升级。而实现这一战略方向的有效手段是:宣扬品牌价值理念,即把价值观内化于品牌概念之中,积极承担企业社会责任,塑造正面的企业形象,使其成为长久性品牌价值主张的来源②。

通过建立品牌价值观、社会责任,培育建立品牌文化,通过文化的涵化力量,培育起企业内部的竞争力,在消费者心中根植对品牌的认同。正如塞缪尔·亨廷顿所说的一样:"如果说我们能从经济发展史学到什么,那就是文化会使局面几乎完全不一样。文化具有的内在价值观能引导群众。"③

(一)品牌价值观:实现与全球消费者共鸣

著名的社会心理学家Schwartz在20世纪90年代提出人类基本价值观理论(Theory of Human Basic Values),指出了人类的三种基本需求,即个人作为生物体的需求、个人对社会交流的需求以及团体需存活和拥有福利的需求,并由此提出了57种价值观条目,它们被归为10种驱动力价值观类型,该10种驱动力价值观被进一步划分为四个大类,即对变化持开放态度、对变化持保守态度、自我提高及自我超

---

① 黄艳,陶秋燕.迭代创新:概念、特征与关键成功因素[J].技术经济,2015(10):24-28.
② 何佳讯,吴漪.品牌价值观——中国品牌全球化定位的新战略[J].清华管理评论,2016(4):30-38.
③ 塞缪尔·亨廷顿,劳伦斯·哈里森.文化的重要作用:价值观如何影响人类的进步[M].程克雄,译.北京:新华出版社,2002:27.

越[①]。对全球20个国家的调查证明,这一人类价值观框架在内容和结构上是稳定成立的,即具有普适性。

品牌价值观是企业在生产、营销实践中不断总结形成的价值观念和始终坚守的价值信念,是企业文化的核心,也是品牌的软实力。品牌价值观作为人类价值观的延伸,也适用于人类基本价值观理论模型,并应从中寻找与品牌基因一致的价值观加以延伸,作为品牌开展产品研发和营销实践的行为准则。

"不作恶"是谷歌的经营理念之一。1999年,谷歌创始人之一阿米特·帕特尔,基于与谷歌商业化进程的担忧,首次提出了"永不作恶"(Do not be evil)的理念,并一直沿用至今。20余年来,"不作恶"的价值观深刻地刻在了谷歌的基因当中,也使得谷歌成长为一家备受尊重的科技企业。

一直以来,中国的互联网企业在高速扩张的同时一直饱受争议,竞价排名、知识产权纠纷,还有字节跳动面临的算法推荐伦理……中国科技企业对价值观的漠视,带来的是不绝于耳的批评的声音,也极大地制约了它们出海的步伐。

2019年5月6日,腾讯董事局主席兼首席执行官马化腾首次在公开场合谈到公司的新愿景和使命:"我们希望'科技向善'成为未来腾讯愿景与使命的一部分。我们相信,科技能够造福人类;人类应该善用科技,避免滥用,杜绝恶用;科技应该努力去解决自身发展带来的社会问题。""科技向善"一词正式走入腾讯的企业价值观当中,这也预示着中国科技企业开始重视在技术背后的伦理与价值问题,从追求创造更好更高的市值和营收,向着为创造更多社会价值转型。

(二)企业社会责任:塑造积极的企业国际形象

企业存在的意义是什么?溢价、获得利润、寻求企业的长远生存……这些都是企业存在和发展的目的,但除此之外,我们继续追寻企业存在的社会意义,对此,管理学家德鲁克曾言:"企业的本质是解决社会问题。"

随着商业环境的不断发展,有些企业进行产品升级、技术革新,也有些企业由单一发展,演变为集团化、多元化品牌构建。之后则是开始构建品牌可持续性与全球化发展。正因为如此,目前市场中有一定规模和影响力的企业开始构建企业社会责任感(CSR)体系,即企业在特定时期通过积极承担慈善责任、伦理责任、法律责任、经济责任,表达品牌的期望,树立积极正面的品牌形象。

美国学者阿尔奇·卡罗尔认为,企业社会责任乃是社会寄希望于企业履行的义务,社会不仅要求企业实现其经济上的使命,还期望企业能遵守法律、承担伦理责任、善行公益。他提出了四层次金字塔模型,即经济责任、法律责任、伦理责任和自

[①] 张扬帆.在中国文化背景下考察斯沃茨人类基本价值观理论[D].上海:上海外国语大学,2008.

主决定履行的慈善责任(见图 6-1)。

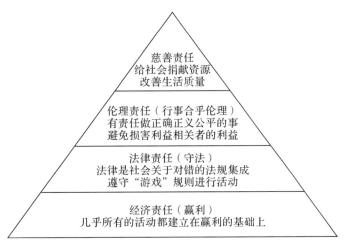

图 6-1　企业社会责任的四层次金字塔模型①

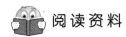 **阅读资料**

沃尔玛和百事公司联合为"爱加餐"项目筹款逾 300 万元

沃尔玛中国与百事公司大中华区宣布 2017 年"你'沃'一起,为爱加餐"公益活动筹集善款已超过 306 万元人民币,创下沃尔玛发起此活动以来的最高纪录。双方将把全部善款捐给中国扶贫基金会"爱加餐"项目,用于改善贫困地区学生的营养状况。这笔善款预计能为 4000 多名贫困地区儿童提供为期一年的"一个鸡蛋+一盒牛奶"营养加餐,并为十余所贫困地区学校捐赠爱心厨房设备②。

2017 年 8 月 17 日至 30 日举办的"你'沃'一起,为爱加餐"公益活动,整合了企业、员工、消费者以及线上和线下公益平台的资源。活动期间,广大消费者通过沃尔玛中国 400 多家购物广场和山姆会员商店踊跃捐款,捐款额超过 95.5 万元人民币,约 23 万多人次参与;沃尔玛配捐及员工捐款超过 104.6 万元人民币;百事公司配捐及员工捐款超过 101.4 万元人民币;腾讯公益线上平台捐款约 5.1 万元人民币。此外,沃尔玛还借助善行者和益行家运动公益平台,鼓励员工和顾客通过行走募款或捐步赢得企业配捐的方式参与公益项目。百事公司的桂格燕麦品牌也参与支持了此次公益活动。2011 年以来,沃尔玛联合供应商及顾客已累计捐出超过 1000 万元人民币用于"爱加餐"项目。

---

①　Archie B. Carroll. The pyramid of corporate social responsi-bility: Toward the moral management of organizational stake-holders[J]. Business Horizons, July/August, 1991, 34(4): 39-48.

②　沃尔玛和百事公司联合为"爱加餐"项目筹款逾 300 万元[EB/OL]. [2017-01-24]. https://www.sohu.com/a/193269093_600124.

沃尔玛中国公司事务高级副总裁石家齐表示:"儿童食品安全与营养是沃尔玛中国企业社会责任战略三大领域之一。通过这项活动,我们利用全国门店及线上渠道,带动供应商、顾客共同关注贫困地区的儿童营养情况,汇聚爱心,切实帮助贫困地区儿童。未来,我们将持续关注儿童食品安全及营养领域,同时从产品选择上更加关注营养健康,开展对儿童、家长及学校的健康宣教,倡导营养膳食的生活方式。"

百事公司大中华区总裁兼首席执行官施博诺(Mike Spanos)表示:"为贫困社区和消费者提供至少 30 亿份营养食品和饮料,是百事公司'2025 可持续发展日程'中的重要承诺之一。两家 500 强企业携手支持公益,实现了 1+1>2 的目标。百事公司在为中国消费者提供多种多样美味和营养产品的同时,将继续回馈中国社会,为改善贫困地区儿童的营养状况做出实实在在的贡献,进一步兑现百事公司'植根中国,服务中国,携手中国'的长期的坚定承诺。"

中国扶贫基金会刘文奎秘书长表示:"扶贫基金会已多次与沃尔玛合作开展'爱加餐'项目。此活动搭建了一个很好的公众筹款平台,沃尔玛和百事公司两家 500 强爱心企业的积极倡导和推动,充分调动了公众参与公益的热情,让'爱加餐'项目能够惠及更多贫困地区的孩子,我们对此高度赞赏和感谢!"

第三节　中国品牌全球化传播的经验

随着改革开放深入推进,中国经济已经与全球市场紧密相连,"走出去"是经济全球化背景下,中国企业实现可持续发展的必然选择。自习近平总书记 2013 年提出"一带一路"倡议以来,中国至欧洲的铁路运输量已增加五倍。古老的丝绸之路在现代焕发新生,通过经贸合作与大规模基建计划,中国正坚定不移地向海外市场拓展,同时激励丝绸之路沿线国家开放口岸、市场,积极地参与到贸易、合作中来①。

然而,尽管交通基础设施的建设、现代通信技术的发展,打破了商品跨国流通的障碍,缩短了国与国之间的距离。但是中国企业和产品在向国际市场拓展的过程中,也受到极大的限制。中国企业必须抓住当下全球化浪潮和"一带一路"倡议所创造的机遇,将自己的故事、声誉和品牌特性传播到新市场,才能在日趋激烈的国际竞争中占据一席之地。

---

① 中国品牌的出海征程 GROW GLOBAL[EB/OL].[2019-05-10]. https://www.useit.com.cn/thread-23260-1-1.html.

一、兼顾国内市场,积极出海

近年来,中国企业掀起了一股"出海"浪潮,在品牌的全球化传播过程中,企业需要充分认识到国内市场的重要性,实施"推"与"拉"相结合的策略。如何在兼顾国内市场的基础上,积极出海,是中国品牌全球化面临的重要课题。

(一)兼顾国内市场

1. 兼顾国内市场的动因——从"全球工厂"到"全球市场"

根据国家发布的2019年一季度经济数据,消费对经济增长的贡献率为65.1%,中国已经拥有了世界上规模最大的中等收入群体。从"全球工厂"到"全球市场",中国庞大的市场正是孕育企业成长的海洋,未来中国经济预计会持续利好发展。但中国企业开启全球化传播不能忽视对国内市场的宣传,在国内市场打下坚实的基础,有利于增强品牌企业在海外市场抗风险的能力。

2. 盘踞国内市场的策略——从全球化视角开展传播

研究发现,即使属于本土品牌,通过全球化形象的塑造,当消费者全球化品牌感知提高时,购买意向会显著增加。随着全球化的发展,具有全球化形象的品牌对消费者来说愈发具有吸引力。塑造品牌的全球化形象,也能够帮助品牌进一步扩大在国内市场的份额。

有别于小米、OPPO等手机品牌,同为国产手机品牌的华为,近年来几乎每年都会将其旗舰产品的首发发布会安排在欧洲国家。对此,华为消费者业务手机第一产品线总裁李小龙表示:"因为华为每一款产品,都是面向全球消费者来定义的,我们希望全球的消费者都能够看到,我们如何去介绍我们的产品。"

近年来,各大手机厂商都在努力往高端市场冲刺,而目前高端智能手机的消费市场主要集中在欧美,此前的华为P系列、Mate系列之所以能够在高端市场获得突破,其在欧洲市场的表现可谓功不可没,一定程度上帮助华为在4000元以上的高端智能手机市场站稳脚跟。

(二)积极出海

1. 强化品牌意识,讲好品牌故事

良好的品牌形象能够帮助企业获得可观的品牌溢价,增强企业国际化竞争的优势。中国品牌在出海的初始阶段需要注重品牌的国际化建设,讲好品牌故事。由于国际上对中国品牌的刻板印象,中国企业要应对一些海外负面舆论对品牌的压力,因此，中国品牌在对外宣传时更应注重品牌的塑造和品牌形象的维持。2015 年 11 月，由阿里巴巴集团创办的"双 11"购物节以 912 亿元的销售额完美收官，但迎来的却是该公司当天在美股市场上股价反跌近两个点的异常态势。当月，《福布斯》杂志甚至推出封面文章《阿里巴巴和他的 40000 个大盗》，将问题直指充斥于其购物平台的假货问题。虽然这则报道充斥着对中国企业的偏见，但也反映出阿里巴巴在快速进驻全球市场的过程中，相应的品牌国际化建设却没有及时跟上企业规模扩大的步伐。

2. 借助海外社交平台，打造"网红"品牌

海外的几大社交平台拥有海量活跃的用户，是品牌进行全球化传播的理想渠道。截至 2019 年中，Facebook 用户数突破 19 亿，Instagram 拥有 7 亿多用户，Twitter 则拥有约 5 亿的用户，这为新兴国际化品牌提供了巨大的发展机遇和一个不可忽视的传播平台。Twitter 通过对网红原创内容的调研指出，品牌销量与 Twitter 平台上的品牌互动数和发推特数呈现正相关关系。通过与 KOL 开展合作，企业可以更为快速地进驻海外市场。

3. 洞察市场需求，积极创新

占据非洲市场第一位的手机品牌是来自中国的传音手机，根据 IDC 发布的非洲手机市场占有率报告，传音系功能手机在非洲拥有 60% 的市场份额。传音深受非洲用户喜爱的原因在于其手机拍照功能的优化，切中用户痛点。此外，传音还根据非洲的基础设施，推出了四卡四待的功能，满足用户的通话需求。洞察市场，根据消费者需求积极创新，正是传音手机成功的重要原因。

4. 与第三方深度合作，互利共赢

近几年，逆全球化和贸易保护主义的抬头，增加了品牌出海的压力。蚂蚁金服通过"技术出海＋当地合作伙伴"的模式，以为目标市场打造本土化的线上支付平台来逐步推动品牌的全球化布局。蚂蚁金服在 2015 年通过对印度 Paytm 的两次注资，成为 Paytm 的第一大股东，并帮助 Paytm 开展大规模扩张，完善服务功能并建立线下支付网络平台。如今 Paytm 已经拥有约 3 亿用户，被称作印度的支付宝，成功跻身全球第四大电子钱包。目前，支付宝的服务覆盖全球 50 多个国家和地区，通过与第三方钱包伙伴合作，服务用户超 10 亿人。因此，品牌在拓展时也应考虑与第三方企业之间的合作关系，以达到互利共赢的效果。

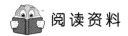
阅读资料

阿里巴巴数字化出海2.0计划①

2019年6月10日,阿里巴巴国际站(Alibaba.com)宣布启动数字化出海2.0计划。

"数字化出海2.0"覆盖了跨境贸易全链路,对阿里国际站在信用担保、支付金融、基础物流和跨境供应链等环节的产品和服务进行了全面数字化升级。其中最核心的是分国家、分行业定向引流,让买卖双方精准匹配。

2018年12月底,阿里国际站推出了数字化出海1.0计划,主要是给中小企业提供基于数字技术的外贸基础设施和商家赋能体系。相比1.0版本,数字化出海2.0计划在定向流量引入、精准流量匹配、低门槛迅速入驻、金融服务支持、服务费用优惠和物流解决方案等方面做了全面升级。

1. 定向流量引入

阿里国际站给客户提供以国家、行业为单位的定向引流。在欧美、中东、东南亚以及非洲等重点国家和8个重点行业实现了广告直通车的定向引流与投放,同时辅以行业小二提供的专项指导,如新兴市场需求、选品建议、出口建议等。

2. 金融服务支持

在金融领域,目前阿里国际站已为中小企业累计放款超过100亿元。在数字化出海1.0版本里,阿里国际站提供了PayLater(买家侧)和超级信用证(卖家侧)服务。2.0版本又专门向卖家推出了缩短退税周期、订单融资、信用额度提升、提前回款等金融服务,大大拓展了中小企业受益阿里普惠金融服务的范围和场景。

3. 物流解决方案

数字化出海1.0计划使中美专线物流时效从半个月提升到7个工作日。数字化出海2.0计划又在上述基础上,拓展了欧洲、中东、东南亚等地商业物流和专线物流,且物流费用降低了10%~15%。同时,还实现了物流订单轨迹的在线可视化。

4. 精细化运营服务

针对中小企业最关心的运营、营销、资金等核心问题,阿里国际站推出了精细化运营服务。以"无忧起航出口通"产品为例,2.0版本在建站、培训和人才服务三方面做了大幅提升,既能让卖家更好更准确地展示自己,又能让买家更清晰地了解产品

---

① 阿里国际站宣布启动数字化出海2.0计划,拓展千亿美元市场[EB/OL].[2019-06-13]. https://supplier.alibaba.com/content/detail/641885.htm?joinSource=zr_seo_other.

属性以及卖家的定制化能力。

阿里国际站是阿里集团全球一站式跨境贸易交易的服务平台。每天有来自全球 200 多个国家和地区的中小企业在平台上进行交易,发生近 30 万笔询盘订单,活跃的海外采购商达 2000 多万。

二、打造优质高端的品牌国际形象

近年来,我国在国际上逐渐树立起了更加突出、更为正面的国家形象,为中国品牌出海搭建了有力跳板。海外消费者对"中国制造"的印象开始发生转变。这固然得益于领先的中国品牌带给他们的良好体验,同时更体现出伴随着中国国际地位的不断提升,以及人们对于中国品牌日益改观的印象。

但是不可忽视的是,相较于传统欧美日等发达国家的品牌在国际消费者心中根深蒂固的高端、优质的形象,中国品牌和产品在世界各地的受欢迎情况参差不齐,与之相比仍然存在相当大的距离。中国企业的品牌竞争力,及其所带来的品牌溢价,也远远不及苹果、索尼等发达国家品牌。

当前,中国品牌的全球化,正面临着从"走出去"到"走上去"的转型,如何转变消费者对中国品牌的消极认知就成为了一项艰巨的任务。贝尔的品牌形象模型从企业形象、使用者形象、产品/服务形象三个角度,指明了中国品牌如何全方位地打造优质高端的国际形象之路。

(一) 企业形象

1. 吸纳全球优秀品牌基因,提升品牌领导力

在品牌对外传播的过程中,需要构建独特的品牌精神文化价值,积极承担社会责任,争取海外公众的情感认同与行为支持。

中石油作为一家巨型国有化工企业,在积极出海、参与海外项目建设的过程中,积极承担起环保责任。在厄瓜多尔安第斯项目中,中石油建立综合环保处理中心,将生产过程中产生的垃圾进行分类处理,尽力让开采活动对当地生态环境的影响降到最低。中石油积极承担起环保的责任,一改化工企业高污染的负面形象,赢得了当地政府和群众的认同,树立了良好的品牌国际形象。

伟大的品牌一定有伟大的品牌精神。阿迪达斯秉承 impossible is nothing 的口号,展现出一种勇于挑战、不断进取的精神。苹果的品牌主张 think different,体现了人类普世情怀中的创新。华为在 P30 系列发布前夕,推出 rewrite the rule 的广告口号,体现出敢于挑战、引领未来的精神,以挑战者和下一代的引领者的形象获得了海内外消费者的支持。

2. 整合国家、城市优质元素，打破认知偏见，树立品牌差异

华为在全球化的道路中，摸索了一条"先国家，后企业"的道路。在大型商业合作项目中，华为会主动邀请合作伙伴先去参观北京、上海、深圳等一线城市，然后再实地考察华为的研发基地和产品。事实证明，这套流程在打破国际企业对中国企业传统偏见的问题上十分见效，大多数企业都会在参观之后的一到两年内与华为签约。

如同可口可乐、福特成为西方文化的象征，中国品牌同样可以从中国优秀的历史文化中汲取养分，获得区别于西方品牌的品牌价值观。据《中国国家形象全球调查报告2015》显示，海外消费者对中国的印象是"一个历史悠久、充满魅力的东方大国"。中国品牌也可以借助中国优质的价值思想文化，塑造差异化的品牌形象。

3. 借助社交网络渠道，实现弯道超车

新媒体的发展让中国品牌有了更多展示的机会与平台，尤其是社交媒体的发展和传播特点为中国品牌的全球化传播提供了弯道超车的机遇。在2019年中国出海50强的名单中，有超过30个品牌选择在YouTube上进行广告投放。例如，无人机研发生产商大疆创新通过在YouTube上投放广告，全球范围内的用户对品牌的兴趣提升了17.3%，投资回报率是之前的2.5倍强。大疆无人机成为许多国家孩子喜爱的圣诞礼物，这也离不开大疆借助社交网络渠道积极进行推广的实践。

(二) 使用者形象

1. 全球代言人策略

在流量时代，品牌往往借助有全球影响力的KOL为品牌进行代言，吸引粉丝群体，从而迅速打响品牌知名度。李宁在进军国际篮球鞋市场的道路中，投入巨资签约著名球星韦德，并围绕着韦德打造了品牌高端系列产品"韦德之道"。通过"韦德之道"，李宁吸引了大量的篮球迷、潮流运动爱好者，成功使李宁球鞋出现在欧美青少年运动的球场上，冲击了一直以来被阿迪达斯、耐克等品牌垄断的全球篮球鞋市场，推动了"李宁"向国际化转型，助力其成长为一个全球性的品牌。

2. 讲好消费者的故事

消费是大众建立自我认同的重要途径，人类的大脑也更喜欢以叙事的方式记忆、存储和检索信息。向大众讲述消费者的故事，传递产品背后的价值属性与生活方式，能够使潜在消费者迅速对产品做出自我评价，从而建立起对产品及品牌的认同。数字市场的核心力量已逐渐从品牌本身转移到由品牌和消费者形成的结合体上。研究发现，记录并分享消费者心中与品牌有关的正面故事是一种非常有效的网络营销策略。由消费者创作的故事,以及由消费者与公司联合制作的内容都有着巨大的影响力,比公司自己创作的内容威力更大。

2017年,宝马公司以BMWstories作为话题标签开启了一次新的社媒营销活动,把消费者的故事发布在网站和一系列社交媒体平台上,包括Twitter、YouTube、Instagram和Facebook等。同时,宝马也开展了电视媒体营销,把活动取名为"世上有成百上千万宝马的故事,你的是什么"。宝马一旦发现了有趣的故事,就会派出团队拍摄高质量的视频,再通过品牌的社媒渠道发布出来。借助讲述宝马车主的故事,进而打动更多即将购车的潜在消费群体。

(三)产品/服务形象

1. 聚焦高端市场,打造中国"智造"

2018年1月,当代中国与世界研究院发布《中国国家形象全球调查报告2016—2017》,报告显示,在阻碍全球消费者购买中国品牌的因素调查中,产品质量问题以高达63%的比率排名第一。由此可见,中国品牌想要打造优质高端的品牌形象,首先是提供高质量的产品,聚焦高端市场,以此打破传统的对中国制造的偏见。

日本人有着悠久的食用稻米油的传统,日本本土市场也有众多稻米油的品牌,但是金龙鱼却在一年半的时间征服了日本市场,击败日本本土品牌,其关键因素在于它能够为市场提供远超本土产品的高质量产品。金龙鱼投入整整10年的研发时间,攻克世界技术难题,研发出谷维素、植物甾醇平均含量达到10000ppm的"双一万"稻米油,营养含量是日本市面上稻米油的3~5倍。在2016年的日本国际稻米油大会上金龙鱼击败日本本土品牌,拿下了唯一的国际品质大奖。金龙鱼过硬的品质使其轻松赢得了日本主妇的心,越来越多的高档餐厅也在使用金龙鱼稻米油为顾客提供更为营养的食物。

2. 提供高质量的个性化服务

除了高品质的产品之外,提供高质量的个性化服务也是中国"智造"走向世界的关键。海尔在世界各地拥有28个研发机构,可以根据各个市场的不同研发定制化、个性化的产品。海尔服务实现24小时响应,为顾客提供完善的、高质量的售前和售后服务,使得全球消费者能够全方位、全时段地享受海尔服务,这也是其成功赢得国际市场青睐重要原因。

三、"全球化""本土化"和"民族性"的平衡

肯德基是全球著名的快餐品牌,在全球30多个国家和地区使用统一的视觉标示系统,必备的薯条、汉堡带有鲜明的美国特色,但同时肯德基又会根据不同国家和

地区的文化差异,推出本土化的特色产品。

在中国,肯德基推出安心油条、皮蛋瘦肉粥,适应中国人的早餐需求;在俄罗斯,肯德基则推出了夹有生牛肉的汉堡;在印度,肯德基则几乎在每一种食物上都加了咖喱。肯德基在品牌全球化的过程中,很好地处理了"全球化""本土化"和"民族性"的关系,找到了一个合适的平衡点。而这正是中国企业在"出海"过程中,必须重视的问题,一方面中国品牌需要坚守自身的国家与民族特色,避免在国际化的探索中迷失自我,另一方面,又应该在满足复杂多样的全球化市场的同时,积极融入不同国家的文化,适应当地消费者的需求。

(一)核心理念:全球化

全球化是指品牌在国际化传播过程中,需要在品牌定位和品牌战略等宏观和整体上保持一致性。在核心理念方面要找到人类文化共性的一面,减少文化差异带来的冲突。实现全球化的重要手段是构建普世价值观,以寻求认同。所谓普世价值观,顾名思义,就是普遍适用的价值观,它具有超越民族、种族、国界和信仰的特征,是全人类共同拥有的价值观。普世价值观一般能涵盖人类的一些共性诉求。例如,功能饮料品牌红牛的全球化传播核心理念就是"鼓励大众不断挑战极限",这与当今人类不断冲击前沿科技,试图突破各种限制,追寻更美好的生活的追求相一致。

(二)执行手段:本土化

本土化是指在品牌传播过程中要尊重和贴近当地的文化,进行本土化个性化的表达。本土化的执行手段目的是拉近品牌与消费者之间的距离,通过对本土市场和文化的洞察,做富有个性的贴近目标群体生活的广告,引发消费者的情感共鸣,进而让消费者成为品牌的"自来水",引起信息的裂变传播。

电影《毒液》在中国市场宣传时推出了一支带有浓浓"居委会"风格的公益广告片,在TVC中毒液化身为安全的守护者,提醒大家要安全驾驶,遵守交通规则,这种正能量满满的广告让大众感受到了极大的"反差萌",纷纷转发这只独特的"居委会"广告。《神奇动物:格林德沃之罪》的宣传海报融入了《山海经》元素,这些神奇动物在中国画中宛若上古的神兽,勾起了消费者对电影的兴趣。作为"变形金刚"中最受欢迎的角色之一,大黄蜂陪伴了90后的童年,电影《大黄蜂》的海报中,大黄蜂与一群红领巾少年在一起学习和玩耍,顿时激起了中国消费者童年的回忆,引起情感共鸣,拉近了美国影片《大黄蜂》与中国消费者之间的距离。这样一些本土化的广告策略,在引发受众共鸣的同时,也拉近了品牌与消费者之间的距离,达到绝佳的品牌传播效果。

(三)品牌个性:民族性

民族性是指品牌带有母国文化个性,区别于其他国家和地区品牌的一面。消费者喜欢体验不同的文化,因此,带有民族性的品牌能够为消费者提供不同于本国文化的体验,体现品牌的差异性,与本土品牌进行区隔。

无印良品是日本第一大杂货品牌,1991年开始进入海外市场,2005年左右迎来了其海外市场的快速增长。在品牌传播过程中,无印良品坚持其朴素自然的美学特征,且带有日本禅宗美学的文化印记,其简朴自然、带有生活哲学意味的民族化设计体现了无印良品的独特个性,同时得到了全球文化的认同。

与此相对的是,Shimp和Sharma首次提出"消费者民族中心主义"。该主义认为消费者会偏袒国货或抗拒外国货。"消费者民族中心主义"为品牌带来了双面的影响:一方面,品牌可以借助"民族性"来"抵御"外来品牌对本土市场的占领,例如近年来流行的"国潮复兴",以及"支持国货"的购物方式。另一方面,在品牌向海外市场扩张的过程中,也会遭受相对的"抵御"。品牌也需要提前制定应对策略。海尔为了进驻美国市场,减轻美国的"消费者民族中心主义"对中国产品的抵触心理,于1999年4月在美国南卡罗来纳州建立了美国海尔工业园,获得了"MADE IN USA"的标志,同时通过与美国体育明星合作的方式极大地消除了美国消费者对海尔"外来者"形象的选择障碍。

 **阅读资料**

抖音的全球本土化探索

TikTok,即抖音短视频国际版。抖音进军国际市场,迅速在海外年轻人中掀起热潮。抖音短视频已经成为中国互联网公司在海外获得成功的杰出代表,其运作被视为中国移动产品出海的新模式。在全球范围内,TikTok是2019年第一季度安装数量第三多的通信应用,仅次于WhatsApp和Facebook Messenger这两款通信应用。在印度、越南、泰国等地,TikTok多次登顶Google Play与App Store应用排行榜榜首。

抖音全球化战略的核心是技术出海,为全球用户提供统一的产品体验,同时,针对不同市场采取符合当地需求的本土化运营策略。在越南市场,抖音国际版TikTok已经成为一股不可小视的力量,在当地拥有1200万活跃用户,并通过一系列成功的本土化营销活动不断取得飞跃。本土化活动已经成为TikTok在越南所实施战略的重要组成部分。抖音通过与越南旅游局合作开展旅游主题活动"你好,越南",以简短有趣的移动端内容提升当地形象,吸引游客,取得了巨大的成功。知名度颇高的越南中部沿海城市岘港被选为活动的首批城市。"你好,越南"和"你好,岘港"吸引了超过1.53万段短视频产出,并创造了超1.5亿次点击量。

2019年7月份,越南越捷电信通过一名歌手和一名足球运动员的舞蹈发起了一场音乐营销活动。随后,TikTok的越南用户参加了一场模仿舞蹈节奏的比赛,并在平台上发布视频。在10天内,这些视频总共为电信公司带来了超过4580万的点击量。越南当地广告公司代表表示,TikTok将有望成为越南企业提高品牌知名度和目标客户的"沃土"①。

 本章小结

伴随着通信技术、移动互联网的飞速发展,数字时代来临;同时全球化进程也迈向了新的发展阶段——全球化4.0。本章分析了新的商业与营销环境,即传统的物质边界与时空壁垒被打破,电子商务、全球化购物模式兴起,并在此基础上提出,中国品牌走向全球,亟待从数据、场景、体验、创新、价值五个方面激发驱动力,促进品牌的全面转型升级。此外,通过归纳华为、阿里巴巴、联想、海尔等民族企业的全球化扩展经验,总结出中国品牌全球化的几点经验:兼顾国际、国内两个市场,提升品牌的国际形象,并在全球化、本土化、民族性三者之间保持平衡。如今,中国正处在经济转型发展、产业结构升级的关键阶段,积极融入数字时代,打造世界级的知名品牌,这将是中国企业在未来很长一段时间内,实现可持续发展、价值飞跃的关键道路。

 思考题

1. 梳理全球化发展的历史,简述品牌与历次全球化浪潮间存在何种关系。
2. 美国、欧洲的跨境电商品牌是如何运作的,采用了怎样的商业模式?
3. "数据"在品牌出海中扮演了什么角色?
4. 驱动品牌全球化传播的有哪些要素,各要素间构成了怎样的关系?
5. 选取一个成功的中国品牌出海案例,并分析其发展历程。

---

① 网易科技. TikTok越南活跃用户超1200万,本地化营销效果明显[EB/OL].[2019-8-16],http://www.thecover.cn/news/2493531.

第七章
数字时代品牌的叙事传播

第七章　数字时代品牌的叙事传播

> **学习目标**
>
> 1. 理解品牌叙事的内涵和作用，学习数字时代品牌叙事的特点。
> 2. 理解品牌叙事社群化的内涵，掌握品牌叙事社群化策略。
> 3. 理解品牌叙事本土化的内涵，掌握品牌叙事本土化策略。
> 4. 学习纪实影像在品牌叙事中的真实性运用。

美国品牌战略专家劳伦斯·维森特认为，品牌利用品牌叙事传达一种世界观，即一系列超越商品使用功能和认知产品特征的神圣理念。品牌叙事以存在主义的纽带形式把消费者和品牌联系起来，它是品牌力量的基础和源泉。数字时代品牌叙事传播策略对企业来讲又有不一样的解读。

第一节　品牌叙事的独特性

身处数字时代，科技水平快速发展带来丰富的媒介资源，品牌竞争也越来越激烈，企业创建品牌时准确有效地传递信息、快速获得受众的注意力以实现有效传播是企业品牌关注的重点。但行之有效的方法有限，其中故事特有的传奇性、曲折性、冲突性、戏剧性、传播性、传承性，使其成为抢占人心最有效、最持久的工具[①]，讲述品牌故事是塑造品牌和提升品牌价值的有效手段和途径。

一、品牌叙事的概念

（一）品牌叙事的内涵

维森特认为，叙事是叙述者带着既有观点讲故事的过程，故事主题就是叙事者所持有的观点[②]。而故事是主题的载体，主题是叙事的脉络，故事中的人、物、事等围绕主题展开。故许多学者持"叙事就是讲故事"的观点[③]。

那什么是品牌叙事呢？品牌叙事，从字面来看是"讲述品牌故事"的意思，是叙事理论引入到品牌传播领域后产生的一种新的品牌营销和塑造策略。国内主流的"品牌叙事"概念界定有两种：一是"狭义品牌叙事"，是指通过相关宣传资料提供给目标受众的品牌背景文化、品牌价值理念及产品利益诉求等方面的内容。二是"广

---

① 彭传新.品牌叙事理论研究：品牌故事的建构和传播[D].武汉：武汉大学，2011.
② 劳伦斯·维森特.传奇品牌：诠释叙事魅力，打造致胜市场战略[M].钱勇，张超群，译.杭州：浙江人民出版社，2004：21.
③ 余来辉.品牌叙事主题建构及传播研究[D].苏州：苏州大学，2009.

义品牌叙事",是指通过品牌的宣传资料、媒体发布的广告和新闻公关活动,以及品牌与相关社会文化现象相融合的文化传播活动中透射出来的品牌内涵,它是品牌背景文化、价值理念,以及产品利益诉求点的形象化生动体现①。

品牌的叙事策略不仅能提供一个情感切入点,加深品牌与消费者之间的联结,也能提升品牌价值,传递品牌的核心理念,进而巧妙地传递品牌信息,增进目标受众对品牌的识别和认可。品牌叙事的核心在于故事本体,品牌所讲述的故事需要在契合自身品牌核心价值理念的基础上,标榜自身独特性,引发目标受众的认可和共鸣。

"开着特斯拉,驶进未来。"美国电动汽车品牌特斯拉(见图7-1)的品牌叙事是关于一个既酷炫又疯狂的科学家,他在建造很棒的机器同时,也能够很酷地推翻所有人既定的说法。这个叙事是关于一个英雄般的人物尝试着去逆转之前世世代代的人们对环境造成的破坏,把实用性、环境主义和工程学都包含其中,强调特斯拉电动汽车的环保和强大。特斯拉在进行品牌叙事时不仅关乎电动车的未来,更是关于人类取得进步的需要。它的叙事主题既有消费者在童年时对探索未知的渴求,也有成年时想要打破局限的冲动。它的品牌核心价值理念准确抓住了人们的想象力,抓住了希望和可能性,将消费者与一种特定的未来联系在一起,在这个未来消费者会成为更理想的自己②。

图 7-1　特斯拉电动汽车

---

① 侯微,李亚骏.品牌叙事及其建构中的秩序[J].品牌研究,2016(5):55-56.
② 如何挖掘好的"品牌叙事"? 以特斯拉等公司为例[EB/OL].[2017-10-17]. https://36kr.com/p/5097509?clicktime=1575715216.

(二)品牌叙事要素

一部完美的品牌叙事,总是将情节、人物、主题和美感四要素完美地融为一体。

1. 结构缜密的故事情节

好的情节会让故事前因后果关系明确,增强品牌叙事的逻辑性。成功的品牌往往通过赋予品牌经历一个有序的、紧凑的、稳固的故事结构,而对消费者展开个性化的叙事。结构缜密并自然流畅的品牌叙事,会吸引目标受众的注意力,打动目标受众并使其产生精神意识上的共鸣,让品牌焕发出无穷的生命力。

2. 令目标受众认可和共鸣的人物

好的品牌叙事大部分会通过品牌代表人物的个性表现出品牌风格和个性。企业在设计品牌叙事中的人物时,既要从品牌背景和产品类别方面进行考量,也要紧密结合品牌的价值取向和发展方向,使彼此融为一体,互为表里,这样的故事人物才有最大可能得到目标受众的认可和共鸣。例如,我国老字号奶类糖果大白兔奶糖的标志物是跳跃状的白兔,与产品白色的外观和有嚼劲的特点结合一起,令人影响深刻;快餐企业肯德基的山姆大叔,带给人"美国式"文化的温馨的感官视觉体验,达到令人过目不忘的效果。

3. 体现品牌核心价值理念的主题

主题是影视、戏剧、小说的灵魂,同样也是品牌叙事的灵魂。好的品牌叙事主题体现了品牌思想和理念,突出品牌和产品的定位和特性,迎合了消费者的消费心理。例如:玫琳凯品牌叙事的主题是"你要别人怎样对待你,你也要怎样对待别人";百雀羚品牌叙事主题是"中国传奇,东方之美";悦诗风吟 Mamonde 梦妆的叙事主题是"繁花盛开的生命力"。正因为这些主题反映了品牌的核心价值理念,恰到好处地迎合了女性心理,所以俘获了众多爱美女性的心,使品牌历久弥新,成为广受欢迎的品牌。

4. 带给人心灵愉悦的感官享受

美的东西总能给人留下难以忘怀的深刻影响,品牌叙事过程中不仅要依靠文字和图像,还要利用美的元素对目标受众感官产生最敏锐的刺激以激活个性化叙事,比如在特仑苏品牌叙事广告中出现的原产地新西兰绿色干净的色彩和优美的音乐旋律,可让消费者轻松接受优质奶源的品牌形象。

品牌故事的构成要素主要包括以上内容,但不限于此,不同类别的品牌,会基于品牌调性的不同,使得品牌叙事的要素呈现出差异化。

(三)品牌叙事的表现主题

品牌因其背景、行业类别,以及品牌持有人经营理念和策略的差异,品牌叙事的表现主题也会有所差异。但无论采取何种表现形式，关键是要完美地传递品牌核心价值，成功塑造品牌。这里基于学者袁绍根提出的品牌叙事的表现形式论述四种表现主题[①]。

1. 以品牌创始人为叙事主题

从品牌创立背景和创立者故事入手，讲述品牌背后的一系列传奇故事，是品牌叙事常见的叙事主题之一。首先要学会精彩讲述企业创立的背景故事。通过回忆品牌发展过程中的历史故事，并加以文学加工，在展现品牌深厚底蕴的同时，表现品牌自身的独特魅力。除此之外，创始人自身的传奇故事非常有利于让品牌依托传奇式人物进入人们心扉，给人启迪，催人奋进，并因对这些传奇式人物的偏爱，爱屋及乌，对其所创立和拥有的品牌产品情有独钟。例如，纪梵希的创立者出身于艺术世家，对于时尚与艺术也有着自己独到的见解。他进驻时尚圈后与奥黛丽·赫本的时尚品位不谋而合，二人互相欣赏，有着长达44年的友谊，而其品牌理念传达的是时尚、优雅和守护。由此可见，以品牌创始人为叙述主体的品牌叙事不仅展现了品牌创始者自身的形象，也是品牌形象的代表。

2. 以虚拟人物形象为叙事主题

这类叙事主题是指通过虚拟人物或者神话传说，可以拓展受众丰富奇妙的想象空间，延伸空间大，且给人以雄奇诡秘的神秘感，引起人们的好奇和注意。除此之外，采用一些具有反差的虚拟形象作为切入点，也能够达到意想不到的效果。例如，2017年小米推出的首款新机红米Note4X，通过与二次元虚拟偶像初音未来合作出售定制版，走二次元路线来实施面向年轻人群体的品牌营销推广，该款手机应援的用户在B站上达到了百万以上。

3. 以地域环境差异为叙事主题

在美容化妆、食品生产等行业，产品原料产地以及使用水质、制作工艺的不同，会带来迥然不同的使用效果和品位感受。许多品牌经营者抓住这一点，通过对优美的自然风貌、地理环境、自然水源以及人文景观的描述，带给目标受众纯净自然的卓越品质感受。例如，农夫山泉在叙事过程中把长白山自然风景和水源采取等一一铺展在消费者面前，展现其"大自然的搬运工"的独特形象，使其干净、安全和健康的品牌形象深入人心。

4. 以产品功能特点为叙事主题

该类叙述主题旨在重点突显品牌独特的产品优势，以引起目标受众的兴趣和注

---

① 袁绍根.品牌叙事:提升品牌价值的有效途径[J].日用化学品科学,2005(7):25-30.

意,达到广泛传播和带动营销的目的。例如,在宝洁公司推出的系列日化产品中,舒肤佳承诺杀菌的产品特性,广告立意是维护家庭健康,引起消费者守护家人健康的情感共鸣而广受欢迎;海飞丝洗发水则主打去屑特点,打动消费者有头皮屑的"痛点",而使得消费者对该品牌印象深刻。

二、品牌叙事的作用

品牌叙事作为品牌的外在表现形式,它巧妙地将品牌所要表达的品牌背景、品牌核心价值理念和品牌情感与故事连接起来,使品牌产品与消费者的价值观、人生观、世界观发生联系,形成有效沟通,提高消费者的产品体验、认可度和忠诚度。根据诸多学者的研究和总结,品牌叙事的作用有以下四点[①]:

(一)有利于企业的品牌定位

构建一个有个性的、有温度的品牌故事需要品牌企业在产品、客户的定位和传播上立意创新。成功的品牌故事会让企业明白自身产品定位和目标受众所在,在传播过程中精准的目标投放也能让消费者轻松地记住企业的品牌定位[②]。

(二)充分体现品牌的核心价值理念

品牌核心价值理念是品牌带给消费者利益的根本所在。品牌叙事就是通过形象化、通俗化的语言和形式,将之精炼地传递给目标受众。例如,雅诗兰黛的品牌核心理念是"没有丑陋的女人,只有不关心或者不相信自己魅力的女人",充分抓住女性消费者的爱美心理,承诺产品会带给女性变美的机会和魅力。

(三)增强与消费者的情感交流与共鸣

品牌叙事通过娓娓道来、形象生动的故事讲述,消除目标受众对品牌的陌生感和隔阂感,增进与目标受众的情感交流,实现品牌与目标受众的心灵共鸣。中外许多知名度和美誉度高的品牌,往往很重视品牌的广告宣传和文化传播,通过媒体广告、参与社会赞助与公益事业,以及新闻公关等一系列活动,增加品牌与社会和目标受众的近距离亲密接触。久而久之,良好的品牌形象和以使用该品牌产品为荣的品牌效应就会在人们心目中形成。

(四)形象地传递品牌信息

品牌叙事可以通过传播渠道传递品牌的相关信息。现代社会科技飞速发展,人们接受信息的渠道与方式非常广泛,广告信息在各大媒介平台泛滥,引发了人们的

---

① 袁绍根.品牌叙事:提升品牌价值的有效途径[J].日用化学品科学,2005(7):25-30.
② 彭传新.品牌叙事理论研究:品牌故事的建构和传播[D].武汉:武汉大学,2011.

抵触心理。而品牌叙事更多是以一种经过精美包装的形象化形式，将所要传递的品牌背景、品牌价值理念和产品利益诉求点等品牌信息，诉诸人们的视觉感官，使人们在潜移默化中接受品牌提供的信息，增进目标受众对品牌的识别和认可。

三、品牌叙事的特点

在数字时代，品牌叙事的特点整体呈现讲述故事媒介使用多元化、传播渠道多样化与线上线下联动、故事构建交互化、数字技术应用普及化。这其中具体涉及运用 3D 技术（3 Dimensions）、VR 技术（Virtual Reality）、AR 技术（Augmented Reality）、3S 技术（Remote Sensing，Geographical Information System，and Global Positioning System）等多种现代高科技手段，可以实现故事数字化叙述，带来与传统不同的体验。

（一）媒介使用多元化

随着互联网和信息科技的高速发展，不断有新媒介出现，越来越多元的媒介给企业在讲述品牌故事时提供了更多的发展方向，有利于增强品牌叙事的更多可视化和体验化，提高主体之间的互动。例如，宜家旗下的 Space10 积极布局 AR 应用，通过呈现数字化家居，来改变用户传统的购买体验。2017 年 6 月，苹果公司在 iOS 11 中推出了 ARKit 功能，它通过摄像头对现实环境进行扫描识别，利用 SLAM 进行精准的即时定位与建图，实现虚拟物体与现实世界的融合。而宜家 Space10 团队在 ARKit 发布后历时 9 周并发出名为 IKEA Place 的 AR 应用，每当宜家有新品上市时，其 AR 应用程序也会同步上线相关的产品模型。IKEA Place 有超过 2000 个数字渲染的沙发、咖啡桌和扶手椅等家具，通过 ARKit 功能会自动扫描环境，并根据房间尺寸调整 3D 模型的大小，据称精确度可达 98%。依托 AR 功能，用户可以更加便捷地设计自身的空间，实现在家中就可以为挑选的家具选好放置的位置。宜家家居与苹果利用 AR 技术的交互合作，变革了消费者传统的购物体验[①]。

（二）传播渠道多样化与线上线下联动

随着消费者媒介接触的多样化、碎片化，单一的媒介投放很难实现对目标消费者的全面覆盖、有效影响。线上线下的联合投放成为快消品牌叙事时进行媒介投放的主流方式。快消行业代表康师傅在线上借助美食 KOL 的公信力制造信任场景，引导用户在微博、小红书等平台进行讨论，助推康师傅"茶参厅"柠檬茶的口碑在社交平台完成裂变。在线下，康师傅选择占据社区梯媒主导地位的新潮传媒公司进行

---

① 宜家家居：不做平台，走一条截然不同的智能化之路[EB/OL].[2018-10-16]. http://www.smartcn.cn/158079.html.

投放,通过新潮传媒覆盖2亿家庭人群的70万部电梯电视,制造电梯场景精准锁定目标消费人群,扩大影响受众范围,强化品牌认知,真正实现康师傅"茶参厅"从小范围粉丝圈层到大众消费者的"产品出圈"。通过"线上KOL+线下新潮电梯电视"的线上线下一体化营销传播,康师傅新品"茶参厅"得以快速进入消费者视野,打造柠檬茶领域的领先品牌①。

(三)故事构建交互化

在移动互联网的浪潮下和以用户为中心的思维下,交互即参与对象的交流和互动越来越被重视。品牌依托平台的交互化和社交化特性让消费者更容易接触到品牌信息,双方在互动中会带来更多的品牌故事,并将其重新建构和传播。

"味全每日C"在进行品牌叙事时,将场景、情感、互动都连接在一起,带动用户感官或行动上的互动,带给用户体验品牌故事最佳的方式。最初,"味全每日C"的瓶身印了很多句与生活场景相关的标语。通过生活中多种多样的场景,配上相应的文案来强化用户要喝果汁的行为印象。而后,"味全每日C"将标语"某某某,你要喝果汁"前半句的修改权利赋予用户,用户可以根据自己的想法和感情修改标语,这进一步增强了产品和用户之间的互动。后来,"味全每日C"推出42种拼字款品牌包装瓶,让用户将多个"味全每日C"组合摆拼成一句话,互动性更强。这三次趣味互动既加深用户对品牌的认知,又借用户和品牌的互动去创造品牌二次传播的机会和内容,从而实现品牌的推广,俘获更多的潜在用户。

(四)数字技术应用普及化

在数字时代,越来越多的数字技术变现到实际产品中,品牌叙事越来越依靠数字技术的支持。在物联网来临之际,通过研发机器人和智能家居做自身的广告,利用产品本身进行故事的叙述营销。百度研发的人工智能助手"小度",内置DuerOS对话式人工智能系统,让用户以自然语言对话的交互方式,实现影音娱乐、信息查询、生活服务、出行路况等800多项功能的操作。百度把"小度"作为自身品牌第一人称代言人,特点是把晦涩难懂的科技与人性相结合,赋予机器和科技人情味,满足消费者需求,也影响人们的行为习惯。这一节省人力物力代言费用,契合智能主题,符合物联网时代要求,做出别具一格的营销广告,实现了数字化品牌叙事。

在数字时代背景下,移动互联网、5G、物联网、大数据、云计算等数字技术日新月异,数字融合的趋势已经势不可挡。数字时代品牌的变革和创新,围绕着产品理念、商业模式、技术赋能、品牌营销、资本运作、国际化布局等方面展开,这意味着品牌叙

---

① 快消品牌线上线下联动传播正流行,成未来营销新趋势[EB/OL].[2019-12-22]. https://mp.weixin.qq.com/s/-mFxm0wXpAkljRJm1cR8-g.

事传播策略要紧抓三个思路:一是利用数字赋能来驱动品牌智能营销;二是凭借内容造势来提升品牌价值;三是通过资本借力来打造全球化品牌。只有这样,品牌才能在数字时代的技术浪潮中顺利生存和顺势发展①。

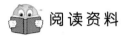 **阅读资料**

数字营销下的品牌叙事②

在数字时代背景下,品牌叙事传播又有了新的解读应用。品牌营销是品牌叙事在品牌传播中的具体存在形式,而数字营销是目前主流的品牌营销方式,是一种最具代表性的品牌叙事方式。利用品牌叙事相关知识,将品牌数字营销活动进行"故事化"解读,分析数字营销品牌叙事的建构与传播,实质上是为品牌策划与执行一次数字营销活动,提供了一种全新的视角与逻辑。

1. 数字营销的品牌叙事建构

一般品牌叙事要素是经典四要素,数字时代品牌叙事要素是预设问题"品牌价值实现故事";一般品牌叙事主题是品牌世界观的缩影,数字时代品牌叙事主题是品牌诉求与受众需求的共鸣;一般品牌叙事主体是一般的说者和听者,数字时代品牌叙事主体是"叙述者—人物""受述者—人物";一般品牌叙事传播原则是确保品牌故事有效传播,数字时代品牌叙事原则是确保品牌与受众双向沟通。

2. 数字营销的品牌叙事策略

一是品牌和用户互相感知:洞察目标受众,助力品牌;巧妙进行媒介投放,助力用户。二是品牌和用户形成互动:通过制造迎合消费者需求的热点,创造大众议题;借助 IP 势能,输出精彩内容;推出创新性广告,颠覆感官体验。三是品牌和用户交互沟通:发起主题式活动,真实互动;搭建沟通平台,以虚拟交流助力沟通。四是行动——产生购买:推出特色产品营销刺激购买;发起众筹项目,建立品牌—受众联盟。五是体验——分享:利用炫酷技术搭建虚拟场景;产品落地,创造现实场景。

第二节 品牌叙事的社群化

Belk 早在 1996 年就指出,品牌社群是企业管理客户关系的捷径,也是品牌传播的高效平台,消费者在品牌社群中可以获取相关的品牌与产品信息,分享品牌产品

---

① 品牌连接未来——数字时代品牌的变革和创新[EB/OL].[2019-03-11]. https://mp.weixin.qq.com/s/D_hccENPLws8RtmOzocfbQ.

② 刘丝雨.数字营销的品牌叙事研究[D].武汉:中南民族大学,2018.

或服务的感受与体验,并且通过品牌社群的交流平台表达对品牌的情感[1]。企业品牌学会构建和运营社群,通过在产品品质、品牌文化、消费情境以及社区互动等方面来实现用户的全流程参与,由此增加品牌价值并赋予品牌长久的生命力。

一、品牌叙事社群化的内涵

2001年国外学者Muniz和O'Guinn基于学术界"消费社群"的共识基础,提出了品牌社群的概念,他们认为"品牌社群是一种不受地域限制的特殊消费者群体,它建立在使用同一品牌的消费者所形成的一系列社会关系之上。其特征是共同的意识、共同的仪式和传统以及责任感"[2]。而McAlexander认为,品牌社群源于消费者与品牌之间的关系,其中消费者居于核心地位,品牌社群还包括消费者与产品、其他消费者以及营销者之间结成的关系网络[3]。国内有学者把上述两种概念分别引申为品牌社群的狭义概念和广义概念。其中学者梁伟超在此基础上提出,品牌社群是以热衷于某品牌的核心消费者为中心形成的以信息互动和情感互通为载体的网络化社会共同体[4]。

品牌叙事社群化是指面对社群时品牌会提供真正有价值的信息来打动消费者,让消费者积极主动地参与到传播过程中,利用他们的品牌忠诚度和社群黏性实现更加高效的品牌营销转化[5]。叙事社群化的关键是让消费者从品牌社群中获取使自身需求得到有效满足的价值。只有消费者在社群中获取有效的价值满足,才会对品牌社群形成正面的消费体验、社群认同和社群意识,从而建立起对品牌的高度忠诚。

二、品牌叙事的社群化策略

企业学会品牌社群化叙事有利于企业精准定位消费群体,在传播时以便体现出目标受众的群体特征,实现精准传播,并由此引发受者的积极回应和参与,进行有效的双方互动,实现品牌故事和价值理念的核心传达,达到抢占消费者心中的第一阶梯注意力和成功塑造品牌的最终目的。品牌叙事社群化有以下几种类型[6]。

---

[1] R. W. Belk, M. Wallendorf, J. F. Sherry, Jr. The sacred and profane in consumer behavior: Theodicy on the odyssey[J]. Journal of Consumer Research, 1996, 16(1): 1-38.
[2] 王新新,薛海波. 论品牌社群研究的缘起、主要内容与方法[J]. 外国经济与管理, 2008(4): 25-31.
[3] J. H. McAlexander, J. W. Schouten, H. F. Koeing. Building brand community[J]. Journal of Marketing, 2002, 66(1): 38-54.
[4] 梁伟超. 品牌社群对企业品牌资产的作用机理研究[D]. 武汉:武汉理工大学, 2012.
[5] 付萍,小荣说. 品牌叙事:目的地营销,就是一场品牌"写作课"——品牌传播[EB/OL]. [2019-8-19]. https://mp.weixin.qq.com/s/1Ah-DN4TA2TRbKgUYd_iyA.
[6] 王战,冯帆. 社群经济背景下的品牌传播与营销策略研究[J]. 湖南师范大学(社会科学学报), 2017(1): 141-148.

(一)以用户驱动为主的品牌建构

品牌价值的创造离不开对用户价值的创造、传播和传递。品牌社群用户的需求为品牌的构建提供了准确的思路和方向,有针对性地推进品牌的定位、核心价值、个性设计和形象策划,向用户提供满意的优质产品和服务。而用户参与的品牌构建工作更容易让用户群体对产品、企业产生共鸣,产生信任聚合和情感投入,有利于培育与提高消费者群体的忠诚度。例如,小米公司强调用户的激活参与和实时互动。在论坛上,"米粉"参与调研、产品开发、测试、传播、营销、公关等多个环节,小米工作人员则不断搜集用户的反馈和建议,优化产品功能和服务,同时这些活动也增强了"米粉"的荣誉感、成就感和主人翁感,用户黏性得以巩固加强。

(二)以网状结构为主的社群传播

社群经济背景下,社群用户与品牌传播的各环节均产生连接,整体结构从线性变成网状。传播目的是塑造社群文化,在品牌文化与社群文化充分互动的基础上,创造出社群成员对品牌的认同感、归属感、忠诚度以及一致的行动力。传播的渠道有大众媒介和口碑传播,新媒体平台和技术让传播更有效率,社群成员之间较稳定的关系更具可信度,加上社群中意见领袖影响,品牌叙事效果会随社群裂变效应而扩大;传播的内容有用户内容生产(UGC)和专业内容生产(PGC)。UGC基于新颖多元有广度的内容增强了用户粘连性,PGC基于专业权威有质量的内容深度挖掘用户消费[①],两者满足了社群成员的个性需求、互动需求和品质需求。品牌由此建立与消费者之间的在线沟通和感情纽带,从而维系老客户、带动新客户,建立起消费者的品牌忠诚。例如,小米通过爆米花论坛、米粉节、同城会等互动活动,用户逐渐对其产品和品牌形成认同感与归属感,并且在此基础上有意寻找有影响力的KOL与用户建立关联点,形成裂变的传播效应,最终实现社群变现。

(三)以品牌社群为主的品牌营销

建立社群,打造社群文化,构建长期活跃的社群关系,是企业利用社群讲好品牌故事的有效路径。企业在制定营销策略时,首先,注意精准化定位,抓住核心用户需求,并为之提供优质的产品和服务;其次,优化社群线上线下管理,注重打造多种自媒体平台,提供多元化服务;最后,学会开放参与节点并设计游戏化的社群互动,即品牌通过游戏化活动激发社群成员的主动参与创造,与企业一起实现品牌价值的共创。例如,"罗辑思维"知识社群发起的"霸王餐"活动,发动社群成员为一顿互联网思维的霸王餐献计献策,粉丝们在线下自发联络餐馆,参与组织和执行。该游戏将

---

① 赵启帆.用户生成内容UGC研究——视频内容分析[J].商,2016(9):192.

粉丝与社群、互联网与社会连为一体,形成规模化社群效应,扩大了品牌知名度。而成功的活动背后离不开"罗辑思维"的社群用户拥有共同的价值观、理念和兴趣爱好,并形成一种社区文化[①]。

(四)数字技术赋能下的社群运营

移动互联网和数字技术为人们提供了实时连接的技术基础和实时社交的社会情境,大数据、云计算等技术的应用,将用户所处的各种场景数据化、精准化。越来越多的品牌叙事借助大数据的挖掘和处理来实现社群化传播,通过用户与互联网上无数的维度连接点关联分析,精准锁定目标群体及其需求,实现有效的数据运营和场景塑造。AR 技术作为现实世界与虚拟世界的交互手段,成为了沟通线上品牌故事与线下消费者场景的完美桥梁。2017 年以来,国内星巴克已经进行了多次 AR 关联的营销活动。2017 年 12 月在上海推出全球最大 AR 咖啡烘焙厂,占地两层,面积约为 2800 平方米,使用 3D 物体识别技术,在店面中的十几个关键位置隐藏 AR 线索,顾客使用 AR 扫描功能(见图 7-2),沉浸式探索"从一颗咖啡豆到一杯香醇咖啡"的故事,宣传咖啡文化。在这个过程中,消费者通过趣味性的实景互动参与到品牌故事的叙事中,而品牌的核心价值观也在玩乐中潜移默化地影响受众。

图 7-2　星巴克 AR 营销活动

品牌面临的环境更复杂多变,用户消费习惯和模式随着时代和技术的更迭发展也在发生变化。社群化品牌叙事策略帮助企业在进行品牌塑造时找到精准的目标消费者,实现精准的广告投放,并通过多渠道整合、平台社交化,达到高效率和高反馈的营销效果,强化受众的品牌意识和忠诚度。该叙事策略也会有目标受众较单一

---

① 知识付费平台如何异军突起——逻辑思维成功之道[EB/OL].[2019-06-24]. https://mp.weixin.qq.com/s/F6AgzLk4rCXfNjeO-dsOOQ.

的缺点。有时候社群成员会给企业带来发展阻力,比如在产品改款时,用户会因对已有产品的使用习惯和感情而拒绝新产品的投放和推广。此外,因为社群惊人的裂变效应,会出现网络负面传言不可控的问题,企业要及时控制在互联网或社群流传的负面信息,以避免其对品牌造成大规模的负面效应。

企业既要注重品牌社群效应,树立独特的文化理念,用故事带动消费者的情感,积极应用新技术去创造和加强产品与用户间的更多互动,也要规避品牌社区带来的风险,最终通过成功的品牌叙事成就完美的品牌形象。

 阅读资料

数字时代社群品牌叙事的平台社交化和高互动化

企业品牌在打造和叙述品牌故事时,要找到受众参与切入点,并利用独特平台多渠道带动用户感官和行动才能实现与受众的有效高互动。在 2018 年 12 月,"新浪 20 年"相关话题一度霸占微博热搜;在门户、论坛、博客、微博,正值新浪陪伴 20 年之际,部分用户分享了"我和新浪的故事",新浪 CEO 曹国伟也专门设计了故事征奖活动(见图 7-3),引发越来越多的新浪使用者参与到这个话题的讨论中,微博上纷纷

图 7-3 "我和新浪的故事"发起活动

陷入与新浪的回忆。新浪微博此次借助"新浪 20 年"的契机,引导受众回忆与新浪的故事,让受众参与到品牌故事构建和传播的过程中。从过程和结果来看,这一场在自家平台上发起的让新浪品牌社群用户主动参与的故事互动活动是一次成功的社群化品牌叙事营销活动。因为品牌故事创意得当,品牌社群中的消费者积极主动且无比自豪地主动承提起"品牌代言人"的角色,会主动地推荐给社群里社群外的人以彰显自己的影响力,从而形成强大的口碑效应。除了品牌故事天然的互动属性

外,还有社群效应。品牌的互动性能够带动用户的积极参与,使得品牌形象更生动、渗透性更强,相比广告传播成本更低而效率更高。

第三节 品牌叙事的本土化

全球化和本土化是当下品牌企业,尤其是跨国企业进行品牌叙事的两大主要方向策略。首先,品牌传播要考虑创立统一而又独特的品牌形象,即企业对广告策略、表现方式、品牌个性形象等采用统一化战略。其次,企业在品牌传播过程中,要考虑多样化的文化需求,在讲故事的时候,面对不同的受众对象,需要采用不同的叙事场景,做好品牌本土化叙事是企业开拓新的区域市场或国际市场的必要行为。

一、品牌叙事本土化的内涵

品牌本土化指在多元文化中因地制宜地使用相应战略。品牌叙事本土化策略是指各国各地区有自己独特的文化,不同国家与地区的消费者处于不同的文化背景中,由于长期的潜移默化,在语言、信仰、爱好、习俗等方面都存在着差异,面对这种文化差异造成的不同消费行为,国际品牌在进入一个国家和地区进行传播时,其广告策略、表现方式、品牌个性策略等要迎合当地的文化传统特性和审美口味而采取差别化策略,使品牌与当地的社会文化环境有机地融合起来[①]。

品牌本土化可以指跨国品牌本土化,即国与国之间品牌本土化,也可指国内品牌在国内各区域本土化。品牌叙事本土化是指企业品牌在讲述品牌故事和宣扬品牌核心价值时,因为存在的差异化感知而围绕某个国家或地区展开的特定的本土化叙事。品牌通过本土化叙事,能够打造一个独特的时空场景,在该场景中将品牌背景文化、内涵意义、价值理念、产品利益诉求点生动化体现,以彰显其品牌的市场活力,进而塑造品牌形象,扩大品牌影响力。

本土化的叙事带有着天然的独特性和亲切感。它在故事内容和故事背景的选择上均存在着一定的限制性,它的目的主要是为了向特定群体传达特定的观点,展现特定的氛围,故带有着天然的独特性。对于特定受众群体而言,本土化的故事是亲切而自然的。

二、品牌叙事本土化的策略

品牌叙事本土化的策略包括品牌文化本土化、品牌产品本土化、营销宣传本土

---

① 尹春兰.品牌传播的全球化与本土化策略[J].经济问题,2004(7):36-37.

化、人才本土化、时间场景本土化和空间场景本土化[①]。

(一)品牌文化本土化

在品牌叙事本土化过程讲故事时,要考虑到品牌进行本土化的目标国家或地区的民族性和文化背景。企业品牌对文化差异感知是其进行有效本土化叙事的前提。要把品牌产品和本土化目标国家、地区文化背景结合起来,做到真正了解本地文化,去唤起当地人本土文化身份认同感[②]。

首先是对当地价值观表示理解和尊重,找到品牌与市场两者价值取向共通之处和本地价值观独特之处,有利于重新赋予和丰富品牌故事的核心内涵和价值理念,从而精准定位市场和目标客户。其次要了解当地的风俗习惯和宗教信仰,包括各种节日习俗、生活消费饮食习惯、宗教文化,品牌产品文化在汲取有利元素的同时要懂得规避敏感点,有利于品牌叙事本土化达到事半功倍的效果,比如可口可乐在中国贺岁广告中植入对联、剪纸等元素。最后,企业品牌要了解和遵守当地的法律法规,在政策环境中牢固安全扎根是品牌叙事本土化过程中的有力保障。

(二)品牌产品本土化

品牌产品本土化主要包括品牌产品自身研发、设计、命名和形象代言人这几个方面的本土化,这些都离不开企业品牌做好本土化市场环境调研,充分了解本地人和目标群体的消费习惯、消费心理、消费水平和社会关注热点。品牌产品在制造层面适当选取当地材料,在研发层面使用市场主导型的研发战略,根据条件选择建立研发中心,及时掌握市场信息,让科技创新更具本土化特点[③];在产品设计层面,要洞察当地人的审美特征,并与时尚元素结合起来,抓住消费者的爱好,打开市场;品牌产品的命名也要注意吸收当地的文化元素,最好体现当地历史文化内涵,并取得消费者的共识与认可;品牌产品形象代言人也要精心选择,当地代表性的历史文化人物、与当地城市和品牌产品气质相符的明星都可以作为代言人。品牌产品本土化是品牌叙事本土化中的重要一环,是产品利益诉求点的生动化体现。

(三)营销宣传本土化

营销宣传本土化可以从三个方面来讲:首先,在品牌沟通层面上,用本地人的逻辑思维去沟通,达到文化共通和理解,具体做法是深挖消费者熟悉的内容和价值向往,也可以寻找稳固的文化共鸣主题,比如亲情、爱情、友情和其他优秀品质特性,以此来增强消费者心理认同感,并引发其共鸣,表现产品特点,传达品牌形象。例如,好莱坞影片《功夫熊

---

① 吉福林.本土化经营:中国品牌走向世界之路[J].中国流通经济,2004(8):53-55.
② 孙丰国,赵媛媛.跨国品牌本土化传播策略[J].企业研究,2014(15):22-24.
③ 李朋林.跨国公司在华的品牌战略分析[J].经济纵横,2008(5):95-97.

猫》中提到的为梦想奋斗元素引发了全球观众共鸣而大获成功。其次,在营销内容层面上,既要通过全面了解消费者的特征和兴趣,去打造符合当地语言和文化元素的广告审美标语与内容,也要主动创造符合时代精神和社会文化价值风尚的新营销内容。最后,在宣传手段层面上,既要会运用表现本地文化和本地明星式人物做代言人而引发有号召力的营销活动,也要懂得借势新媒体技术和平台实现整合营销、交叉互动,以达到拓宽市场、扩大品牌影响力和塑造品牌形象的目标[①]。另外,企业品牌通过做公益等一系列公共活动建立起优秀的有社会责任的公共形象也是一种有效品牌宣传手段。

(四)人才本土化

实施人才本土化的主体可以分为跨国企业品牌和国内跨区企业品牌。其中跨国公司会把企业自身拥有的特质和所跨国本地资源优化结合,形成自身独特而强大的竞争优势。跨国品牌本土化的人力资源链能使其更好地适应本土目标国家的政治、人文环境,使企业获得成本竞争优势,比如它们通过直接聘用本地员工,开设研究院、培训中心或管理学院,以实施人才本土化[②]。国内企业品牌在进行本土化过程中,所采取的措施与跨国企业品牌大同小异,值得注意的是,本土化的范围在区域间,着重点是因地制宜。

(五)时间场景本土化

时间场景本土化是指对目标受众长期处于的时间领域进行分析,进而在故事背景中营造一种消费者所熟悉的时间场景。时间场景本土化象征着记忆空间的塑造,它能够带来一种天然的怀旧感,也能体现品牌年代内蕴的厚重感。例如,英国伦敦时尚男装品牌卡西米(QASIMI)以纪录片的形式拍出充满怀旧感的2018春夏广告。品牌团队在英国找到一间年久失修的房子,模特身处于残破不堪的屋内和杂草丛生的庭院中,犹如录影带中残留下的记忆碎片,捕捉稍纵即逝的回忆,如图7-4所示。面对现今应接不暇的资信与科技,QASIMI希望通过回望过去,重新构想新的未来。宽松剪裁的布料灵感来自过着游牧生活的贝都因人,呈现出军事风格和轮廓的外套。通过营造怀旧时间场景,拉近了与受众之间的距离,进而深层次展现品牌价值内涵。在广告中,QASIMI并没有强调具体地域的破旧房子,目的是为了营造一种怀旧的颓废氛围,还原记忆时间场景,这也是时间场景本土化与空间场景本土化的区别所在[③]。

[①] 陈丽楠.新媒体视域下品牌传播的本土化策略——以麦当劳中国风广告为例[J].视听,2017(11):197-198.

[②] 李朋林.跨国公司在华的品牌战略分析[J].经济纵横,2008(5):95-97.

[③] 卡西米(QASIMI)以纪录片形式拍出充满怀旧感的2018春夏广告[EB/OL].[2018-02-02].http://www.sohu.com/a/220576135_539882.

图 7-4　QASIMI 2018 春夏广告片段

(六)空间场景本土化

空间场景本土化是指在品牌叙事的场地背景上采用本土化策略。空间场景本土化代表着物理空间的再现。通过空间场景的本土化,多展现的是不随时光流逝的历史文化、风俗、特产等,通过熟悉的空间场景唤起受众的共鸣,进而达到宣传品牌的目的,常用于城市品牌宣传片中。例如,在武汉市政府制作的城市宣传片《和武汉,在一起》中拍摄了老里弄、黄鹤楼、武汉大学樱花等场景,通过对此类武汉特色场景的呈现,一方面唤起武汉人对武汉的记忆与共鸣,另一方面向外来游客展现武汉地域风貌,达到宣传城市品牌形象的目的。

图 7-5　武汉城市宣传片中的黄鹤楼

环境符号是指在传播中能够表达情感构成的时空场景因素,能够营造氛围、衬托主题。场景品牌叙事本土化是品牌企业利用环境符号去构建拟态场景,强调消费者感受和体验,突出品牌特质,实现品牌本土化,成功塑造品牌形象。在品牌叙事过程中,往往会采用时间和空间二者相结合的形式构建故事场景,尤其在数字时代,数字技术的支持,让时空场景的本土化更成熟和有特色。

 **阅读资料**

纪实影像的真实性运用

近年来诸如讲述故宫文物修复师故事的纪录片《我在故宫修文物》的涌现让纪录片逐渐从小众电影走进大众视野,也成为品牌广告主聚焦的方向。纪实影像的真实性运用是品牌叙事中场景策略的具体应用。

纪录片广告是以真实生活为素材,以一种弱劝告、弱目的性、真诚的方式展现广告主品牌或其他商业信息的广告形式。2018年初,卡地亚携手故宫博物院推出了纪录片《唤醒时间的技艺》,讲述了故宫博物院与卡地亚的钟表保护修复专家携手修复六件故宫院藏钟表文物的历程,以作为双方共筑文化遗产保护传承里程碑的重要见证。此次纪录片的制作让故宫博物院和卡地亚品牌实现宣传双赢。另外还有小米创业8年纪录片、VICE与MOMO共同策划的纪录片《很高兴认识你》等其他品牌纪录片均通过这种叙事策略收获成功。总结下来就是,品牌运用纪录片广告为品牌增强故事性和传奇性,从叙事、真实、责任、传承等层面为品牌赋能。

随着品牌纪录片广告发展日渐成熟,内容同质化、模式化问题就会出现。企业品牌在叙事时不仅要利用纪录片广告,还要会运用vlog进行叙事营销或者进行两者交互式品牌叙事。在可口可乐与Catson合作的产品测评、欧阳娜娜为匡威拍摄的探店体验vlog、"大概是井越"制作的Louis Vuitton品牌展览vlog这些案例中,无不体现出:一次成功的vlog营销不仅要有vlog的创作者主观上对品牌的认可,也要有品牌主给予他们足够的信任。

企业选用纪实影像进行表达,既是利用特别的视角对品牌理念进行传播与补充升级,也是向消费者传递品牌态度最为直观有效的方式之一。

 本章小结

在数字时代,3D、VR、AR等多种现代高新科技方兴未艾,做好品牌叙事仍对品牌的传播和价值提升有重要的意义。本章首先概述了品牌叙事的独特性,对它的内涵、叙事要素、表现主题和叙事作用进行归纳介绍,再从媒介使用多元化、传播渠道多样化与线上线下联动、故事构建交互化、数字技术应用普及化四个方面展示数字时代下品牌叙事的新特点,对当下品牌打造叙事策略有一定的指导意义。其次,对品牌叙事的社群化、本土化作出介绍,基于数字时代下新的用户思维和消费特征,提出具有时代特征的新的社群化、本土化策略。本章通过对品牌叙事的独特性、社群化策略和本土化策略的阐释,以期能更好地指导品牌选择有效适当的叙事方式来塑造自身形象和提升品牌价值,帮助品牌实现更科学、更有效的传播。

 思考题

1. 数字时代品牌叙事有哪些新的特征?
2. 品牌的社群化叙事有哪些策略?
3. 请结合案例分析品牌叙事的本土化策略。
4. 试着对你熟悉的某个品牌纪实影像进行内容分析。

第八章

数字时代品牌传播的技术创新

学习目标

1. 理解 MarTech 的内涵，了解 MarTech 在国内外的发展现状。
2. 了解 MarTech 营销技术全景图，对各种营销技术有所认知。
3. 掌握使用 MarTech 为企业服务的方法，了解营销的新思维、新流程。
4. 了解技术迭代下 MarTech 应用发展的趋势。

依赖于数字世界的背景，市场营销变成了一门数字职业，甚至可以说营销成为了一门软件推动下的行业学科。在数字时代，营销已经严重依赖于面向客户的数字化渠道和接触点①。大数据、人工智能、物联网等数字技术显著改变了公司营销部门的活动，以及与客户的关系和开展业务的方式，借助营销技术实现精益的用户运营和数据驱动增长成为品牌保持竞争优势的前提。根据 AdMaster 发布的《2019 年中国数字营销趋势》，2019 年 79% 的广告主会选择增加数字营销投入，其中，选择增长 10%～29% 的比重最大，达到 37%，总体预算平均增长 20%。在未来，品牌营销将是基于数字技术的一场比拼。

第一节 MarTech 营销模式

营销部门活动的实施比以往任何时候都更依赖于营销技术服务平台的支持，从而在营销历史上催生了一个新阶段，即 MarTech（营销技术）时代的到来②。

一、MarTech 的概念及发展现状

（一）MarTech 的概念

MarTech（营销技术）是斯科特·布林克（Scott Brinker）在 2008 年创造出来的一个新词，由 Marketing（营销）和 Technology（技术）两个英文单词组成，是指利用技术实现公司营销和商业目标的策略、解决方案和技术工具，被视为一种黑客营销（Hacking Marketing）。黑客是快速构建和迭代的一种方法，Facebook 将这种黑客精神运用在商业管理中，用其指导它的数字业务。MarTech 的提出者斯科特·布林克正是受到 Facebook 的启发，认为 MarTech 应该是一种黑客营销，"将一些有创造力的黑客精

---

① 斯科特·布林克. 黑客营销——向扎克伯格一样去战斗[M]. 李易, 赵艳斌, 卢庆龄, 译. 北京: 电子工业出版社, 2016.

② Pătruțiu Balteș Loredana. Marketing technology(MarTech)—the most important dimension of online marketing[J]. Bulletin of the Transilvania University of Brașov Series V: Economic Sciences, 2017, 10(59): 2.

神,用于管理和营销实践"①。MarTech 生于营销数字化的进程,与数字营销这个大的概念相比,MarTech 是营销数字化转型进程中更侧重于技术的概念输出(见表 8-1)②。

表 8-1 MarTech 研究范围

营销概念			
数字营销			传统营销
MarTech(研究范围)		营销渠道	
营销系统	营销软件	网络媒体、户外媒体、电视媒体、广播媒体	
数据分析、广告技术、营销自动化、销售交易……			

(二)MarTech 发展现状

从 2011 年到 2018 年,MarTech 企业一直保持着两位数的增速,从最初的 150 家增长到 6800 家,如 2017 年的 MarTech 企业比 2016 年增加了 39%,2018 年的 MarTech 企业比 2017 年增加了 27%,MarTech 成为品牌营销选择的新宠并获得了快速的增长。进入 2019 年,MarTech 企业相较于 2018 年只实现了 3%的增长,一方面是因为基数的增大,MarTech 行业逐渐成熟;另一方面还因为统计时一些垂直 MarTech 应用被忽略,导致实际统计数偏低。2019 年 4 月 4 日发布的《2019 全球营销技术生态全景图》中显示有 7040 家 MarTech 企业。

目前国外 MarTech 发展逐渐成熟,MarTech 增速放缓并开始迎来第二个黄金时代。斯科特·布林克认为,2008 年到 2018 年的 10 年间是 MarTech 快速发展的黄金时代,而现在 MarTech 全球发展正在步入第二个黄金时代。斯科特·布林克从生态系统、营销从业人员和技术人员三个维度揭示新阶段 MarTech 的变化(见表 8-2)。

表 8-2 斯科特·布林克:MarTech 变化三维度

	MarTech 第一个黄金期	MarTech 第二个黄金期
ecosystems 生态系统	suit vs. best-of-breed 软件包 vs 最佳组合	platform ecosystems 平台生态系统
experts 营销专业人员	software vs. services 软件 vs 服务	blended models of software & service 软件和服务的混合模型
engineers 技术人员	build vs. buy 构建 vs 购买	custom apps & ops on a common core 通用内核上的自定义应用程序和操作

---

① 斯科特·布林克.黑客营销——向扎克伯格一样去战斗[M].李易,赵艳斌,卢庆龄,译.北京:电子工业出版社,2016:3-6.
② 艾瑞咨询.2019 年中国 MarTech 市场研究报告[R/OL].[2019-12-01].https://mp.weixin.qq.com/s/M6ijQxRYbVszTTJmdllbdw.

在生态系统层面,主要体现在:一方面,平台化产品的出现能够给企业的工作流和数据管理提供统一的标准、统一的平台;另一方面,企业获取技术服务的方式发生了变化,即从以往的选择性地购买软件包发展为进驻营销技术生态平台享受全面的技术支持。Adobe 的 Adobe Experience Cloud(体验云)整合了全部营销技术,可高效处理所有业务,包括内容管理、广告购买自动化、成果评定等。

在专家的维度,则从以往的提供软件与服务的分离走向融合。软件提供商开始不仅提供软件,也开始提供如何使用和操作 MarTech 服务。同时,一些传统的咨询公司,比如埃森哲、德勤,以往以提供管理咨询服务为主,现在也开始提供软件平台。

在技术人员方面,主要体现在所需技能门槛的降低。由于提供数字服务和数字分析的可视化平台的发展与普及,以往没有工程和编码知识背景的人也可以进行数据挖掘与数据分析,进一步释放 MarTech 的应用潜能①。

此外,斯科特·布林克还预测,在 MarTech 行业逐渐成熟的同时会迎来并购交易的买方市场,大的 MarTech 平台将逐渐生成生态平台,一些巨头将占据营销技术市场的绝大多数份额。譬如,仅在 2019 年上半年,全球 MarTech 行业就出现了 246 宗并购交易,比 2018 年同期的 162 宗大幅增加。Salesforce、Adobe、Oracle 等 IT 巨头已经形成了真正的营销技术平台,美国 MarTech 市场呈现出非常明显的长尾效应(见图 8-1)。

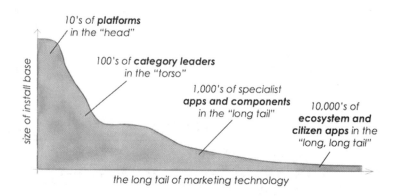

图 8-1 斯科特·布林克:MarTech 市场长尾效应示意图

我国的 MarTech 企业自 2013 年开始起步,目前仍处于兴起阶段。目前,国内数字营销解决方案的系统架构可分为三类:第一类是以阿里系生态为代表的基于中台架构的数字营销平台,主要面向大中型企业提供服务。2019 年 9 月,阿里妈妈在 M

---

① 斯科特·布林克:MarTech 的第二个黄金时代,面临 5 大新准则[EB/OL].[2019-10-15]. baijiahao. baidu. com/s? Id=1647426469663185003&wfr=spider&for=pc.

营销峰会上公布了其新的数字技术服务项目 AlimamaPI(阿里妈妈购买意向指数),阿里妈妈借助庞大的用户数据库和先进的技术能力能够将消费者购买意愿指数全面数字化,从而为企业的整合营销投放提供更精准的数据支持。第二类是纯 SaaS 服务,主要面向中小型企业。SaaS(软件即服务)是 Software as a Service 的缩写。SaaS 利用互联网向其用户提供应用程序,这些应用程序由第三方供应商管理。用户可以在各种设备上通过客户端界面访问,并且不需要管理或控制任何云计算基础设施,如 Salesforce、微盟等。第三类是传统的第三方软件厂商推出的解决方案,主要是由原先的 ERP 板块延伸出来,其产品形态是软件或云服务,例如 SAP、Oracle 以及用友公司。截至 2019 年 8 月底,我国新三板共有 129 家数字营销企业,其中包括 39 家已退市企业;数字营销企业市场份额 CR10 从 2017 年的 38.58% 上升到 2018 年的 47.68%①。

总体来看,我国在 MarTech 领域与国外的差距快速缩小。然而国内市场在对 MarTech 的认知层面上还未成熟,许多企业对 MarTech 的认知还停留在流量获取的层面。

 阅读资料

SaaS、DaaS、IaaS 名词辨析

1. SaaS

软件即服务(Software as a Service,SaaS)是一种通过网络提供软件的模式。有了 SaaS,所有的服务都托管在云上,用户不用再购买软件,且无须对软件进行维护。面向企业的 SaaS 产品主要有客户关系管理(CRM)、企业资源计划管理(ERP)、线上视频或者与群组通话会议、人力资源管理(HRM)、办公系统(OA)、外勤管理、财务管理、审批管理等。

——艾瑞咨询

2. DaaS

数据即服务(Data as a Service,DaaS),即数据聚合抽象,把数据转换成通用信息,从而为公众提供公共信息服务。DaaS 通过对数据资源的集中化管理,并把数据场景化,为企业自身和其他企业的数据共享提供了一种新的方式。

——阿里云智能 GTS

---

① 赛迪研究院发布首本《2019 年中国数字营销解决方案市场白皮书》[EB/OL].[2019-03-28].https://blog.csdn.net/LrS62520kV/article/details/88967945.

3. IaaS

基础架构即服务（Infrastructure as a Service，IaaS），通过虚拟化、动态化，将IT基础资源（计算、网络、存储）聚合形成资源池。资源池即计算能力的集合，终端用户（企业）可以通过网络获得自己需要的计算资源，运行自己的业务系统。这种方式使用户不必自己建设这些基础设施，而是通过付费即可使用这些资源。

——阿里云智能GTS

二、MarTech营销技术全景图

为了推动MarTech行业发展的规范化，斯科特·布林克从2011年开始，每年制作一幅营销技术全景图（Marketing Technology Landscape），从广告与促销、内容与体验、社交与关系营销、商业与销售、数据、管理六大类别甄选全球代表性营销技术企业[1]。在最新发布的"2019营销技术全景图"中，百度、Convertlab、阿里巴巴，作为中国营销技术实力的代表入选全景图。

斯科特·布林克依照技术类别在MarTech全景图中的六大门类下又划分了49个子类别，见表8-3至表8-8。

表8-3 广告与促销

移动营销（Mobile Marketing）	移动营销是指基于定位的、经由移动设备或网络进行的，通过个性化定制与消费者相关的互动形式，使企业与消费者能沟通交流的一系列（营销）实践活动。——美国移动营销协会（Mobile Marketing Association，MMA）
展示和程序化广告（Display & Programmatic Advertising）	展示广告是一种融尖端科技和密集信息量的商业性综合文化活动，也是一种有计划、有目的、条理性地将展示的内容传达给受众的广告形式[2]。 程序化广告是基于技术和数据对单位展示广告请求进行投放的互联网广告交易模式。程序化广告闭环包括程序化洞察、程序化创意和程序化购买[3]，目前程序化购买的主要应用领域是展示广告
搜索和社交广告（Search & Social Advertising）	搜索广告是指广告主会根据自身产品和服务，通过定价排名或竞价排名的方式向搜索引擎提供商购买关键词，从而让广告主的网页链接出现在搜索结果页面上。 社交广告是指社交网络按照广泛的社会联系及兴趣爱好给特定人群提供更多的定向广告[4]

---

[1] 斯科特·布林克：2019全球营销技术全景图[EB/OL].[2019-04-09]. www.199it.com/archives/859446.html.
[2] 邱沛篁,吴信训,向纯武.新闻传播百科全书[M].成都：四川人民出版社,1998:1297.
[3] 王佳炜,杨艳.移动互联网时代程序化广告的全景匹配[J].当代传播,2016(1):98-101.
[4] 虞康妮.社交广告：网络时代的广告[J].中国商论,2014(28):33-34.

续表 8-3

原生广告和内容广告（Native/Content Advertising）	原生广告是指内容风格与页面一致，设计形式镶嵌在页面之中，同时符合用户使用原页面的行为习惯的广告 内容广告是在线营销的一种变化，它将高质量的内容通过正规的广告渠道发布，如某些品牌发布的白皮书或生活指南。内容广告与原生广告具有高度的相似性，因此常常被混用为一个概念。与原生广告嵌入式的方法不同，内容广告会在付费内容和网站编辑内容之间做出区分①
视频广告（Video Advertising）	美国网络广告局在 2006 年将视频广告定义为：在播放器环境中，出现在任何种类的，包括流媒体视频、动画、游戏和音乐视频内容前、内容中或内容后的商业广告②
公关（PR）	这一类别是包含一些从事调查市场行情、预测舆论动向、联系公众、协调内部关系的机构。随着社交媒体的发展，公共关系的管理更为复杂，与大数据结合得更为紧密，传统公关公司向数字营销转型成为时代趋势
平面广告（Print）	平面广告是具有二维空间，以长、宽两维形态传达视觉信息的各种媒体的广告，比如招贴广告、杂志广告、报纸广告、直邮广告、户外广告等。从广告的制作方式来界定，平面广告可分为印刷类、非印刷类以及光电类三种广告表现形式

表 8-4　内容与体验

移动应用营销（Mobile Apps Marketing）	移动应用营销是指通过网页或智能手机、平板电脑等移动终端上的各种应用程序而开展的企业营销活动③。它具备精准性、互动性、超强的用户黏性和可重复性的特点④
互动内容（Interactive Content Marketing）	互动内容营销是指通过网络平台进行企业与用户之间互动提升企业公众关系的一种营销模式⑤。例如，Netflix 上线的互动剧《黑镜：潘达斯奈基》有 5 个结局，每个结局取决于观众在剧情中所作出的选择
视频营销（Video Marketing）	视频营销是指企业将视频短片以各种形式放到互联网上，达到一定宣传目的的营销手段。目前，视频网站主要有两个派别：一个是专业制作内容（Professionally Produced Content，PPC），例如 NBC 环球、迪士尼和一些新闻集团，强调版权内容和专业制作；另一个是以谷歌旗下 YouTube 为代表的视频分享网站，强调草根原创性和自由分享⑥

---

① 喻国明.镶嵌、创意、内容：移动互联广告的三个关键词——以原生广告的操作路线为例[J].新闻与写作，2014(3)：50-54.
② 吕勇.探析网络视频广告价值[J].广告人，2011(5)：112-113.
③ 刘兰兰.提升 App 营销入口设计质量的途径[J].现代营销：学苑版，2018(5)：50-51.
④ 熊小彤.App 营销对消费者购买行为影响实证研究[D].武汉：湖北工业大学，2014.
⑤ 互动营销[EB/OL].[2019-01-01].https://baike.baidu.com/item/互动营销/10008156? fr=aladdin.
⑥ 王乐鹏，李春丽，王颖.论成功网络视频营销的典型特征[J].市场论坛，2011(7)：64-65.

续表 8-4

邮件营销（Email Marketing）	邮件营销是指销售商在事先取得用户许可的前提下，可通过发送电子邮件向潜在目标用户传递有价值的商品推广信息的一种网络营销手段。用户许可、电子邮件传递信息、信息对用户有价值是 E-mail 营销的三个基本因素
内容营销（Content Marketing）	内容营销是指通过向消费者传达有价值的和其喜爱的内容来吸引和维护客户，通过建立管理品牌内容流动的策略网络促使消费者长期关注品牌，并对品牌产生情感上的依赖
优化、个性化和测试（Optimization Personalization & Testing）	优化、个性化和测试技术通过更有效地分配营销预算，提供更有见地的创意和更顺畅的客户旅程，使其驱动的价值变得切实可见，从而提高转化率，并提高客户忠诚度。例如，借助 Oracle Maxymiser 平台，企业可有效简化从简单的 A/B 测试到复杂的多变量测试等多种工作，还可以对线上和移动端客户体验的每一个环节进行深度优化，为客户打造个性化的体验
数字资产管理和营销资源管理（DAM & MRM）	数字资产管理（Digital Asset Management，DAM）是指对数字资产进行的系统化、自动化和信息化管理活动的总称，是以数字资产的获得、存储和重复利用为核心的管理活动，其核心技术是数据库技术。 营销资源管理（Marketing Resource Management，MRM）是一系列致力于提高企业整合内部、外部市场营销资源能力，有利于实现市场营销高效性的过程和技术。DAM 和 MRM 可以用于更快地查找文件，进行活动资源的压缩或交付，保持品牌资产的连续性，以及对使用、访问情况的分析①
搜索引擎优化（SEO）	搜索引擎优化（Search Engine Optimization，SEO）是通过了解各类搜索引擎如何抓取互联网页面、如何进行索引，以及如何确定其某一特定关键词的搜索结果排名等技术，来对网页进行相关的优化，达到向更多客户推广企业产品和服务，吸引潜在客户，提高企业利润的技术
营销自动化和活动/销售线索管理（Marketing Automation & Campaign/Lead Management）	营销自动化是指通过一些帮助企业选择和细分客户、追踪客户联系、衡量联系结果，以及将客户联系信息模式化的应用软件，对市场营销活动进行设计、执行和评估。 活动/销售线索管理是指通过对消费者的相关信息进行挖掘分析，发现新的销售机会，并为销售人员提供利用他们所需要的信息来提高销售线索的质量和数量

---

① 详解 2019 MarTech Landscape——2019 MarTech Conference 报道[EB/OL].[2019-04-08]. m.sohu.com/a/306552239_505852.

续表 8-4

内容管理系统和网络体验管理（CMS & Web Experience Management）	内容管理系统(Content Management System,CMS)是一种位于Web前端（Web服务器）和后端办公系统或流程（内容创作、编辑）之间的软件系统，主要是以信息共享为目的，面向海量信息处理，集信息数字化、分布存储、管理、传播、查询为一体的管理平台。具体来说，CMS是以文章系统为核心，包含内容模型自定义、内容采集加工发布、内容评论、内容检索、广告管理、调查管理、留言管理等各种通用功能①。 网络体验管理能够在不同渠道上为客户量身定制个性化体验，弥补内容管理在满足顾客个性化需求和打造品牌上的不足

表 8-5 社交与关系营销

呼叫分析与管理（Call Analytics & Management）	呼叫分析与管理是指专门帮助跟踪呼叫的平台，提供以下服务：数据搜集，客户数据库的建立、更新和处理；对已发出的电话、传真和信件的后续服务；信息跟踪、客户跟进；预约及订购；业务查询、受理和咨询服务；市场研究及调查；销售线索发掘及客户数据分析管理；搜集整理包含通话数量、服务内容和服务质量等方面的报告；进行快速、准确和有效的市场活动②
基于账户的营销（Account-Based Marketing,ABM）	基于账户的营销也称为大客户营销，是把营销和销售资源集中在某一组明确的目标账户，并部署个性化的活动以与每个单个账户产生共鸣的一种营销战略方法。账户营销的重要优势是ROI高，2014年ITSMA账户营销调查发现，账户营销是投资回报最高的B2B营销策略③
活动、会议和网络研讨会（Events Meetings & Webinars）	这类平台为企业提供全套的在线会议平台、会议管理软件及相应的人工服务，以及潜在客户信息的搜集和销售线索的发现及管理④
社交媒体营销和监控（Social Media Marketing & Monitoring）	社交媒体营销是利用社会化网络、在线社区、博客、百科或者其他互联网协作平台媒体来进行营销、公共关系和客户服务维护开拓的一种方式⑤。 社交媒体监控也称为社交倾听工具，主要具有舆情监控、舆情监测、社交洞察等功能，帮助品牌在博客、论坛、新闻网站和微博、短视频等社交平台上监控与品牌业务相关的内容和评论⑥

① 孔佳,李昀.内容管理系统的产生与发展[J].农业网络信息,2008(3):91-94.
② 马晓军,刘玮.呼叫中心外包服务市场分析快速成长[J].世界电信(11):58-61.
③ 谢晶.如何100%挖掘账户营销价值[J].现代商业银行,2018(2):81-84.
④ ZEEVI分享：一篇解读美国6大类48种数字营销公司[EB/OL].[2017-07-26]. https://mp.weixin.qq.com/s/F74T6z70lCF8eLYTCHyDgQ.
⑤ 社会化媒体营销[EB/OL].[2019-01-07]. https://baike.baidu.com/item/社会化媒体营销/7208167?fromtitle=%E7%A4%BE%E4%BA%A4%E5%AA%92%E4%BD%93%E8%90%A5%E9%94%80&fromid=23735349&fr=aladdin.
⑥ 吴俊.史上最全数字营销MarTech常用词360+[EB/OL].[2019-11-19]. https://zhuanlan.zhihu.com/p/90584474.

续表 8-5

用户推介、忠诚度 & 积分项目（Advocacy Loyalty & Referrals）	这类平台通过对现有客户的洞察，帮助企业对品牌的支持者提出激励，维持客户忠诚度
意见领袖（Influencers）	意见领袖也叫舆论领袖，指经常通过口传或实例影响其他人消费的人。根据《2020 中国数字营销趋势报告》调查显示，在社会化营销重点中，KOL 推广位列第一位
社区和评论（Community & Reviews）	此类别的平台致力于管理在线评论，同时生成新的评论，制定评论在线展示的格式，并进行分析
会话式营销和聊天（Conversational Marketing & Chat）	对话式营销是指商家在面对买家时以特定称呼相称，在与用户的沟通中让品牌不断被熟悉、被接纳，或者选择一个卡通或其他形象作为企业的品牌代言人，借由该形象运用话术与用户即时沟通①。如今，机器人可以部署在各种各样的平台上（如 Facebook 或 Slack），并嵌入到网站上，给访客提供帮助
客户体验与服务（Customer Experience & Service）	此类别的平台涵盖了调查、客户反馈、实时聊天、论坛以及结果分析和影响等功能。有些功能可能类似于网站插件，另一些则可以跨渠道工作，根据首选设置发送电子邮件和短信给客户
客户关系管理（CRM）	客户关系管理（Customer Relationship Management，CRM）是一种使企业增强核心竞争力、扩大市场规模、提升运营效率的先进经营管理模式，也是以客户为核心的一种企业信息化管理软件系统②。Salesforce 是全球最大的 CRM 工具公司，其 2019 财年财报显示，其全年收入约 132.8 亿美元，同比增长 26%，市值超过千亿美元，占据 CRM 市场 20% 以上的份额③

表 8-6 商务与销售

电子商务营销（Ecommerce Marketing）	电子商务营销是网上营销的一种，是借助于 Internet 完成一系列营销环节，达到营销目标的过程④。电子商务营销平台致力于优化和增强通过电商产生销售的体验，具体包括商店优化、产品管理分析和交互内容定制等业务

---

① 对话式营销[EB/OL].[2019-02-01]. https://wiki.mbalib.com/wiki/对话式营销.
② 何守才.数据库百科全书[M].上海：上海交通大学出版社，2009：308-309.
③ CRM 的故事怎么讲？百度和阿里选择了不同的方式[EB/OL].[2019-07-25]. finance.sina.com.cn/stock/relnews/us/2019-07-25/doc-ihytcerm6237129.shtml?source=cj&dv=2.
④ 电子商务营销[EB/OL].[2019-03-02]. https://baike.baidu.com/item/电子商务营销/3282843?fromtitle=%E7%94%B5%E5%95%86%E8%90%A5%E9%94%80&fromid=17502999&fr=aladdin.

续表 8-6

电子商务平台和购物车（Ecommerce Platforms & Carts）	此类别的一些软件供应商专门服务某个行业或某个类型的产品，或提供分析，本质上都是处理商品在数字渠道的销售
联盟营销与管理（Affiliate Marketing & Management）	联盟营销，也称联属网络营销，是一种按营销效果付费的网络营销方式，即商家利用专业联盟营销机构提供的网站联盟服务拓展其线上及线下业务，扩大销售空间和销售渠道，并按照营销实际效果支付费用的新型网络营销模式①。联盟管理是建立和发展营销渠道的过程，联盟计划、网络和管理者是联盟管理的三个主要组成部分
销售自动化、支持和智能（Sales Automation, Enablement & Intelligence）	销售自动化是通过使用软件，把重复的活动、任务和文档自动化。销售支持是为业务销售团队提供完成更多交易所需的资源的迭代过程。销售智能是指用于信息收集、集成、分析和表示的技术、应用程序和实践，以帮助销售人员查找、监视和理解数据，以深入了解潜在客户和现有客户的日常业务
渠道、合作伙伴和当地市场（Channel, Partner & Local Marketing）	在国际背景下，企业将会面临非常复杂的道德和法律问题，为了做好本土化营销，企业需要与合作伙伴和每个社区内的利基分销渠道进行合作。销售、合作伙伴和当地市场管理都属于这一类别
邻近零售和物联网营销（Retail Proximity & IoT Marketing）	邻近营销可能会向路过的熟人发送优惠券代码，或从免费Wi-Fi频道收集数据。 物联网是一个由相互关联的计算设备、机械和数字机器、对象、动物或人组成的系统。物联网创造了一个巨大的连接用户群，为营销人员接触新用户和收集更深入的客户洞察提供了一个重要的机会

表 8-7 数据

受众/营销数据和数据增强（Audience/Marketing Data & Data Enhancement）	这类平台为品牌主提供净化、优化数据的业务，通过准确的数据帮助企业寻找潜在用户，优化广告投放
营销分析、绩效和归因（Marketing Analytics Performance & Attribution）	这一类别平台是指通过对跨平台的数据进行追踪分析，为营销决策提供决策支持的技术。其中归因是指在多种因素共同（或先后）作用造成某一结果时，各种因素各应占有多大的作用。归因分析工具能够帮助营销人员分析在品牌同客户互动的每个渠道及接触点中哪些能助力交易转化且是贡献最大的

---

① 联盟营销[EB/OL].[2019-03-03]. https://baike.baidu.com/item/联盟营销/7460907?fromtitle=Affiliate%20marketing&fromid=3604684&fr=aladdin.

续表 8-7

移动和网络分析（Mobile & Web Analytics）	这类平台可为品牌主的移动客户端和网站进行数据分析，提供包括搜索引擎优化、访客行为分析等服务
仪表盘和数据可视化（Dashboards & Data Visualization）	这类平台可以向品牌主提供报表实时可视化、KPI报告自动化以及其他可视化的数字报告
商业/客户智能和数据科学（Business/Customer Intelligence & Data Science）	这类平台与数据分析、数据清理和数据可视化相关，涵盖了数据的前端可视化，以及将数据清理和混合在一起的后端功能，能够提供行业分析、经济走势、财务建模等高级业务
iPaaS、云/数据集成和标签管理（iPaaS, Cloud/Data Integration & Tag Management）	随着云技术的发展，越来越多的营销技术软件被部署在云上。这类数字公司帮助品牌主将数据整合到云端并打上相应的标签，提供基于SaaS的各类应用程序①
数据管理平台（DMP）	这是把分散的多方数据进行整合统一的技术平台，可对这些数据进行标准化和细分，让用户可以把这些细分结果推向现有的互动营销环境里的平台
管理、合规和隐私（Government, Compliance & Privacy）	主要业务包括在全球范围内遵守当地法规，以及维护和保护客户和营销数据的隐私。作为驱动营销技术核心的客户数据，使用的红线在哪，需要专业的供应商来评估和指导
客户数据平台（Customer Data Platform，CDP）	客户数据平台可以将多渠道的客户数据整合到统一的视图中，由CDP研究协会创始人David Raab于2013年提出。CDP具有避免数据孤岛、收集一手数据、更精准画像以及统一跨渠道营销工作等优点

表 8-8 管理

人才管理（Talent Management）	这类平台是专门针对人力资源专业人士，或那些寻找新的人才的公司。这类平台主要用于帮助内部团队管理员工所需的文档、找到新员工、管理休假请求等工作②
产品管理（Product Management）	产品管理是公司为了管理一个产品或者产品线的产品计划、产品市场和产品生命周期所采用的组织架构。产品管理是一个非常典型强矩阵型的管理方式③

---

① 一篇解读美国6大类48种数字营销公司[EB/OL].[2017-07-26]. https://mp.weixin.qq.com/s/F74T6z70lCF8eLYTCHyDgQ.

② 冯祺. 2019全球营销生态全景图（MarTech Landscape）详细解读[EB/OL].[2019-04-09]. https://mp.weixin.qq.com/s/p6Z1Kdel6HEIB1vtPm_ZJw.

③ 产品管理[EB/OL].[2019-02-05]. https://baike.baidu.com/item/产品管理/221502.

续表 8-8

预算和财务（Budgeting & Finance）	为企业的财政和预算提供优化服务，涵盖平衡预算、预测等服务
协作（Collaboration）	协作可帮助企业团队更好地进行沟通
项目和工作流程（Projects & Workflow）	这类平台可以帮助团队和项目经理跟踪活动、时间以及如何对任务进行优先级排序以实现目标
敏捷与精益管理（Agile & Lean Management）	敏捷与精益管理能帮助企业的项目管理办法从大瀑布模型转型到小冲刺周期，更加适应数字时代快速变化的市场
供应商管理（Vendor Analysis）	供应商管理是面向采购部的开放式数字平台，可提供所有职能部门的供应商简介及排名评估

第二节　MarTech 应用策略

面对数据存储、DMP、DSP、预测分析、机器学习、数据可视化等纷杂的营销技术工具，企业需要思考如何在减少所需平台数量的同时，还能让数据发挥出足够的营销价值。这就要求企业在选择 MarTech 合作伙伴时需要遵循一定的原则，并且树立新的营销思维。

一、选择 MarTech 服务的准则

随着数字重要性的不断提高，MarTech 正在成为营销运营的骨干力量。爆发增长的数字营销技术和技术服务商使营销人员所面对的信息化的复杂程度迅速增加，做出正确的营销技术购买决策的风险升高。那么企业应该如何在选择相应的技术服务时减少风险，让 MarTech 更好地为企业服务呢？

（一）评估自有数据，树立数字经济的心态

想要做出正确的购买 MarTech 的决策，最简单的一个方法就是先审视自身的商业目标和数据资源，即根据商业目标，设置一个清晰的路线图，以形成品牌传播策略。为了长期地推动和支持技术在营销中的应用发展，企业还应该树立起数字经济的心态，这主要体现在技术迭代能力和共享经济的层面。这就要求企业对于 MarTech 迭代要有一个清楚的认知，且要寻找一个能够支持企业进行创新迭代的技术合作平台，并向合作伙伴清楚地阐述企业的品牌愿景和产品计划。

(二)评估 MarTech 企业的专业知识与资源

1. 考察 MarTech 企业是否具有定制化能力

定制化能力意味着 MarTech 企业是否能对特定企业的问题进行营销设计。每一个公司的情况都存在着一定的差异,模板式的套用营销技术会造成营销效果不佳、投资回报率不高等问题。理想的技术服务商需要明确自身在雇主企业发展蓝图中的作用和角色,对于雇主企业品牌的发展提供特定的支持。

2. 考察 MarTech 企业的售后服务水平

在选择合作伙伴时,售后服务以及合作之后数据的归属问题也是非常重要的考察方面。在产品售出后,合作伙伴是否能够提供关于售后咨询、投诉、相关数据搜集处理等对于企业管理消费者体验具有重要意义。当合作失败或合作关系结束时,品牌和供应商都必须清楚谁拥有数据,以及在关系结束时授予多大的访问权限。

3. 警惕数据造假

一些初创的数字营销服务公司比较容易出现 KPI 造假的问题,主要表现为数字营销公司假造数据(如品牌刷榜数据、社交媒体粉丝增数等)以完成 KPI 考核。由于目前缺少第三方监测机构对数据进行审核监督,真实数据无从确认,以致各家公司各说各话、自吹自擂,客户无从确认各种数据及效果的真实性,KPI 值"很多时候凭主观经验设定"[①]。企业在选择服务商时需要对公司的口碑尽可能多地了解,增强自身的判断力。

(三)合理规划资金分配

1. 为每个可能的 MarTech 输出分配货币值

Gartner 的 CMO 支出调查显示,从 2017 年占营销总支出预算的 22%,到现在技术占营销总支出预算的比例高达 29%,使得 MarTech 在营销资源和项目方面成为最大的花费领域[②]。企业管理者需要将绩效与销售和利润指标联系起来思考每一项 MarTech 技术的贡献率,从而对所需的 MarTech 技术合理地分配货币值。

2. 投资规模分类,降低风险,提高容错率

斯科特·布林克建议企业将数字营销投资分为两类,即核心投资和边缘投资。"核心投资是公司战略和经营的命脉,应大规模地进行投资。边缘投资是指那些小

---

① 胡振宇.国内数字营销伦理乱象探因与治理研究——基于数字营销从业精英[J].当代传播,2018(5):80-84.

② 我们到底应该怎么使用营销技术?[EB/OL].[2019-04-15]. www.sohu.com/a/307963274_119248.

规模的实验性的投资,主要用于快速测试一些想法和创意,边缘投资也有可能被提升到核心投资的范围。"①

(四)协作运营,重构企业组织架构

1. 协作运营

MarTech 并不能只由一个部门来负责,否则会有很多决策上的盲点。如果企业希望将 MarTech 落地,就需要公司管理者将几个部门有机地结合在一起。泛为科技 CTO 梅雪挺以泛为科技内部管理架构为例,指出随着公司对整体服务效率提升需求的增加,自身职能也发生了变革,由主要负责技术发展为销售服务和技术部门共同管理。这种变革提供了一个新的视角,可以更准确地挖掘客户需求,提高整个公司协作与运营效率。

2. 企业组织架构的重构

企业组织架构应该是逐步与现有的工作体系相结合,随着数字营销技术的发展,很多人工自然解放出来,企业内部进行一些调整就顺理成章。系统和技术承担了低廉的劳动力所完成的工作,节约出来的人力可以投入到更有价值的工作中。泛为科技在研发智能排期系统前,需要专门的运营人员定时关注投放的排期情况,并根据 CTR、LR 等指标来调整投放策略。智能排期系统上线后,运营人员可以逐渐将投放策略的调整交给智能化系统来完成,从而带来更高的效率,也更好地发挥了每个员工的价值。

(五)逐步实现企业数字化转型

Convertlab 联合创始人兼 CEO 高鹏在 2019 年指出,"目前,数字化已经成为企业的最高优先级,企业的数字化成熟度已经达到转折点。51%的企业正在进行或者已经完成业务模式上的调整,47%的企业将客户和渠道视为业务模式调整的重点"。

1. 建立内部的 MarTech 技术

对于一些数字技术较强的公司来说,自建 MarTech 成为一种趋势,例如 Netflix 和 Spotify,已经编写了自己绝大多数关于客户体验的软件。Zapier、Airtable 和 Coda 等集成工具,以及一些无代码/低代码平台,比如 Betty Blocks、Google App Maker 和 Way Script,还有 Google Ads Scripts 也是其中代表。但是对于一些在软件开发领域并不擅长的公司来说,选择第三方服务商也是明智的选择。

---

① 斯科特·布林克.营销技术快速更迭,企业如何抉择?[J].成功营销,2017(Z5):81.

2. 渐进原则

企业的数字化转型需要经历一个从数字化到数据化再到资产化的过程。在第一阶段,企业首先要将营销资源、营销渠道数据化,可以利用一些简易的 SaaS 应用构建数字化的基础。在第二阶段,企业需要具有对数据的挖掘能力,以及数据洞察能力、顾客分层能力。在第三阶段,企业可以将数据作为资产开展数据增值、周转、共享、交换等行为①。对于大部分企业来说,数字化转型不可能一蹴而就,遵循循序渐进的原则,能够更为稳定地进行数字化的过渡。

 阅读资料

雀巢加大对广告技术的投入,创立"全球数字媒体竞争力中心"②

为了更好地与 Google、Facebook 和 Adtech 生态系统中的其他公司谈判,以提高其媒体花费的透明度,雀巢在内部建立了一个部门,吸纳来自不同广告集团的数字专家。这个部门被称作全球数字媒体竞争力中心(Global Digital Media Center of Competencies,DCoC),由雀巢全球销售和电子商务主管 Sebastien Szczepaniak 和全球营销和消费者通信主管 Tom Buday 领导。

DCoC 将负责制定标准和建立流程,以提高服务雀巢的数字媒体的可靠性和有效性。雀巢逐步提升整体广告费用中程序化的比重,该项目旨在寻求与广告技术供应商建立更直接的合作方式。

目前,数字广告占了雀巢广告支出的 40%。而雀巢用于购买在线广告的资金中,65% 是通过程序化的方式完成的。根据媒体测量公司 Comver 对广告主 2018 年 27 亿美元媒体预算的跟踪,这大约相当于 6240 万美元的程序化广告费用。雀巢迫切希望通过与 DSP 和 SSP 建立更直接的合作来提升这一比例。DCoC 将致力于提高六项关键能力:受众运营、零售媒体、动态创意优化、广告业务、供给与销售,以及透明度。它还将负责帮助本地市场与 DSP、SSP 和出版商签订新合同。

Szczepaniak 说:"我们作为一个团队,在同一个屋檐下工作,只是根据个人的能力进行区分。"雀巢希望其媒体支出的效用提高一倍,然而,在当前的程序化媒体领域,广告费用产出的效果与效率,没有达到预期的目标。这归咎于混乱的生态系统,该系统中有无数的广告技术提供商,他们从事的不过是媒体套利。

---

① 渴望增长,又难以跟上 MarTech 步伐?破除数字化焦虑的三个阶段[EB/OL]. [2019-11-14]. http://mp.weixin.qq.com/s/l_dPd00jCEmBlV7MFBJoGg.

② 雀巢加大对广告技术的投入,创立"全球数字媒体竞争力中心"[EB/OL]. [2019-11-15]. http://www.163.com/v2/article/detail/EU0UHUSR05310573.html.

二、MarTech 数字化营销流程

在对数字化 MarTech 进行深入了解之后,我们还需要理解在数字化 MarTech 下,细分、目标市场选择、定位、品牌策略各有哪些升级,并依据这些升级建造企业的数字营销策略,形成循环、全流程、可视化的系统。科特勒研究中心提出了一种新的营销思维模式,对 4R 理论进行了新的理解和外延,提出了富有数字时代特色的 4R 营销模型,即数字化识别(Recognize)、数字化到达(Reach)、数字化建立持续交易基础(Relationship)和数字化赢取回报(Return)(见图 8-2)。

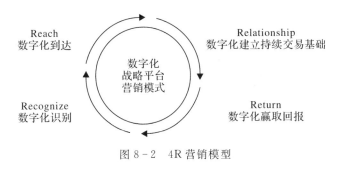

图 8-2 4R 营销模型

(一)数字化识别(Recognize)

这一阶段的目标是实现精准的用户画像,身份数据、行为数据、心理数据的交合让企业能够精准地理解消费者,从而智能化人性化地进行产品研发、广告投放。面对媒介多元化、信息碎片化和网民使用 App 的"布朗运动"特点,企业想要获得目标用户的数字画像,首先需要打破不同媒介之间的数据壁垒,通过多媒介的整合构建出数据链条。而数据的获取思维也应从传统的被动式转为用户积极参与品牌对话的互动式,让用户乐于向品牌反馈相关的数据。深入洞察消费者的需求和消费痛点让产品和营销活动更具定制化和人性化的特点。

(二)数字化到达(Reach)

通过数字化识别,企业能够更加深入地了解消费者,从而增强品牌触达消费者心灵的能力。但仅能做出"感人"的广告内容显然并不能保证营销目标的达成,除了心灵上的触达,企业还应该通过数字化的技术,整合线上线下实现全场景的触达。通过打通官网、社交端、电子邮件营销(E-mail Direct Marketing,EDM)等,建立全渠道获客矩阵,可实现全渠道同一用户历程管理,对线索进行培育管理并自动判别为商机输出。

(三)数字化建立持续交易基础(Relationship)

关系是持续交易的基础,能够让品牌和产品可以持续地占领顾客心智。基本上

所有的营销工作背后的目的都是要与用户建立持续的、互动的、良性的关系,而这种关系能带来更高的营销收益和效率。这一阶段的核心问题是切入社群。通过个性化内容生产、精准营销、用户参与、价值共创等营销手段,建立企业与用户之间的互动社群,从而将用户转变为品牌的"粉丝"与"合伙人"。例如,小米有很清晰的连接方式界定,在产品研发过程中,顾客深度介入,处于企业与顾客共创的方式,在传播上,对于小米认同的顾客会自发进行二次传播,处于顾客主导的模式,社交化传播效率非常高。

(四)数字化赢取回报(Return)

数字化营销的最后一步就是变现,企业可以通过数字工具,对营销的内容、渠道等进行测评和归因,选择更具性价比的投资方式,计算出最可能获得最大回报的营销方式。譬如,以前迪士尼测试客户体验,是用调查问卷来询问客户对服务是否满意。而现在消费者入园只需要戴有感应器的数据手环,就可以通过对消费者生理数据的分析总结出消费者最喜欢和最适合消费者娱乐的项目,从而有针对性地推荐和促销,实现更高效的增长[①]。

三、技术迭代下 MarTech 的应用趋势

MarTech 产生于市场需求,一经出现就已表现出强大的市场能力,随着 5G、人工智能、VR/AR 等新一代信息技术的普及,MarTech 也将延伸出更多分支与可能。

(一)5G 与物联网:全场景生态营销

全球领先的 MarTech 服务商 SINObase(赛诺贝斯)在发布的《2018 中国 MarTech 白皮书:洞察生态赋能营销》中指出:作为连接现实世界与虚拟世界的物联网,能够通过沉浸于营销流中的智能场景应用,帮助企业实现数据层面的创新与拓维,实现客户需求洞察与商机再造[②]。物联网的发展与应用成为众多企业对 MarTech 发展的期许,随着 5G 技术的问世,人们对于物联网应用的想象又被进一步释放。

物联网(the Internet of Things,IoT)是通过射频识别系统(RFID)、红外感应系统、全球定位系统(GPS)、激光扫描仪等信息传感设备,按照约定的协议,赋予物体智能,并通过接口把物品与互联网连接,形成一个物品与物品相互连接的巨大的分布式网络,从而实现智能化物品识别、物品定位、物品跟踪、物品监控和管理[③]。5G 与

---

① 王赛.如何能像拼多多和抖音一样指数增长?[EB/OL].[2019-12-03]. http://mp.weixin.qq.com/s/crExJwh10lugUtr6ieK8Jg.

② 2018 中国 MarTech 白皮书:洞察生态,赋能营销[R/OL].[2018-09-03]. http://www.199it.com/archives/766720.html.

③ 刘锦,顾加强.我国物联网现状及发展策略[J].企业经济,2013(4):116-119.

物联网的发展与应用真正将我们带入了一个全场景营销的时代。IHS Markit 公司预测,全球物联网设备的数量每年将增长 12%,从 2017 年的近 270 亿台增至 2030 年的 1250 亿台。中国经济信息社发布《2018—2019 中国物联网发展年度报告》显示,2018 年我国物联网产业规模已超 1.2 万亿元,物联网业务收入较上年增长了 72.9%。该报告指出,5G、人工智能、区块链等新一代信息技术与物联网的加速融合,开启了"万物智联""人机深度"的新时代。可以预测,全场景、全链路、生态化的营销模式将成为 MarTech 服务提供商热门的技术架构。

小米在 2019 年面向合作伙伴提出了 MOMENT+全场景智能生态营销体系(见图 8-3),MOMENT+的场景媒介地基包括小米月活 2.79 亿 MIUI 用户、月活 2260 万 OTT 家庭用户、月活 4990 万的小爱同学用户以及 1.96 亿 IoT 联网设备(不包括智能手机及笔记本计算机)。在 5G 的生态下,"MOMENT+"能够实现让用户在特定场景下的需求即刻得到满足①。

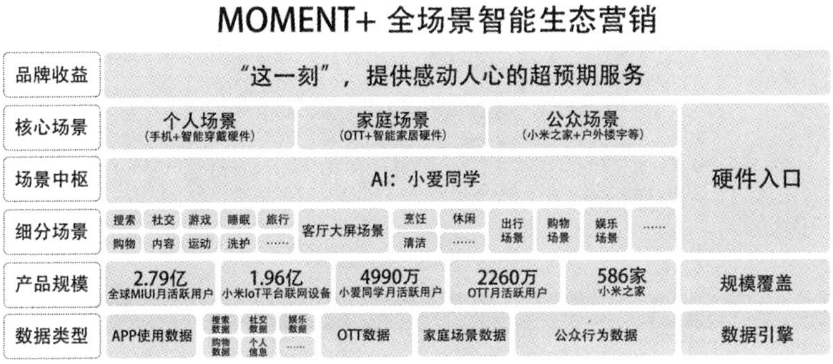

图 8-3 小米 MOMENT+全场景智能生态营销示意图

同年,作为中国 MarTech 领域的创新践行者,悠易互通与 Convertlab 合作推出了联合营销解决方案。通过融合从 AdTech 到 MarTech 的全链路营销场景,打通公域流量到私域运营的转换,构建了全域智能营销生态闭环。物联网营销技术开启了人—物—景联动的新型商业营销模式,赋能线下,拓宽了数据获取维度,真正实现了线上线下跨场景联动,打造出全场景的商业闭环。

(二)人工智能加大数据:深度洞察与智能决策

《2019 年国务院政府工作报告》中指出,要"深化大数据、人工智能等研发应用,培育新一代信息技术、高端装备、生物医药、新能源汽车、新材料等新兴产业集群,壮大数字经济"。人工智能技术已经成为全球性的技术竞争热潮,对社会发展带来了

---

① 小米营销推"MOMENT+"全场景智能生态营销体系,精准场景抢占用户心智[EB/OL].[2019-11-20]. http://www.donews.com/news/detail/4/3071045.html.

显著的影响。同样,在营销领域,人工智能也为品牌传播带来了更多的可能性与发展空间。2019年12月2日,秒针系统联合AdMaster、GDMS共同发布了《2020中国数字营销趋势报告》,报告中指出,营销人工智能成为广告主最关注的数字营销技术(见图8-4)。

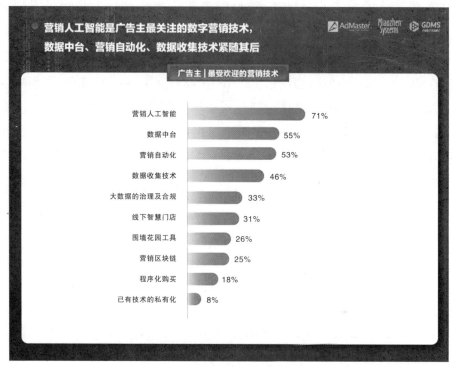

图8-4 《2020中国数字营销趋势报告》最受欢迎的营销技术(节选)

我国学者刘珊、黄升民从媒体和广告两个方面总结了人工智能对营销传播的影响。从媒体运营的视角来看,人工智能通过辅助内容生产与自动生产、精准推荐、版权管理、内容变现等方面对媒体运营的全产业链产生了积极的影响;在广告营销领域,人工智能技术则在营销调研、营销策略的制定、营销策略的执行以及营销效果的评估和预测四个方面得到了较为广泛的应用[①]。

2017年下半年,人工智能决策营销公司"品友互动"发布了其人工智能营销决策产品MIP(Markting Intelligence Platform)作为其现阶段的核心产品(见图8-5)。MIP是品友互动运用大数据、人工智能技术打造的全链路智能营销决策引擎,涵盖了数据资产、用户洞察、媒体洞察、智能营销四个关键部分,能够为企业提供个性化的、高质高效的决策支持服务。

---

① 刘珊,黄升民.人工智能:营销传播"数算力"时代的到来[J].现代传播,2019(1):13-21.

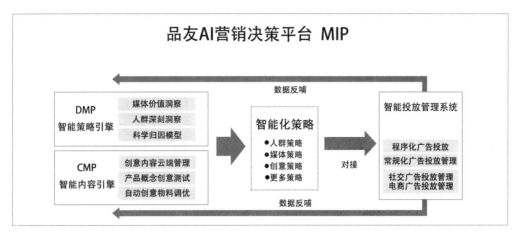

图 8-5　品友互动 AI 营销决策平台 MIP

譬如 2018 年"8·18 发烧购物节"期间,品友互动通过人群打分模型和天气定向等创新技术帮助苏宁易购根据实况调整和优化营销策略,推动其移动端订单转化率环比升高 125%,整体 POI 环比升高 41%。品友互动在发布的《2019 年 AI 营销案例白皮书》中指出,目前我国的人工智能(Artificial Intelligence,AI)营销处于发展初期,增长潜力巨大,其发展趋势突出表现为数据和技术对营销全链路的影响深化,品牌方自建第一方智能营销平台成为主流趋势,人际分工更加科学,运用 AI 预测用户需求越来越成熟,AI 营销从业者背景多元化五个方面[1]。

麦肯锡公司发布的《2018 年人工智能前沿报告》显示,到 2030 年,大约 70% 的公司至少采用一种 AI 技术,届时,AI 将为全球经济贡献 13 万亿美元,拉动 GDP 增长约 16%[2]。具体来说,在 AI 营销应用领域中,机器人与智能语音营销技术成为最受欢迎的投资领域[3]。根据 Juniper Research 的数据,目前市面上已有 25 亿个语音助理存在。在美国,家用智能音箱的总数 2018 年大幅增长 78%,从 6670 万台增加至 1.855 亿台。Canalys 预计,全球范围内智能音箱的装机量到 2023 年将增长至 5 亿台。除了语音助手外,语音技术在电商领域的应用也表现亮眼,美国投资机构 Mangrove Capital Partners 在其 2019 年发布的语音技术报告中预测,在美国和英国,语音电商的规模将从 2018 年的 20 亿美元增长至 2022 年的 400 亿美元。国内诸如小米、腾讯、阿里巴巴也推出了 AI 音箱,抢占对话用户界面(Conversational User

---

[1] 品友互动. 2019 年 AI 营销案例白皮书[R/OL]. [2019-10-07]. www.199it.com/archives/917266.html.
[2] 麦肯锡. 人工智能(AI)前沿报告[R/OL]. [2018-11-01]. www.199it.com/archives/787089.html.
[3] 麦肯锡. 2017 年全球人工智能报告[R/OL]. [2017-09-21]. www.aisixiang.com/data/106058.html.

Interfaces,CUI)市场。H&M、丝芙兰等快消企业还推出了聊天机器人(Chatbot),能够智能化地为消费者提供个性化的穿搭、护肤建议①,见图8-6。

图8-6 聊天机器人(Chatbot)

(三)AR加VR:沉浸式互动体验

Facebook调查显示,预计到2020年,美国超过五分之一的互联网用户每月至少会体验一次VR内容。Facebook的AR广告产品营销经理Fan Huang认为,"通过AR,消费者能够看到产品用在自身的效果,这让消费者在购买产品前更有信心,对于消费者和广告商都是有益的"②。AR广告允许将其他广告渠道几乎无缝地集成到交互式广告活动中,并允许通过AR激活,将先前非交互式媒体(视频、印刷品,甚至品牌产品的存在)转化为高度交互的媒体。VR广告允许用户完全沉浸在营销人员选择的环境中,即时获得终端用户的全部关注,使用户感受高沉浸度的VR体验③。随着5G+AI技术的发展,VR/AR营销应用的潜力被进一步释放。华为在其发布的《5G时代十大应用场景白皮书》中将云AR/VR视为"移动网络最有潜力的大流量业务"④。在5G时代,VR/AR的生产成本降低,应用性能得到加强,VR/AR设备的发展、普及让越来越多的消费者能够日常接触到这类技术,以及国内外科技巨头持续不断的大规模投入等因素共同助力VR/AR营销迎来真正的春天⑤。

---

① 8大关键词,把握2018数字营销新趋势[EB/OL].[2017-12-29].https://www.sohu.com/a/213526672_123843.

② Facebook 2018 VR/AR市场营销调研报告[R/OL].[2018-03-07].www.arinchina.com/article-9971-1.html.

③ AR/VR营销的好处、挑战和未来[EB/OL].[2018-07-16].https://mp.weixin.qq.com/s/YRNOfR1cORLlCpgAI6VcqA.

④ 5G时代十大应用场景白皮书[R/OL].[2019-10-31].https://www.file.huawei.com/-/media/corporate/pdf/mbb/5g-unlocks-a-world-of-opportunities-cn.pdf?la=zh.

⑤ VR/AR深度研究报告[R/OL].[2019-12-16].https://mp.weixin.qq.com/s/1FKKYfEEqOLP-LOQUQ7PNQ.

2019年圣诞节,可口可乐联合沉浸式技术和设计领域的公司 Tactic 推出了圣诞节可口可乐 AR 应用。可口可乐节日主题罐装和瓶装产品的包装将分别带有不同的 AR 体验,消费者可以直接从包装上激活 AR 体验,打开带有交互性叙事和游戏的动态节日场景。如图 8-7 所示,不同的包装可以解锁不同的交互式体验,既有冰雪覆盖的滑梯,也有雪球大战,还有圣诞节灯光音乐秀。当同时扫描任意两个包装时,北极熊一家会使用可口可乐的玻璃瓶,为你联手演奏一曲《铃儿响叮当》①。

图 8-7　可口可乐 2019 圣诞节 AR 广告

本章小结

在数字时代,品牌营销传播越来越依赖于数字营销技术的比拼,"无数据,不营销"或许正在成为现实的营销现状。2017 年北美和英国的数字营销支出增长 44%,达到 520 亿美元,全球数字营销支出已经达到约 1000 亿美元。在全球广告投资增速放缓的同时,营销技术(MarTech)正如一匹黑马占据了数字时代营销传播的主流。本章通过对 MarTech 行业现状的分析、全景图中各类营销技术的介绍,希望读者能对目前的营销技术领域有一个整体的全景式的把握。鉴于对营销技术的选择与运用成为现代营销决策人员所必备的一项技能,本章对如何选择 MarTech 合作伙伴的原则进行了较为详尽的汇总。此外,还介绍了在数字时代 4R 营销理论的数字化新解以及 MarTech 行业颇具前景的三大技术应用方向。借助 MarTech,企业能够更好地洞察用户的需求,与用户建立起更深刻、牢固的关系。随着企业不断的数字化转型与营销技术的智能化发展,技术与策略的界限正在变得模糊,"MarTech 即营销"的设想正在映照进现实。

---

① Unity 助力可口可乐圣诞节品牌营销[EB/OL].[2019-12-25]. https://mp.weixin.qq.com/s/WtooDo8MI4wgbTM231sxBA.

思考题

1. 如何选择 MarTech 合作伙伴，在做出决策时需要注意哪些方面？
2. 请结合具体案例谈一谈企业如何做到数字化营销的 4R。
3. 请你谈谈对"MarTech 即营销"的看法。

第九章

数字时代品牌传播的创意演进

学习目标

1. 了解情感共鸣、场景代入、品牌共振三大创意趋势。
2. 掌握数字时代品牌传播创意玩法的要点,并能结合实际进行应用。

随着移动互联网的发展,数字化革命正在如火如荼地展开。在新技术的驱动下,我国的商业、媒介、消费、社交模式正在不断重构,传播逻辑和媒体生态发生了根本性变化。在新时代格局下,如何构建基于数字化的营销入口,实现与消费者的连接、沟通、互动,加快传播的创意演进,成为品牌亟待解决的问题。

第一节 品牌传播的创意趋势

在数字时代,用户的注意力成为稀缺的资源。品牌主唯有把握传播趋势,从消费者的个人情感与需求出发,综合多种品牌营销策略,为其找到具体的消费环境,增进双方的理解与信任,才能实现突围,彰显品牌价值。

一、情感共鸣

当下年轻人被社会的各种压力追赶着,焦虑、迷茫是生活的常态,寻找自我是生活的主题。他们情绪丰富,感受力敏锐,拥有大量的碎片化时间。在他们的人生中,没有很大的社会责任要去承担,感情就是他们目前无法掌控的人生体验。因此,任何深入生活角落的情感感召力,都是他们难以抗拒的。

(一)情感营销的定义

情感营销是指品牌主在洞察了当下年轻人的生活状态与心理需求后作出的一种新的营销尝试,是将消费者的个人情感和需求相结合作为企业品牌营销战略的营销方式,通过一系列策略全方位满足消费者的情感需求,提升消费者对品牌的认同,从而实现企业的经营目标[①]。从2014年可口可乐的歌词瓶大卖到2017年江小白的语录瓶包装盛行,再到2019年星巴克的猫爪杯火爆全网,品牌主正在一步步地向消费者心理贴近,想其所想,给其所需。在数字技术日新月异的当下,与冰冷的机器和算法相比,情感的共鸣显得更有温度与价值。

(二)情感营销的法则

1. 与消费者感同身受

情感营销的定律是信念、感受和渴望。简单地说,就是要从消费者的角度出发,

---

① 林冬喜.基于品牌认同视角的情感营销策略研究[D].广州:暨南大学,2018.

感知他们对产品的看法、他们的情绪,并探究他们最想要的东西。消费者作为营销的目标对象,处于关键的主体地位,拥有主观能动性,品牌主只有想其所想、投其所好才能突破消费者的心理防线,引发其情感共鸣。

以舒肤佳的系列广告为例,舒肤佳没有选择用大数据与令人费解的专业名词来凸显其产品的功效与价值,而是选择以"家庭"这一核心观念为纽带,搭建品牌与消费者之间沟通的桥梁。舒肤佳定位于家庭产品,强调其对家庭关系的链接作用。从品牌的25周年广告到春节广告,舒肤佳始终坚持将"关爱与呵护"作为核心诉求点,借生活中的细微小事展开叙述,通过呈现亲子间真实而细腻的情感,增进品牌与用户间的深度沟通,输出令人倍感温暖的家庭观念,从而加深消费者对品牌的认知度与好感度。

2. 互联网社交性为情感营销提供新思路

仅有优质的情感营销内容,而缺乏合适的传播介质和方式,依然不能在数字时代掀起品牌狂潮。在物联网、大数据、云计算、人工智能快速发展的时代背景下,媒介的变革为品牌传播提供了更加多元的可能。与传统媒体相比,数字时代的传播媒介互动性更强,更凸显个性化、移动化优势,并注重对长尾领域的深入与培养[①]。因此,品牌主在开展情感营销时应结合营销内容进行媒介选择,以期实现营销效果最大化。

除了推出25周年《感谢妈妈》广告片,舒肤佳在进行情感营销时还注重对多种媒介进行整合,发起了以"感谢妈妈"为主题的专项活动。用户可以通过登录专门的活动网站,用不一样的方法向母亲表达感恩之情。除此之外,舒肤佳还提供了20万张明信片为网友免费寄出。在开展系列专题活动中,舒肤佳突破了广告片为用户展示的单一品牌印象的限制,巧妙地结合了线上线下各类媒介优势,以消费者的社交偏好为导向,选取了参与度较高的方式进行活动策划与传播,并以慈孝、感恩为名,在互动沟通中逐步拉近与消费群体的距离,成功地在消费者心目中塑造了"舒肤佳=家庭与呵护"的形象,赢得了广大民众的支持。

(三)情感营销的题材

在情感营销中,确定一个贯穿主旨的情感主张非常重要。品牌主只有选择了恰当的情感输出口才能引发人们对其产品的合理联想,萌生好感度,甚至对产品与品牌形成忠诚意识。人的情感是丰富多样的,追求快乐、寻找满足是每个人内心最真实的渴望。因此,品牌主们常选择某些能引发人良性情绪的题材,如浪漫的爱情、真挚的友情、温暖的亲情等,将其作为情感营销的切入口,打开消费者内心紧闭的闸门。

---

① 初广志.整合营销传播概论[M].北京:高等教育出版社,2014:260.

1. 爱情

爱情是人与人之间的强烈的依恋、亲近、向往,以及无私,并且无所不尽其心的情感。在当下社会,爱情始终是一个热点话题,受到广泛关注。对年轻人来说,爱情更是一个有着神秘魅力的领域,亟待他们获取更多的信息,去解开其中未知的秘密。因此,品牌主常乐于借爱情这一题材进行情感营销,通过演绎、诠释爱情,串联起消费者与产品、品牌的关系。

2019年七夕,简一大理石瓷砖玩转跨界,推出了一部品牌创意大片《修补爱情有限公司》。影片在投放后的短时间内便引爆了全网热度,攻占了热搜榜首,大量网友对此作出评论,发出感叹,于无形中加深了对简一品牌的认知度与好感度。可以说,简一品牌的七夕情感营销是非常成功的,究其背后的原因,可以归结为对消费者心理的深刻洞察与对情感营销思路的正确把握。对瓷砖这一低关注度的品类来说,没有亮眼的产品卖点,难以吸引消费者的关注力,唯有找到和消费者沟通的突破口才能引发情感共鸣。简一品牌影片以"爱情的缝隙"为沟通诉求点,选择爱神老头儿为主角,演绎了三段令人唏嘘不已的爱情故事,倡导恋人们要积极处理感情中的隔阂和缝隙,不再消极和漠视,彼此珍惜才能走得长久。在感情问题频发的当下,品牌影片通过将产品特点与爱情题材相联系,巧妙地打通了两者的情感链接,达到了引发情感共鸣的目的①。

2. 亲情

亲情,特指亲属之间的特殊感情,是无论贫穷或富有、健康或患疾都会珍重彼此的感情。常见的亲情包括如父母与孩子之间的感情、兄弟姐妹之间的感情等。与旧时相比,现代年轻人的亲情概念发生了显著的变化,在社会竞争越发激烈的当下,越来越多的青年一代为寻求自我人生价值的实现而背井离乡,亲情的意义也在他们为事业而奔波、为梦想而远行的途中变得渺小,因忙碌而忘记、因距离而分离成为众多北漂、南漂族的心头之痛。为此,品牌主对准年轻消费者的亲情空隙与痛点,在情感营销中大打亲情牌,通过策划系列营销活动努力融入消费者的沟通体系中,引发消费者对亲情的关注与思考,加强品牌与其之间的联系。

2018年1月,天猫发布了《2017中国家庭餐桌消费潮流报告》,同时,也为2018天猫年货节进行了造势。为增强活动的影响力,天猫将线上活动与线下事件进行结合,从情感、创意、民生三个方向分别产出三个作品,传播出重要信息点"餐桌新趋势"。在如何引发消费者情感共鸣的问题上,天猫根据数据报告,瞄准了亲情题材,

---

① 简一出品"修补爱情",低关注度品类如何找到和消费者沟通的突破口?[EB/OL].[2019-11-14]. http://www.sohu.com/a/333261269_663633.

并以此为切入点,拍摄了一部品牌短片:小时候,父母总爱带孩子们尝遍美味佳肴,习惯于问他们"吃得好不好";长大后,孩子总是想不起回问,那些他们时常接触的美食,父母却连品尝的机会都难以得到。在两代人日常饮食的强烈差距中,折射的是"一家人,两个世界"的现象。影片旨在通过餐桌食物反映不同时代人群的特征,并将由此产生的隔阂与矛盾进行了升华演绎,引发出受众最自然的亲情流露,最终完成品牌与消费者之间的情感沟通①。

3. 梦想

人人都有梦想,人人也曾为或将为梦想奋不顾身。对大多数人而言,梦想既悬于高空,也即将落地,此间存在的无限可能为品牌主的情感营销提供了广阔的施展空间,品牌及产品成为梦想的代名词,让消费者在接触、使用的同时回想起曾经的自己、曾经的梦想,进而产生情感共鸣。

2014年12月1日,根据孩子们的追梦故事改编而成的南方航空公司首部品牌微电影《梦想,从心出发》(见图9-1),在腾讯视频、爱奇艺、优酷等各大视频网站同步上线。在短时间内,微电影就受到了来自社会各界的关注,越来越多的爱心人士开始关注新疆足球,开始注意到喀瓦克乡梦之队。在社会各界人士的帮助下,球队的基础装备在逐步完善,孩子们不再光脚踢球,也有机会参加各类比赛。一场由微电影引发的关注,使社会原本被隐藏的一角梦想开始发光,让更多人重新体会到梦想的悸动②。

图9-1 南航品牌微电影《梦想,从心出发》

在这次的品牌微电影中,中国南方航空公司摘掉了航空公司"高大上"的帽子,亮出梦想牌,使出撒手锏——根据真人真事改编,将航空公司帮助一群新疆偏远地区的小朋友实现心目中看起来遥不可及的足球梦的故事搬上屏幕。通过将孩子的

---

① 天猫用一颗牛油果,问倒多少父母[EB/OL].[2019-11-14]. https://www.digitaling.com/projects/25479.html.
② "梦想,从心发出"南航首部微电影原型球队赴辽宁参加比赛[EB/OL].[2019-11-14]. http://www.csair.com/cn/about/news/news/2015/19re6v5ubscbk.shtml.

梦想与品牌的初心相联系,中国南方航空公司在品牌宣传片的演绎中悄无声息地打入消费者内心,实现了与消费者的情感沟通和品牌形象的提升。

4. 幽默

随着社会压力的增大,当下年轻人越来越倾向于寻找娱乐性强、富有消遣性的活动进行自我放松与解压,幽默题材成为了情感营销的又一风口。在品牌传播中,幽默并不需要达到喜剧中捧腹大笑的效果,只需让消费者在看到广告后能够会心一笑,便能产生情感记忆点,进而达到良好的传播效果。

2019年5月28日,虾米音乐吉祥物"虾仔"正式宣布出道,担任虾米音乐"卖萌官",加入阿里动物园,上演了一场 Cosplay 大秀,模仿经典唱片封面,在致敬音乐经典和传奇的同时邀请用户前来做音乐测试[①]。熟悉的唱片封面,主角却换成了可爱的虾米吉祥物,受众在会心一笑的同时,也会逐渐感受到虾米音乐的独特魅力。在形象上,虾米音乐采用了音乐圈常见的"出道"形式,不仅先行在微博进行预告宣传,同时也在出道当天联动阿里系的各部门成员在评论区组团迎新,借助阿里经济体的势能不断扩大影响力和趣味性。虾仔吉祥物的出现,迎合了当下消费者的情感取向,满足了他们的娱乐化需求,也给消费者留下了深刻印象,提高了品牌的认知度和好感度。

5. 自我

当下的主流年轻消费者具有实现自我价值的新主张,期盼外界有更多人倾听他们的声音。世界是什么样子对于他们来说或许不是最重要的,重要的是他们自己想要什么样的世界。VINCI 智能头机就抓住了80后和90后自我情感输出的需求,在情感营销战场上打出了一张炫酷又时尚的自我情感牌,吸引了众多酷爱时尚,以时尚单品标榜自己的不俗品位,区分自己和世界的不同的年轻人。这种自由而张扬的情感恰好符合了该品牌的传播理念,也让目标消费者80后、90后产生了情感共鸣[②]。

(四)情感营销的陷阱

在数字媒体的包围下,品牌主尝试从情感角度入手,深入打通与消费者沟通的路径,建立与之的情绪链接,以达到引导消费者情绪走向的"带节奏"效果。但并非所有情感营销都能为品牌带来积极正面的效果,当品牌、产品与营销内容不符,达不到消费者的预期期望时,过度的情感输出便成为了负累,会为品牌本身带来负面的效应。

2018年7月上映的某影片,在前期宣传时鼓吹"90后记忆""逝去的青春"一类

---

① RIO 宣布邓伦为产品代言人,大众途昂 X 发布新品牌宣传片[EB/OL].[2019-05-29]. https://www.sohu.com/a/317335774_505797.

② 泰国广告为什么大火?6个案例看懂聪明的品牌做对了什么[EB/OL].[2019-11-14]. http://www.sohu.com/a/214709941_100017421.

的情感标签,并打出了"十年重聚"的口号,吸引了一票"爱粉"。然而在该片终于上映后,粉丝们对于它的质疑声与讨伐声,也如"巨浪"般不断袭来。其中被吐槽最多的,则是前期宣传时仍在"热炒"情怀的该影片,真相竟然是一部盗墓片[①]。由此引来的骂声一片,不仅是对其前期情感营销的失败宣告,更造成了该电影豆瓣评分 2.4 分的局面。

二、场景代入

在购物时,大部分顾客做出购买行为的过程都是无意识的、非理性的、冲动的。这意味着,顾客的购物行为是可以被引导的。因此,品牌主需要在顾客与商品之间搭一座桥,建立一种联系,给顾客一个购买的理由。这座桥的名字就叫场景化。所谓场景营销,就是为产品找到具体的消费环境(时间、地点、心情、状态),让顾客在固定的场景中能联想到特定的产品,从而转化为购买的行为。

(一)场景是场景营销的核心要素

人的某些需求,要在特定的场景下才会被激发,找到这些场景,就等于找到了机会。因此,对场景营销而言,构造场景极为重要。伴随着移动设备的大量普及和移动应用的快速发展,互联网场景得到了不断丰富和完善,场景营销迅速发展。在场景分类中,衣食住行等生活场景是目前场景营销中重点关注的细分领域,此外,艺术场景、运动场景等的开设也为营销信息和内容提供了新的触达环境[②]。

1. 生活场景

我们无时无刻不生活在场景中,却往往难以自知。生活场景中的我们拥有最自然的状态与最直接的反应,因此,在生活场景中置入品牌印象,能让消费者产生亲切感,更容易获得消费者的认同。但在搭建消费者的生活场景与购物场景时,也需要注意切入口的把握,过于生硬地介入反而会招致消费者反感。

以宿务航空的"雨代码"营销为例,香港地区的季风气候时常让当地人头疼,少见晴天、多是阴雨的天气易使人心情持续低落。而宿务航空却抓住了"下雨"这一常见的生活场景,以连续的阴雨天作为切入口,提出了"下雨太烦人?快扫二维码,来菲律宾跟阳光玩游戏"的口号,并用防水喷漆在香港大街路面上喷绘二维码广告,达

---

① 电影 2.4 分,骂声一片,2018 年最大的电影骗局[EB/OL].[2019 - 11 - 14]. https://baijiahao.baidu.com/s?id=1608463829833439333&wfr=spider&for=pc.

② 6 个极具创意的"场景营销"案例[EB/OL].[2019 - 11 - 14]. https://www.meihua.info/a/4064.

到平时隐形,一下雨就冒出来诱惑人的效果,吸引大家到阳光明媚的地方旅游[①]。宿务航空的这一尝试巧妙而又自然地将品牌需求融入生活场景当中,无形间加深了消费者的品牌记忆,增强了消费者的需求欲望(见图9-2)。

图9-2 雨代码喷绘二维码

2. 艺术场景

艺术是人们休闲生活中的重要组成部分,如展览、电影、话剧、音乐会等,人们在这些艺术场景中会产生独特的感受。

以五月花的场景营销为例,五月花品牌用其纸巾产品,将各大城市地铁站、商城变成艺术场景——卫生纸画廊(见图9-3)。此外,品牌分别邀请了专业人士和普通消费者,在活动现场的五月花卫生纸上作水墨画,通过参与活动体验五月花卫生纸柔滑、强韧和湿水不易破的重要特性。此类艺术场景的置入,不仅给予了消费者美的享受,而且也在无形之中提升了品牌形象,拉近了与消费者的距离。

图9-3 五月花卫生纸画廊

3. 运动场景

运动场景往往象征着能量、活力与青春。通过持续性地展示动态画面,消费者会于无形中加深对品牌的感性体验,品牌的活力也会因此被激发。

---

① 看饿了么、阿迪和玛丽黛佳,如何玩转"在路上"的场景营销?[EB/OL].[2019-11-14]. http://m.sohu.com/a/298979613_120047513.

以士力架的广告为例,为覆盖更多潜在年轻群体,提高品牌销量,士力架立足于年轻的男性群体的兴趣偏好,综合其对旅游、动漫、体育及汽车等领域的热爱程度,选择了其中最为消费者熟悉的场景进行广告演绎。整个广告片围绕着"横扫饥饿,做回自己"的口号与产品诉求,用对比的手法巧妙地将产品置入不同的运动场景中,为士力架贴上了充满能量的标签,构建了目标受众的记忆点[①]。在运动场景中,士力架以能量补充剂出现,具有天生的适配性。此外,多个运动场景的叠加呈现也进一步加深了消费者的印象。在多个运动场景的更迭中,消费者对士力架产品的记忆点被激活,由此形成了高强度的品牌活动识别度。

4. 节日场景

节日是指生活中值得纪念的重要日子。中国人喜欢过节,并对节日有着虔诚的期盼与祝愿。在新的营销需求的驱动下,各大电商平台为刺激消费,争夺用户而纷纷造节。

以"双11"为例,"双11"作为被创造的节日,本意是单身者的自我嘲讽,但在淘宝等电商平台的推动下,"双11"被赋予了购物狂欢的含义,并在近年来逐渐发展成一场经典的"节日"营销。在2019年"双11"狂欢节过后,相关平台信息及时出炉。数据显示,截至2019年11月11日24:00,"双11"当天的交易额为2684亿元,与2018年"双11"的交易额2135.5亿元相比,消费者们的消费积极性明显提升,消费投入也不断加大。通过制造节日,品牌主让消费者自然地置身于节日场景中,放松其对消费欲望的克制,此外,节日的气氛也有利于降低消费者对品牌的苛求度,使品牌更容易走进消费者内心,增强对品牌的好感度。

5. 消费场景

消费者的购买行为是由一系列环节、要素构成的完整过程。在这一过程中,购买决策居于核心地位,受到方方面面因素的影响。对于某些品类而言,购买是消费者最容易受影响的环节,甚至决定着整个消费行为的结果。因此,如何创设购买场景,实现消费者从形成认知、产生好感到确定购买的转变,成为品牌主进行场景营销的一大思考要点。

以五芳斋的新零售模式为例,2018年1月28日,五芳斋联手口碑平台,推出了首家无人智慧餐厅。在"餐饮+零售"的新模式下,门店成为五芳斋用户流量的新入口,实现了线上线下销售的新式融合。在数据驱动与技术赋能的思路下,系统以消费者为中心,利用口碑大数据自主完成了从排队、点餐到下单、取餐的整个用餐过

---

① 士力架:横扫饥饿,做回自己[EB/OL].[2019-11-14]. http://www.enet.com.cn/article/2017/0302/A20170302027888.html.

程,并通过口碑码打通了数据全链路,实现了线下经营数据化,重构了餐饮的消费场景。可以认为,无人智慧餐厅的开设为五芳斋进行营销传播开辟了新的场景,在新增的接触点中,品牌利用数字技术强化了服务质量,增进了营销的精准度,有利于消费者通过亲身体验加深对品牌的印象与信任,建立更为牢固的品牌忠诚度。

6. 二次元场景

随着数字时代的到来,二次元产业在媒介技术的变革下取得了极大的发展。人们越来越多地将时间花费在二次元虚拟世界里,从中汲取乐趣,实现情感满足,玩转二次元场景也因此成了营销新趋势。

为增大平台声势,扩大品牌影响,2019年1月,腾讯视频国漫平台在上海打造了国内首座虚拟偶像主题城,围绕魏无羡、蓝忘机、唐三、东伯雪鹰、九月、哪吒、涂山苏苏等多位人气国漫偶像设计了五大互动游戏展区,引来了粉丝与偶像的现场互动。自2019年1月18日鹅少在微博发起第一次开城公告以来,"十方大陆主题城"共吸引了超过3000名动漫迷来到现场与国漫爱豆展开深层互动。此外,更多的粉丝则在社交平台上对这场虚拟偶像聚集盛会进行围观,到活动结束日,微博"十方大陆主题城"主话题阅读量达437.9万(见图9-4)。在此次营销中,腾讯视频国漫平台以粉丝参与为核心,将国漫虚拟偶像们聚合到一处,通过线下人物互动、场景互动,全方位满足了粉丝对这些动漫人物的情感投射,进而完成了从单一的二次元投喂到面向三次元广泛人群的传播,让更多人体验到动漫人物的魅力,实现了跨次元场景的全面覆盖①。

图9-4 "十方大陆主题城"活动

(二)数据、算法和体验是场景营销的补充要素

一场成功的场景营销离不开各个要素的协力配合。作为场景营销的第一步,构造场景起着举足轻重的作用,与此同时,数据与算法的辅助作用以及体验的加持效

---

① 打造十方大陆城场景互动 腾讯视频国漫让虚拟偶像跨次元走出花路[EB/OL].[2019-11-14]. http://mini.eastday.com/a/190129123711236.html.

果也同样不可忽略。

1. 数据和算法

数据是场景营销的基础,包括场景数据和应用数据两类。在场景数据的基础上,品牌主通过挖掘、追踪、记录和分析用户线下数据,实现对用户线上+线下完整行为的分析,并完成用户的多维、立体画像,为预测用户行为提供基础。此外,数据要发挥价值还需依赖于高效的算法,算法基于大量数据的训练,为处理更大数据提供了可能。在场景营销中,算法和数据互为促进、互相影响,以达到最好的传播效果。

2018年6月,一年一度的广发分享月正式拉开帷幕,作为拉近用户距离的王牌活动,广发银行希望借助360媒介推广,在活动月的"前中后期"实现活动品效最大化。360推广利用自身的360大数据体系,结合360商易、360DMP的营销工具,精准刻画出银行兴趣人群、信用卡兴趣人群、广告点击人群、网站访问人群,以这些人群为基础进行针对性极强的曝光传播。同时在360全场景的产品布局中,结合信用卡的人群属性进行资源的挑选投放,在正确的位置,对正确的人群,说出动听的话。在这场营销战争中,广发银行利用360的各大场景化产品,结合360的大数据工具,以"场景+数据"的手段精准圈定目标用户,以吸睛的广告场景和样式直击用户的内心深处。通过数据寻找目标受众,通过场景构建目标受众记忆点,360将技术与品牌传播策略完美结合,促进了品牌的长足发展[①]。

2. 体验

场景营销使营销内容无时无刻不呈现在用户面前,成为伴随用户数字生活和现实生活的一部分,体验在场景营销中也变得极为重要。

以房地产营销为例,为了增强用户的体验感,加深对房源的好感度与归属感,在售楼前,房地产商往往会根据楼盘的定位与目标消费者特征,打造出能引发消费者共鸣的样板房,供消费者参观。随着互联网移动技术的发展,智能化趋势逐渐加强,房地产营销也在技术赋能下趋于智能化与便捷化。为了扩大品牌的知名度,拓宽网络传播渠道,许多品牌主利用VR技术打造出线上虚拟样板房系统,为消费者提供沉浸式体验服务。生硬的品牌信息在所构建的场景中立体化,不仅有效充实了消费者的感官体验,也为其提供了强烈的场景代入感,使其切身感受到产品特性。

---

① 360×广发银行场景化大数据营销案例[EB/OL].[2019-11-14]. http://market.meihua.info/works/78766994.

三、品牌共振

在新零售时代,随着线上与线下消费界限的消弭,如何创新营销方式,优化消费者的购物体验,成为当前各品牌面临的挑战。而一个企业的资源往往是有限的,即使是大企业也存在该方面的顾虑与考量,因此,如何使用有限的资源打造属于企业自身的竞争优势成为品牌营销亟需考虑的问题。

(一)共振营销的含义

为优化品牌营销效果,磨一剑营销策划机构总经理高源提出了"共振营销"的理念,认为企业唯有聚焦资源打造某一方面的竞争优势,击穿消费者心理阈值才可能取得营销的胜利。所谓共振营销,即指通过对企业现状的分析,了解开展营销的可支配性企业资源和优劣势,在可支配性企业资源的前提下,通过对竞争环境的分析,探察营销成功的各关键策略点,并综合运用各种品牌营销工具,科学地设计营销振幅,建立线性竞争优势,激活关键策略点,使关键策略点同步协调,与目标消费群的心律一起脉动共振,达到最大化营销效果。

自2016年以来,阿里巴巴一方面不断完善自身的产品矩阵,构建全链路、全媒体、全数据、全渠道的全域营销方式,另一方面也从数据、技术、资源等方向,全面提升合作伙伴的品牌形象及营销能力,实现品牌间的营销共振。阿里巴巴CMO、阿里妈妈总裁董本洪表示,这样的品牌共振模式不仅能够指导品牌的营销投放,更能让消费者的行为数据进一步影响和倒逼品牌商做出更有利于市场的改变[①]。

(二)品牌内的同频共振

品牌内的同频共振是指品牌立足于自身定位与诉求,将线上线下相结合,打造全渠道运营的新模式。总体来看,可以概括为两种情况,即跨平台共振与跨场景共振。

1. 跨平台共振

随着移动互联网的发展,中国的社交网络开始呈现多元化、复杂化的特点,除微博、微信以外,相继诞生了陌陌、知乎、秒拍、映客直播等具有社交属性的内容平台,它们与即时通信应用一起构成了移动互联网时代社交媒体的新生态。基于这种变化,中国的全平台营销形成了包括微博、微信、今日头条、秒拍、知乎、贴吧、豆瓣、优酷、网易云音乐、直播等平台以及产品所处领域的垂直平台在内的营销矩阵[②](见图9-5)。

---

① Uni Marketing 全域营销:赋能品牌价值打造营销共振[EB/OL].[2019-11-14]. https://finance.sina.com.cn/roll/2018-04-30/doc-ifzvpatr3646677.shtml.
② 微博微信之后,社会化营销的下一个趋势是什么?[EB/OL].[2019-11-14]. https://www.digitaling.com/articles/38436.html.

在碎片化的今天,品牌方唯有对社交媒体的新形势作出及时回应,探索并紧跟社会化营销的新趋势,进行"全社交平台营销",才能引发跨平台共振的效果。

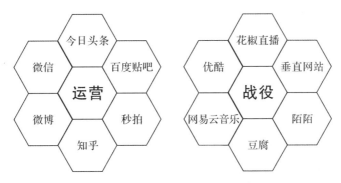

图9-5 国内全平台营销矩阵

以小米为例,从最初的无名之卒成长为如今家喻户晓的国产手机品牌,小米的成功不只源于其对产品质量的投入与对新品开发的专注,更是企业重视品牌塑造与用户参与的结果。在企业发展的过程中,小米始终重视与消费者的互动沟通,强调用户的直接参与,积极开展全平台营销,与用户进行直接接触,引发品牌的跨平台共振。在视频领域,基于抖音、优酷、B站等不同视频平台的特点,小米采取了不同的风格定位进行内容产出与投放,以满足各平台用户的需求,如在优酷上更新有关品牌产品、会议的视频,而在B站上投放与二次元相关的内容等。此外,在微博、微信、今日头条等应用中,小米也根据不同平台的用户特征,分别进行用户画像,制定了具体而全面的媒介投放计划,即使在百度贴吧上,也能看到小米活跃的身影。通过全社交平台营销,小米在提高传播深度的同时,也拓宽了传播面向,加大了营销的转化率与影响广度,达到了跨平台共振的效果[①]。

2. 跨场景共振

随着互联网进入下半场,线上红利日益递减,品牌线下落地成为营销新趋势。过去以新媒体传播为主要策略的互联网品牌逐渐意识到线下营销的重要性,开始对二者进行整合。跨场景营销则是指品牌通过与不同场景进行互动产生化学反应,实现与消费者的情感沟通的过程。

以饿了么为例,为进一步明确品牌定位,提升品牌价值,饿了么在2019年的夏日"战役"中推出了营销新定位"饿了就要",采取全场景营销的策略与消费者进行互动沟通,在北上广深和杭州的知名商圈、地铁选取了10个点,与必胜客、海底捞等知

---

① "小米"品牌全社交平台营销案例赏析[EB/OL]. [2019 - 11 - 14]. https://www. haohead. cn/2018/yxch_1119/1500. html.

名餐饮店一起合作打造了"饿了门"连锁分店场景。除此之外,饿了么还将营销场景扩大到了更多的日常生活场景中,如通过 KOL 直播,赠送奶茶、蛋糕、杜蕾斯等商品以覆盖不同的消费群体等。在全过程中,饿了么始终围绕四大定位进行营销策划:多——不止是快餐,饿了么还提供更多急你所需的新品类,如安全套、狗粮等;快——不止是替你淋雨、挨晒、避寒,关键是快,小窗直接递到;好——不止是普餐,现在这么多高品质餐厅都在入驻饿了么,消费升级妥妥的;省——不止是省时,更照顾你的口袋,扫二维码即获得红包,在各类场景中反复强调消费者的心智认知,以达到跨场景共振的效果①。

(三)品牌间的联合共振

品牌间的联合共振即指品牌联合营销。从 20 世纪末开始,关于品牌联合的研究便在国外兴起。随着社会的发展与企业的转型,众多中国企业开始谋求品牌联合,学界对这一方面的研究也逐渐增多。综合多位学者的观点,品牌联合是指在维持两个或更多原有品牌特性、属性的条件下,将这些品牌结合而创造一个新的产品或服务的过程,其关键在于将合作品牌的有益属性与积极态度转移到联合品牌上。具体来说,品牌间的联合共振主要分为同行业共振与跨行业共振两种②。

1. 同行业共振

同行业共振是指基于共同的商业目的,品牌之间互相补充,互相协作,达到双赢的传播效果。

以游戏行业为例,暴雪游戏是世界顶级游戏公司,制作了《星际争霸》《魔兽世界》等经典游戏产品,在业界享有盛誉。为开拓中国市场,暴雪游戏与当今中国游戏巨头之一的腾讯合作,邀请腾讯代理其多款游戏在中国的发行及运营,如《绝地求生》《我叫MT2》等。通过品牌联合,腾讯为游戏提供了网络优化、服务器扩容、外挂打击等技术支持与最好的本地化运营条件,致力于为广大玩家提供 PC 端的全新游戏乐趣③。在游戏"爆火"的同时,腾讯也通过其代理身份加深了与游戏用户的直接沟通,强化了腾讯游戏的正面形象。这样一种典型的同行业共振形式,既弥补了暴雪游戏对中国游戏市场本土化运营能力的缺陷,也提高了腾讯游戏在行业内的影响力,可谓是真正实现了双赢。

---

① 年度盘点:2017 优秀户外场景营销案例[EB/OL].[2019-11-14]. http://m.sohu.com/a/217744130_99951890.

② 李东辉.品牌联合类型与主品牌知名度对消费者态度及购买意向影响的研究[D].大连:东北财经大学,2011.

③ 腾讯与 PUBG 公司达成合作获得《绝地求生》的国服代理[EB/OL].[2019-11-14]. http://baijiahao.baidu.com/s?id=1584743851446182791&wfr=spider&for=pc.

2. 跨行业共振

与同行业共振不同,跨行业的合作共振是指通过不同行业间不同品牌、不同特性的相互碰撞,形成新的营销卖点,使消费者产生新奇感与对品牌进行重新审视的欲望,达到品牌受众的交叉吸引。

以线上服务行业为例,作为中国最大的音乐平台之一,网易云音乐因其优质的歌单服务、乐评分享等功能深受用户喜爱。随着互联网人口红利逐渐消失,网易云音乐不再将眼光局限于线上运营,而试图进行实体化运作,打造线下实体门店,进行跨行业营销。在与亚朵轻居开展了主题酒店的合作后,2019 年 8 月,网易云音乐再度进行跨界尝试,与瑞幸咖啡联名开办了"乐岛"音乐主题咖啡店。在这个主题店内,有无数个"岛屿",每一个"岛"上都有独立的感应音罩,播放着不同的音乐,店内还有一个特殊的互动区域和机制,能"让乐评上墙",进店的用户可以留下想说的话,并有机会被投射到"乐岛"的乐评墙上[①]。主题咖啡店的设立不仅满足了消费者休闲小憩的基本需要,更通过店内的互动项目增强了消费者的多元体验,使瑞幸咖啡的价值不止于饮品层面,消费者对网易云音乐的感知也通过跨行业营销从单纯的线上虚拟服务延伸至线下的生活领域,达到了跨行业共振的效果。

但任何事情都有其两面性,跨行业营销在为品牌创造价值、带来更多发展机会的同时,也存在一定的风险隐患。2018 年 12 月 10 日,三星在 A8s 手机发布会上宣布与潮牌 Supreme 合作,但因上台的中国区负责人所穿的 Supreme 产品并未在售,网友便质疑三星联名的 Supreme 是山寨品牌。对此,三星电子大中华区数字化营销高级经理在社交平台上做出回应,指出三星联名的是意大利的 Supreme,而不是美国的 Supreme。该回应直接引发了全平台网友的热议,"三星联名 Supreme"事件的热度也一时内达到了峰值[②]。大众普遍认为,三星作为一个全球知名的企业,不该与"山寨"品牌合作,二者的联名无疑是对三星原品牌价值的一次严重削弱。

由此可见,品牌在进行跨行业共振营销时,应对联合对象与联合方式等具体内容进行周密考量,不仅要考虑对品牌价值的长期增长是否有益,更要对双方的企业品牌形象与定位契合度、目标消费人群的重合度进行分析[③],以期实现 1+1>2 的跨行业共振效果。

---

① 网易云音乐和瑞幸咖啡联合开店[EB/OL].[2019-11-14]. http://dy.163.com/v2/article/detail/EMDJ6LKN0515D7EP.html.
② 三星联名 Supreme:被嘲为跨界营销的失败案例[EB/OL].[2019-11-14]. https://www.civiw.com/business/20181212112116.
③ 袁凌枝. 对当代企业品牌联合的研究[D]. 北京:首都经济贸易大学,2008.

第二节 品牌传播的创意玩法

移动互联网的发展使品牌的媒介经营与广告投放产生了新的变化。专业的内容植入方式、强调互动的话题打造以及创新的传播方法共同打造了一个新型营销传播生态,为品牌传播带来了生机。

一、国潮复兴

国潮,原意"国内本土潮流品牌"。随着时代的发展,国潮二字语义渐丰,逐步发展为一种态度、一种情怀,被广大消费者接受,甚至迷恋[①]。越来越多的优秀国货品牌再次重回大众视野,越来越多的"国货控""国潮青年"开始涌现。其中,身为80后、90后的年轻消费者对国货产品偏爱有加,新生代消费者在购买产品时也不再一味追求国外大牌,而是更看重性价比,乐于做一个有高度爱国情怀的青年。可以说,这是一场民族个性的复兴,也是所谓的国潮复兴。

(一)品牌的国潮营销

在瞄准了国潮中潜藏的商机后,品牌主们纷纷于各大领域开展了国潮营销。在这场复兴浪潮中,国潮主要体现为中国风的广泛应用与传统品牌的跨界尝试。

1. 中国风的广泛应用

作为蕴含着大量中国元素并快速适应了全球流行趋势的一种艺术形式或生活方式,中国风因其独到的特点而被广泛应用于广告、营销领域,成为各大品牌在本土化传播策略中最常采用的手段之一。在这一类别里,品牌通过强调自身的中国标签以达到国潮营销的效果。

以民族品牌李宁为例,在发展的过程中,李宁牌始终坚守民族定位,不遗余力地赞助各项体育赛事,为成为中国体育用品行业的领跑者而努力。随着国潮声势的逐步扩大,李宁牌也率先试水该领域,进行了系列国潮营销。2018年2月,李宁牌亮相纽约时装周,这是中国运动品牌第一次亮相国际一线时装周。在秀台上,李宁牌抛弃了具有形式美感的普通运动装,而用干练流畅的线条裁剪、极具中国特色的字符印花,让世界看到了属于中国的潮流文化。2019年2月,李宁牌再次亮相纽约时装周,在这次秀场上,李宁牌以"行"为主题,将中国河流山川的景致融入运动服设计中,推出"自然徒步者""城市漫游者"和"旅程探索者"三个系列的新作,从最初简单的汉字元素,逐渐过渡到不执迷于中国基因而与全球时尚文化相

---

① 陈羽宣.当下品牌的跨界联名——"国潮"兴起[J].大众文艺,2019(17):273-274.

融合的形式中,表明了中国新青年的穿衣态度,向世界展现了中国品牌的魅力与价值(见图 9-6)①。

图 9-6 李宁牌亮相纽约时装周

2. 传统品牌的跨界国潮

传统品牌是指在社会发展中长期形成的具有历史传统的商店、商标、商品,是曾经辉煌并有一定口碑的、能在消费者心中留有印象的品牌。与一般品牌相比,传统品牌承载着更为深厚的历史文化底蕴,具有更加稳固的文化核心价值②。在数字时代下,人们的生活方式以及居住环境都发生了颠覆性变化,营销领域也因此产生了巨大变革。随着市场中新品牌的大量涌入,许多传统品牌因缺乏市场曝光,忽视对品牌的塑造与经营而渐渐消失在公众的视野,市场占比直线下滑,情况不容乐观。为此,传统品牌开始拥抱国潮,实现品牌焕新。对于传统品牌来说,跨界营销是一个重新抓住年轻消费者的机会,这一方式的最大益处在于让品牌本身的中国元素以焕然一新的面貌呈现在消费者面前,惊喜之余,二者相互渗透、相互融合,能最大限度地树立品牌立体感与纵深感。

1959 年,大白兔奶糖于上海诞生。由于味道佳、品质高,自面世后,大白兔奶糖便受到了广大消费者的青睐。然而,在 21 世纪初,随着阿尔卑斯、徐福记、金丝猴等众多品牌在糖果领域强势布局,大白兔在经历了激烈的市场竞争后,在细分市场逐渐被后来者赶超。为了使品牌重新回到公众视野,大白兔制定了"永葆青春"的发展策略,在跨界领域不断进行着探索和尝试。2018 年,大白兔携手国产美妆品牌美加净推出了联名产品"大白兔奶糖味润唇膏",产品一经推出便秒售空,一度成为社交媒体上的热点话题。为了将大白兔经典的奶味用一种更有趣的姿态呈现给消费者,2019 年,大白兔又携手气味图书馆,掀起了一场跨界大秀,联名推出了快乐童年香氛系列产品,如大白兔奶糖香水、沐浴露、身体乳、护手霜和车载香氛等。一个是主张

---

① 陈羽宣.当下品牌的跨界联名——"国潮"兴起[J].大众文艺,2019(17):273-274.
② 黄敏健,蔡建梅,李欣华.新媒体环境下传统品牌重塑策略研究——以"百雀羚"为个案[J].江苏商论,2018(6):7-10.

"快乐分享"的大白兔,另一个是"爱生活·爱气味"的气味图书馆,两者"香"遇,唤醒了年轻人久违的孩子气,传送了一份简单而又纯粹的快乐①。这不仅有效增加了品牌的曝光量,更拉近了品牌与消费者之间的情感联系,沉淀了品牌价值。

(二)平台品牌的国风赋能

在国潮复兴的当下,不止品牌主在大力进行国潮营销,许多平台也在努力进行国风赋能,让原本有距离感的传统文化 IP 降低姿态,变得活泼起来。

2019 年 3 月,天猫新文创以"你好,苏州博物馆"和"你好,国家宝藏"为主题发起话题活动,先联合苏州博物馆八大茶品牌,将江南才子唐寅传世之作与传奇故事融入茶香,推出"桃花流水""诗情画意"等与唐寅相关的主题产品,再联合央视《国家宝藏》栏目推出国宝联名限量新品,为贵妃系列产品做宣传②。2019 年 8 月,在美食大牌日活动中,天猫也对平台进行国风赋能,通过打造"龙宫"IP 来演绎海鲜之美,运用复古的色彩画面与潮流热词,将受众的联想引入"八仙过'海',各显神通"的故事,展现东方韵味③。在这当中,天猫为各大品牌构架了国潮营销的桥梁,不仅为品牌塑造起国风形象,也为平台自身贴上了"国潮"的标签(见图 9-7)。

图 9-7 天猫新文创

(三)国潮营销的原则

"国潮崛起"为中国的品牌转型指引了全新的方向,通过将中国文化、中国艺术和中国美学引入现代的潮流趋势,品牌能从中汲取精神力量,迸发出全新的活力④。但国潮、国风并非万能灵药,无法与每个老字号品牌都完美融合,简单粗暴地在产品上点缀中国元素,或从旧文化中随意提取复古元素往往是行不通的,唯有透过美学

---

① "大白兔"品牌跨界营销盘点是国潮也是情怀[EB/OL].[2019-11-14]. https://www.360kuai.com/pc/9917038ff442be2f0?cota=4&kuai_so=1&sign=360_57c3bbd1&refer_scene=so_1.
② 节日营销、垂直专场、国潮国风,这些平台如何与品牌一起打造创新营销?[EB/OL].[2019-11-14]. https://socialbeta.com/t/marketing-platform-research-and-case-study-in-march-2019.
③ 中国新广告评选[J].中国广告,2019(10):124-128.
④ 李咏瑾.国潮跨界正当时[N].经济日报,2019-10-13(6).

层面上能指的狂欢,找到符号下的所指与品牌内在真正的关联度,才能最大程度地展现品牌蕴含的中国底蕴,达到国潮营销的效果。

二、艺术升华

随着社会的进步和时代的发展,消费者的文化素养越来越高,对商品的文化属性要求也在不断提高。为了更有效地占领消费者心智,促进品牌国际化,品牌方转换了固有思路,将艺术元素融入营销传播中,形成了新型的艺术营销模式。艺术营销是指商家通过将自身产品与艺术进行巧妙的嫁接,借助各种艺术形式天然的影响力,打动消费者,使他们产生文化认同,进而更容易地促进产品销售和品牌认知的一种方式。在营销手段越来越多样化的当下,艺术营销以其灵动性与传播不受国界、民族和语言的限制的特点越来越受到品牌主的重视[①]。

(一)艺术营销的应用场景

对不同类型的品牌而言,艺术的应用形式与程度是不同的。根据品牌的定位与属性,艺术营销的应用场景主要分为两大类,即奢侈品应用和日用品应用。

1. 奢侈品——先锋实践者

奢侈品与艺术品在内涵上存在着异曲同工之妙。奢侈品,又称非生活必需品,所代表的是在个人和社会中与艺术、理想一致的不可或缺的更高层次的价值,而艺术品则强调对人们某种审美需要和精神需要的满足。二者传达的皆为精神境界,象征着身份地位。为了让品牌成为一种艺术,让消费者成为收藏家,奢侈品行业开始尝试运用艺术营销这一手段。

以葡萄酒行业为例,作为酒款的"名片",酒标发挥着重要的作用,除了可以使人们从中获取酒款的必要信息以外,酒标也是酒庄形象以及酒款特色的展现。大多数人在品酒的初级阶段都会从酒标的颜值出发来挑选酒款,颜值越高则越容易吸引人们的注意。为了提高品牌在人们心中的好感度与美誉度,罗斯柴尔德木桐堡瞄准了营销突破口,对酒标进行了艺术化尝试。菲利普·罗斯柴尔德男爵每年都会邀请一位当代艺术大师为木桐堡绘制酒标(见图9-8)。这些艺术大师包括米罗、夏加尔、勃拉克、毕加索、塔皮埃斯、培根、达利、巴尔蒂斯、杰夫·昆斯等。中国著名当代艺术家徐累的作品也曾作为木桐堡2008年份的酒标。通过对酒标进行艺术增值,木桐堡有效加强了人们对其品牌的好感度与艺术联想,提高了品牌的艺术价值[②]。

---

① 高小雨.当代艺术营销传播模式的构建策略分析[J].商讯,2019(24):148-149.
② 琼瑶杯·美酒——把这些美酒收集齐,你就有了一间艺术馆[EB/OL].[2019-11-14]. https://www.sohu.com/a/149019643_101713.

图 9-8　罗斯柴尔德木桐堡酒标展示

2. 日用品——后进发力者

除奢侈品外,许多日用品牌也在逐渐向艺术营销领域进军,通过艺术感知构建消费者对品牌的亲切感,进而达到树立品牌形象的目的。

以牛奶品牌金典为例,在 2019 年天猫国潮高定版的包装设计中,金典与劳力士设计师 Nicolas Damiens 合作,以 Art Deco 风格为创作灵感,将西方装饰主义的华丽与东方灵感的神韵融合在一起,通过线条设计呈现出蓬勃、肆意生长的生命力与力量感,打造了极具辨识度和特色的产品。10 月 1 日,金典 2019 国潮高定版产品与限定款礼盒在世界当代艺术顶级殿堂法国蓬皮杜艺术中心发布。10 月 3 日,产品在 Pop-Up Store 与海内外消费者见面(见图 9-9)。由此,金典成为第一个出海的中国牛奶品牌。通过将艺术表现融于牛奶这一日常单品,用艺术来阐释有机生活理念,金典激发了人们对美好生活与品质生活的追求,从价值层面获得了消费者对于品牌更加深度的认可与好感。此外,在展览、时尚等维度,金典也进行了跨界艺术尝试,强调"用一杯牛奶的时间品味艺术",让生活更具质感和品位,加深了消费者对品牌

图 9-9　金典 2019 国潮高定版包装

有机生活理念的深度理解①。

(二) 艺术营销的应用策略

品牌主在进行艺术营销时有几种常用的应用策略,分别是艺术宣传、产品合作与品牌赞助。

1. 艺术宣传——将艺术性植入营销手段

艺术宣传是艺术营销最简单直接的运用方式。例如,在促销礼品上,通过赠送艺术复制品等方式进行传播;在广告上,利用艺术家的创意作品进行广告再创作,并将之运用到促销宣传品、礼品袋等各种传播渠道上。此外,在网络上建设企业的艺术营销活动网站,进行艺术图片的网上鉴赏与传播,打造专题博客等都属于艺术宣传的范畴②。

以OPPO在2019年4月发布的新机Reno的广告为例,为进行产品的宣传推广,OPPO邀请了来自意大利、英国、荷兰等国家的艺术家进行创作,以Reno作为核心,用一种艺术的形式将产品的创新精神融入其中,展示出了不同维度的创作力。此外,在宣传Reno时,OPPO将原有Logo进行升级简化,启用了全新品牌Logo设计,并专门拍摄了一支专属视频《OPPO演绎法》以更好地诠释Logo的含义,用艺术装置诠释了OPPO的活力灵动③(见图9-10)。

图9-10 《OPPO演绎法》对品牌Logo的艺术呈现

2. 产品合作——邀请知名艺术家与产品进行深度合作

除了对品牌和产品进行艺术宣传以外,邀请艺术家为品牌进行创作,或设计独特的产品同样也能打造良好的艺术效果。

以2019年五芳斋策划的节日营销为例,在中秋节来临之际,五芳斋与天猫合作推出了一款中秋佳品"梦月礼盒"。这款酷似"包包"的礼盒由法国知名奢侈品品牌

---

① 艺术+高定?金典这次玩出了不一样的国潮[EB/OL].[2019-11-14]. https://socialbeta.com/t/case-of-jingdian-art-nicolas-2019-10.
② 张幸.艺术营销实战攻略[J].国际公关,2008(2):73-75.
③ 【甲方乙方】京东为手机定制"真香香水",OPPO将艺术进行到底[EB/OL].[2019-11-14]. https://socialbeta.com/t/jiafangyifang-news-20190415.

战略大师、包装界的奥斯卡"红点大奖"获得者Gérald Galdini操刀设计,采用午夜蓝色调,运用低调冷烫金,精雕细琢皮质,从老式经典踏足高贵潮流,掀起了一场酷炫潮流①(见图9-11)。在产品面世后,许多消费者慕名而来,纷纷表示对产品的高颜值感到无法抗拒。通过运用产品合作的艺术营销形式,五芳斋将带有艺术家创作的月饼礼盒转换为具有纪念价值的艺术品,打动了消费者,激发其文化消费的欲望,于无形中增加了品牌价值。

图9-11 五芳斋中秋佳品"梦月礼盒"

另外,五芳斋品牌还可以与博物馆、收藏家进行合作,把历史上著名的艺术品与企业品牌联系在一起,增强了品牌及产品的历史厚度与文化底蕴。

3. 品牌赞助——产品与艺术品同台展示

艺术营销的第三种方式是通过赞助并冠名展览,让品牌与展览融合起来,或者直接筹办展览或奖项,在扶持艺术家的同时,将产品艺术化。一方面,艺术家在其中能够受到关注和提升,更好地追求艺术;另一方面,品牌也借助艺术家的创作,提升了品牌富有责任心和艺术品位的形象。

以盒马鲜生为例,2019年11月8日,盒马鲜生携手木木美术馆、兴业太古汇在上海打造了"POW! ART! MART!"疯狂艺术超市特展,设计了一场名为"寻找超市中的艺术品"的互动体验活动,将几十件由英国艺术家露西·斯帕罗用针线缝制成的以果蔬生鲜为型的毛毡艺术品放在偌大的异形迷宫中,让消费者进行搜寻。在展览里,大卫、维纳斯、蒙娜丽莎、兵马俑等艺术品全都变身成为具有生命的奇特存在,它们与艺术家的作品、盒马生鲜的产品一起发力,共同营造出浓重的艺术氛围,使消费者沉浸当中,促使其形成消费欲望②(见图9-12)。在艺术互动中,消费者增强了对盒马鲜生的印象,塑造了良好的品牌认知。

---

① 故宫、五芳斋、阿里、腾讯、杰士邦……2019月饼创意battle,你猜谁赢?[EB/OL].[2019-11-14]. https://www.sohu.com/a/339178971_298352.

② 【甲方乙方】盒马缝了家疯狂艺术超市,德邦喊话双11别为难快递小哥[EB/OL].[2019-11-14]. https://socialbeta.com/t/jiafangyifang-news-20191113.

图 9-12　盒马鲜生"POW! ART! MART!"疯狂艺术超市特展

(三) 艺术营销的原则

随着文化事业的不断进步,艺术的形式和内容都得到了极大的丰富。作为一种特殊的力量源泉,艺术以其挑战现存信仰和认知,扩充人们世界观的作用而受到品牌主青睐[①]。但对品牌传播战略而言,策划一场有效的艺术营销并不是一件容易的事情,如何选择合适的内容和形式匹配品牌内涵,使艺术价值的体现能够增加品牌的价值都是品牌主亟待思考的问题。艺术家与品牌之间的关系不是简单的买卖关系或采购关系,艺术品也不同于生产环节的原材料采购或媒介采购。品牌与艺术家之间应当就艺术家的创作特点和背景、品牌理念价值、营销活动中约定的主题及深层含义等基础要素进行有效的深入沟通,建立相互理解和相互欣赏的双向良性互动,这样才有可能建立对双方均有益有效的合作关系,为实现艺术营销的双赢奠定基础。

此外,对于初涉艺术营销领域的品牌来说,在对成功案例进行分析之时,要有选择地借鉴,并融入自主创新的特色。注重考虑品牌自身因素和社会环境的实时特点,不盲目追求国际化或本土化,可由此减少品牌自说自话的后果,达到与目标受众有效沟通的目的[②]。

三、IP 跨界

在互联网经济高速发展的当下,跨界作为一种时代潮流被品牌主挖掘并用于营销领域。为了更新品牌形象,强化消费者认知,品牌主对跨界营销进行了多种尝试。随着 IP 的作用越来越受到重视,在这股热潮的驱动下,IP 跨界开始成为品牌营销的新欢。

---

① 米兰达·布尔玛,马绯.艺术市场营销的战略逻辑——整合客户价值和艺术目标[J].文化艺术研究,2009(2):239-252.
② 赵艳丰.商业与艺术的融合——探路汽车品牌的艺术营销[J].汽车纵横,2012(11):46-50.

(一)选择适当 IP

作为跨界营销的一种方式,IP 跨界最大的特点就在于 IP 本身的话题属性与粉丝带动力对品牌跨界合成产物的影响,因此,选择适当的 IP 成为营销取得成功的关键。在进行跨界营销的策划时,许多品牌主的做法是搜寻"成功案例",并强行将其套用在自己的产品上。但是,跨界有套路,却没有固定的公式,更没有所谓的真理。2017 年 6 月,《深夜食堂》中国版播出第一集,虽然该剧在开播前被网友投以厚望,但剧中的老坛酸菜面植入却成为了网友的笑柄。细究原因,便是 IP 剧与品牌双方的生硬对接①。因此,在品牌竞争日益激烈的当下,唯有从真实情况出发,透过现象看本质,选择适当的 IP 进行跨界尝试,才能回归营销最初的目的,达到理想的效果。

1. 双方影响力的互相匹配

在 IP 选择时,若双方影响力存在明显倾斜,则会造成单向引流的局面,无法达成双赢。因此,在选择 IP 时,应考虑二者之间影响力的相当性,以达到受众互补、双向引流的效果。

以饮料界巨头可口可乐为例,在携手太平鸟登上纽约时装周之后,可口可乐又与韩国美妆品牌菲诗小铺联名,推出了一套可乐风十足的全系列彩妆。产品采用了可口可乐经典红的产品包装设计,加上醒目的联名 Logo,透露出浓浓的美式复古风(见图 9-13)。可口可乐之所以选择将韩国美妆品牌菲诗小铺作为合作对象,正是看中了其背后潜力无限的亚洲市场②。作为在消费者心中均有着较强影响力的品牌,二者的强强联合有效加固了消费者的信任,调动了其消费的欲望,因此,在面世不久后,产品即销售一空,成为当时的营销爆款。

图 9-13 可口可乐菲诗小铺彩妆系列

---

① 李婉莹.品牌 IP 跨界营销的发展战略[J].传播力研究,2017(10):246.
② 2018 跨界营销成功案例分析.经典营销新思路[EB/OL].[2019-11-14]. https://www.1shang.com/Index/show/catid/8/id/95.html.

2. 双方形象的相通性

在 IP 跨界的过程中,双方 IP 形象是否存在共通之处是需要考量的。强行跨界则容易导致格格不入的后果。因此,在选择 IP 时,对二者形象相关性进行分析是必不可少的。

美年达与狐妖小红娘的合作就是形象相通 IP 合作的最佳典范之一。狐妖小红娘是腾讯动漫的头部 IP,在二次元世界里拥有巨大影响力,与美年达主打的年轻范以及汽水背后所象征的"宅"文化不谋而合。在营销中,腾讯动漫为品牌合作伙伴美年达量身定制了番外动画,由狐妖小红娘动画原班团队制作,正片品质,形成了开创性的合作案例。动画在上线后就受到了粉丝的热烈反响,甚至一度登顶 B 站榜单,昭示了其极高的传播价值。二者合作项目的顺利上线不仅充分验证了腾讯动漫 IP 的商业价值,更带动了后续康师傅绿茶等快消品牌与腾讯动漫的合作,形成了良性循环[①]。

由此可见,IP 内容营销的重头依旧是优质的内容带来的受众沉浸体验与忠诚的粉丝聚集效应。品牌在具体的操作实践中,还需要根据品牌与内容的贴合度、目标消费群与内容受众的一致性,以及成本和周期的控制来综合考虑,而不要被业界热炒的噱头和概念蒙蔽了双眼[②]。

(二)延续 IP 生命力

品牌建设具有长期性,需要不断地进行营销刺激,并对营销效果具有特定要求。大多数品牌主只着眼于一个亮眼的创意,而缺乏对创意总体源源不断的输出,从而无法形成强劲的生命力。因此,在选择跨界 IP 时,也应适当考虑 IP 自身的持续性,以保证品牌自身的可持续发展。

1. 游戏、动漫、形象等持续影响力的 IP

IP 周边产品与人们日常生活息息相关,是二次元产业与各个行业产生关联的桥梁。品牌常借此让二次元文化融入大众生活,不仅能丰富 IP 的意义,也能延长产品的生命周期。

以"正版授权+自主研发"闻名业内的 MINISO 名创优品深谙 IP 经营之道,认为生命周期长久的 IP 唯有进行反复发掘与开发,才能让 IP 的价值在生态内循环放大。与其他商家推出的价格高昂的限量 IP 周边产品不同,名创优品在"回归自然,

---

① 玩转跨界!狐妖小红娘是如何获得众多知名品牌青睐的?[EB/OL].[2019-11-14]. https://www.sohu.com/a/237040219_1000135911.
② 董妍.IP 内容营销优势及本质探析——基于受众沉浸体验的跨界粉丝聚集效应[J].当代传播,2016(5):68-70.

还原产品本质"品牌主张的指导下,坚持 IP 周边产品的"亲民价格"定价策略。这使得粉丝们可以毫无压力地在品牌门店选购自己喜爱的周边产品,品牌的知名度与传播力也便随之放大。现在,名创优品已成为零售品牌的领军人物,它与各大卡通形象的合作催生了每年一度的爆款,引领了时代的潮流(见图 9-14)。由此可见,在进行 IP 营销时,品牌不仅需要把握跨界适配性,更需要对 IP 的持续影响力进行考量①。

图 9-14　MINISO 名创优品系列 IP 周边产品

2. 年度性的话题

除了运用游戏、动漫等具有持续影响力的 IP 类别进行生命力延续,品牌在进行 IP 跨界营销之时,还可以瞄准年度性话题进行借势营销。

以奔驰和 LPL 的 IP 跨界为例。作为风靡全球的 Moba 游戏,一年一度的 LPL(英雄联盟职业联赛)的对抗性和观赏性都毋庸置疑。它本身也包含了"燃""团结""成为英雄""不放弃""不言败"等内涵,极易让粉丝产生情感共鸣。在 2017 年,奔驰作为 LPL 的首席合作伙伴,赞助了 LPL 赛事,双方将合作主题定为:"无畏造英雄",符合年轻群体的情感诉求以及 IP 和奔驰产品的调性。通过定制的主题歌曲、丰富的直播资源、AR 技术的应用、多元化衍生节目、微博资源和线下活动,IP 持续输出内容,成功拉近了年轻群体和奔驰品牌的距离,也为 2018 年奔驰和腾讯电竞合作打下了坚实的基础。此外,奔驰还与 2018 英雄联盟季中冠军赛的冠军战队 RNG 成为合作伙伴,成功圈粉电竞圈,将品牌价值在年轻群体中无限放大。奔驰选择了 LPL 这样一种年度性的话题,不仅能够让品牌的跨界合作年度性持续,也自然延伸了二

---

①　IP 大军又添一员,MINISO 名创优品粉红豹系列萌翻少女心[EB/OL]. [2019-11-14]. http://www.qhnews.com/cysd/system/2017/10/19/012445151.shtml.

者 IP 合作产物的生命力①。

在 IP 资源日趋丰富的当下,拥有一个强大的 IP 能让消费者清晰识别并唤起品牌联想,促进消费者对其产品及衍生品的需求,占据话语权。但品牌与 IP 的跨界合作并不能真正长久地帮助品牌实现增值,它只是一种在当下社会品牌所能采取的在短期内能增占市场的营销手段,缺乏长期有效的沟通力。因此,要真正实现品牌形象的建立和持久发展,品牌还需要打造自身的 IP 化形象,建立品牌自身所具有的内容和情感观念,与消费者达成长期的互动沟通②。

四、游戏化

2014 年微信"抢红包"活动让互联网营销"游戏化"这一全新概念进入了人们的视线,作为一种营销手段和体验方式,"游戏化"在品牌营销传播中大放异彩。随着 21 世纪初互联网和数字媒体革命的蓬勃发展,人们的生活方式发生了极大的改变,以体验为主、带有游戏特征的营销方式成为新经济时代的一种创新商业模式。

(一)游戏化营销的内涵

1980 年,理查德·巴特尔提出"游戏化"这一概念,意指"把不是游戏的东西变成游戏"。在 2011 年,Deterding 等对游戏化(Gamification)进行了界定,提出游戏化即"将游戏设计元素纳入非游戏环境中"③。经过多年的发展,"游戏化"这个概念开始广泛地被人们采用,并在各领域展开运用,对于品牌传播这一特定情境而言,"游戏化"的加盟也在不断的试验中证实了其价值④。宁昌会和奚楠楠对游戏化营销的概念进行了界定,认为游戏化营销即"营销游戏化",是指通过构建用户自愿参与的、能在一定规则的约束内给予顾客自主权并提供反馈的激励系统,使目标顾客产生类游戏的体验,提高顾客服务价值并实现价值共创⑤,具体来说,包括游戏设计原则和方法、游戏机制、游戏框架以及界面设计的内容。

在游戏化营销中,乐趣是最核心的本质,它是激励用户参与游戏化应用和服务的根本原因。凯文·韦巴赫、丹·亨特曾在其著作《游戏化思维》中说道:"游戏化的核心是帮助我们从必须做的事情中发现乐趣。通过让流程有趣而使得商业产生吸

---

① FUN 营销,让电竞跨界更进一步[EB/OL].[2019-11-14]. http://dy.163.com/v2/article/detail/DOAOEVO50526DKBB.html.
② 李婉莹.品牌 IP 跨界营销的发展战略[J].传播力研究,2017(10):246.
③ S. Deterding, D. Dixon, R. Khaled, et al. From game design elements to gamefulness: Defining gamification[A]. Proceedings of the 15th International Academic Mind Trek Conference: Envisioning Future Media Environments, ACM, 2011:9-15.
④ 孙雪凡.互联网营销游戏化的传播特征[J].新媒体研究,2017(5):67-68.
⑤ 宁昌会,奚楠楠.国外游戏化营销研究综述与展望[J].外国经济与管理,2017(10):72-85.

引力。"趣味性便是互联网营销游戏化生产阶段的一大重要特征。通过为用户提供类游戏体验,接受品牌信息成为一件具有吸引力且富有趣味的事情,品牌主由此而更好地与消费者建立共鸣,维系品牌与消费者之间的情感纽带,活化品牌。一个游戏化的系统如果在生产阶段就失去趣味化的传播特征,那么可能从一开始就无法吸引用户,也无法达到品牌传播的目的。

(二)游戏化营销的价值

1. 优化传播效果

将游戏化用于品牌传播系统中的核心信息和增值信息,使品牌信息的呈现场景化、传递表达戏剧化,让用户在接受品牌信息、参与品牌传播的过程中获得类游戏体验,能有效加深消费者对品牌的印象,实现品牌传播效果优化。在网络营销游戏中,为增强用户的使用感与代入感,游戏设置往往呈现出极大的挑战性,需要用户不断应对各种挑战和难题。在克服游戏中的障碍时,用户会主动朝着积极的情绪靠拢,刺激自身全身心地投入到游戏化的网络营销过程中,产生积极的情绪与正确的心态,品牌主因此实现在良性循环中对品牌的持续传播①。

在2018年世界杯期间,Cheil Greater China全方位的创意工坊The Amazing Factory为好丽友新品零食"浪里个浪"创作了一个H5互动小游戏,在零推广预算、零媒体投放、零明星KOL资源的前提下,完成了产品的上市传播任务。通过将足球比赛形式与产品相结合,H5游戏借势热点将好丽友新品"浪里个浪"品牌中自带的"欢乐+自嗨"气质融入游戏化体验中,既增强了游戏趣味性与互动性,又实现了产品与球赛的融合,使用户在游戏中加深了对品牌产品的记忆。持续的红包激励更促使其每天打卡,并主动分享,进行二次传播。在活动进行的28天之内,H5累积访问量为5392884人次,朋友圈及微信群自主转发量为3130944次,相关产品在世界杯期间的销量也大幅提高,实现了品效合一的营销传播效果②。

2. 维系消费者关系

与以往的产品营销相比,游戏化营销不只是单纯的品牌主进行单向输出,而是更加强调通过游戏设置增强用户与品牌之间的双向互动,用游戏化的设计在二者之间架设一个沟通的桥梁。在对等的游戏场景中,用户能增进对产品、品牌的深入了解,使整个网络营销过程不再单一。此外,游戏化信息的及时反馈也能提高用户的内在动机,促进其更好地参与整个过程,形成对游戏甚至品牌的依赖,进而达到维系

---

① 孙雪凡. 互联网营销游戏化的传播特征[J]. 新媒体研究,2017(5):67-68.
② 【世界杯营销以小博大】好丽友"浪里个浪"手机互动游戏,"浪"起539万访问量![EB/OL]. [2019-11-14]. https://creative.adquan.com/show/45394.

与消费者之间关系的效果。用户在游戏化过程中的行为都会被追踪记录并最终反馈到线上系统,使品牌主更好地管理和协调游戏化的过程,紧密二者的联系。

以蚂蚁森林为例,2016年8月,支付宝公益板块正式推出蚂蚁森林公益游戏,用户以步行替代开车、在线缴纳水电费、网络购票等行为节省的碳排放量,将被计算为虚拟的"绿色能量",用来在手机里养大一棵棵虚拟树。虚拟树长成后,支付宝蚂蚁森林和公益合作伙伴就会在地球上种下一棵真树,或守护相应面积的保护地,以培养和激励用户的低碳环保行为。为增强社交功能,除消费行为外,在线好友之间也可以互相"偷能量"、帮浇水;亲密好友之间还可以合种一棵树,共同维系树苗的成长,由此促进用户与用户之间的日常互动,提高社交价值。通过游戏化途径,支付宝成功增强了用户体验,提高了用户与平台间的契合度,使消费者提高了品牌忠诚意识。

(三)游戏化营销的形式

1. 游戏化广告

游戏化广告即将部分游戏元素嵌入产品广告,通过在广告中设置游戏场景,受众会联想到与他人合作和竞争的参与感。由于年轻群体对游戏的接触度与接受度更高,因此,游戏化广告对年轻群体更具吸引力,能够产生更丰富的心流体验,获得更多的乐趣。在年轻化品牌策略中,品牌主常采用游戏化广告这一形式进行广告展示。

为了让"巨无霸"重新走入消费者的世界,提高其对"巨无霸"的好感度,麦当劳在经典"巨无霸"的基础上,推出了更大或更小的两款全新"巨无霸",并借助王者荣耀IP的文化价值,进行了TVC游戏化广告的制作。在短片中,麦当劳还原了游戏人物,将史诗级的游戏角色带入广告情境,演绎了"心有王者自成霸"的英雄故事,以此打动游戏玩家,引发了围观人群的兴趣。通过这种方式,"巨无霸"有效建立起与消费者的情感纽带,拉近与消费者的情感距离,并获得了更深层品牌影响力,为后续的传播奠定了基础[①]。

2. 游戏内置

游戏内置,即在游戏中开设特定的"广告位",将品牌信息内置到游戏中,以人物或道具的形式与受众进行互动。游戏内置需要考虑到品牌属性和游戏属性是否相关、品牌信息与游戏场景是否衔接、受众对广告的包容程度是否等大。

2018年麦当劳与微信小游戏"跳一跳"开展独家合作,通过打造"金拱门"方块实

---

① 巨无霸×王者荣耀[EB/OL].[2019-11-14]. https://creative.adquan.com/show/48309.

现品牌植入：在跳上麦当劳定制盒子之后，方块基座会由红色变为白色，此外，品牌标语会在屏幕中出现，麦当劳定制音效"I'm loving it"也会同时响起，适当停留则会出现20分的额外加分，并飞出汉堡或薯条的特效动画。用户与麦当劳方块的互动不仅能为游戏加分，更能通过搜索获取相关产品的优惠券，可于线下餐厅使用。麦当劳抓住了用户对刷分上榜与获得产品优惠的双重心理，通过巧妙的游戏内置，提升了用户的好感度，并有效促进了广告效果的提升①。

3. 品牌游戏

品牌游戏，即根据品牌、产品或服务的特性为传递品牌信息专门开发的游戏。品牌游戏往往将场景、道具和人物都设置成品牌相关的形象，使用户在玩游戏的过程中能产生积极的品牌联想，进而将正面的游戏体验转移到品牌上。随着时代的发展与技术的变革，越来越多的游戏形式出现，品牌主通过运用App等载体，并结合H5、AR等技术进行品牌游戏制作，以期用最便捷的方式实现游戏的传播推广②。

作为开启AR游戏先河的品牌，奥利奥在2019年3月再次推出AR互动游戏，引发全民热潮。为了唤起消费者的品牌记忆，奥利奥立足于"扭一扭、舔一舔、泡一泡，只有奥利奥"。这一经典广告语，让陪伴了几代人童年的"扭舔泡"随科技进行升级，采用顶端的陀螺仪、全景球、SLAM、AI技术设计了三款AR小游戏，让用户通过扫特定的手势和奥利奥饼干解锁更多游戏。在全景摄像头下，虚拟的奥利奥可进入真实的环境，与场景中的其他物品进行互动，带给用户全方位的沉浸式体验。通过游戏互动，消费者能体会到新技术带来的全新变革，在多感官的融合中，用户能自然地置身于某种情绪与股市中，形成充实感与幸福感，并沉积品牌记忆，实现广告效果转换③。

五、跨次元

二次元，来自于日语的"二次元（にじげん）"，具有"架空""假想""幻想""虚构"之意。随着数字时代的到来，二次元产业在媒介技术的变革下取得了极大的发展，画面的呈现方式在VR、AR等技术的支持下得以丰富，增加了互动、通感的可能，作品的传播空间也在各大媒介平台的布阵下得到释放。人们越来越多地将时间花费在二次元虚拟世界里，从中汲取乐趣，实现情感满足。

---

① 跳一跳有麦当劳广告啦！只有高分才能看见薯条[EB/OL].[2019-11-14]. https://www.digit-aling.com/projects/26295.html.
② 李若男.基于营销与传播视角的游戏化设计元素应用浅析[J].东南传播,2019(3):129-132.
③ 花式"扭舔泡"，奥利奥重新定义AR游戏营销[EB/OL].[2019-11-14]. https://tech.china.com/article/20190331/kejiyuan0129263911.html.

(一)二次元的含义

次元,即"维度",二次元,就是在二维平面上构建的虚拟世界,包括动画(Animation)、漫画(Comic)、游戏(Game)、轻小说(Novel)等。二次元与三次元的现实世界相对,具有强虚拟性,常用极具憧憬的体现"虐袭"观赏者的视觉体验。在二次元世界里,消费者将重新构建自己的二次元虚拟身份,在此基础上进行互动沟通。不同年龄、国籍和文化背景的消费者在相同兴趣爱好的驱动下将进入同一圈层,成为二次元里的"同一类人"。随着互联网的普及与社交媒体的发展,二次元的影响力逐渐扩大。

Z世代,也被称为Generation Z,是指出生于1995年至2005年的年轻群体。他们生活在网络时代,享受着移动互联网科技带来的多元性时代变革,具有卓越的互联网思维。随着二次元的不断发展,越来越多的Z世代被其虚拟景观吸引,成为二次元世界的常客。根据营销数据技术公司AdMaster发布的《Z世代社交报告》,近七成Z世代人群的消费决策受动漫元素的影响,近一半人有使用动漫表情包进行沟通的习惯,微博上与动漫相关的提及量于三年内增长23%。这意味着,动漫文化已经渗透在Z世代的社交场景和沟通语境中,成为其通用语言[①]。随着群体规模的扩大,Z世代在中国消费市场的话语权也逐渐增大,《Z世代消费力白皮书》数据显示,中国的消费主力正在向Z世代倾斜,2020年消费占比将达四成。在独特的群体文化与消费观的指引下,Z世代以其自身的创造力刷新着中国的产品消费市场[②]。

在二次元动漫化的趋势下,品牌唯有打破次元壁,融入年轻人的话语体系,才能跨越年龄的鸿沟,与其拉近距离,传递共鸣,增强品牌影响力。

(二)二次元的应用技巧

1. 巧用二次元符号

在《消费社会》中,法国学者让·鲍德里亚认指出,现代社会的消费已经超出了对实际需求的满足,而转变成对符号化的物品、符号化的服务中所蕴含的"意义"的消费。人们购买某种商品或服务主要不是为了它的实用价值,而是为了寻找某种"感觉",体验某种"意境",追求某种"意义"[③]。在对符号化、象征化的物品、服务进行消费的过程中,通过对符号进行解码,人们能从中获得丰富的乐趣,满足生理与心理

[①] QQ广告 & 凯度:Z世代消费力白皮书[EB/OL].[2019-11-14].http://www.199it.com/archives/814658.html.

[②] 明略科技 & AdMaster:Z世代社交报告[EB/OL].[2019-11-14].http://www.199it.com/archives/876220.html.

[③] 让·鲍德里亚.消费社会[M].刘成富,全志钢,译.南京:南京大学出版社,2000.

需求①。因此,对品牌主来说,巧妙运用二次元符号,为产品赋予更多的意义,能有效增加品牌价值与吸引力,从高高在上的"长辈视角"走出来,建立起与消费者的沟通桥梁,融入其话语体系。

以日用品营销为例,在对目标消费者进行精准定位与需求洞察后,护舒宝锁定了虚拟偶像对年轻消费群体的符号价值,在2019年京东"6·18"活动期间,携手阿里新零售平台天猫小店,借势二次元流量IP洛天依发起了"来天猫小店打卡,为天依演唱会打CALL"促销活动。作为中国首位虚拟歌姬,洛天依以其可爱的形象与独特的风格点燃了中国本土二次元界,自2012年出道便成为了头号明星。在其IP符号的加持下,护舒宝联动线上线下营销方式,构建起B2B2C的全链路营销闭环活动,引爆了购买狂潮。在线下,护舒宝结合天猫小店粉丝节,将5座城市的5家指定天猫小店打造为洛天依粉丝打卡店,进行360度场景营销;在线上,护舒宝联合各大平台对品牌进行传播推广,释放其IP影响力,并借助洛天依官方粉丝群和B站up主的粉丝力量对洛天依粉丝打卡店和产品进行宣传。数据显示,活动期间,5家洛天依粉丝打卡店单日销量均为日常单日销量的2~3倍,B站活动官宣动态累计获得了超过60万的浏览量。通过巧用二次元符号进行整合营销,护舒宝实现了活动的品效合一②。

2. 讲好二次元故事

在信息泛滥的数字时代,消费者的注意力成为品牌主极力抢夺的资源。在对产品及品牌进行传播的过程中,越来越多的营销与广告注重运用故事这一形式对信息进行加工,增强营销效果。在对二次元符号进行运用时,品牌主也应该将讲好故事作为传播重点,通过故事连接情感,有效规避消费者对理性广告诉求的心理抗拒,使消费者在聆听、观看完故事后能对故事产生移情心理,从更深的层次理解符号背后品牌所蕴含的丰富所指含义,增进对广告信息的理解③。

以麦当劳为例,在与《全职高手》进行跨界合作后,麦当劳于2018年继续与阅文携手,进行IP的深度融合。为了加强联系,提高品牌联想度,二者合作推出了多期动漫小广告,通过故事的形式进行内容传达。广告采用了"动画IP定制广告剧集"的植入套路,完全还原动漫《全职高手》的场景,把麦当劳的品牌名称、可乐杯上的

---

① 田选宁,刘西平.品牌二次元营销的"3s"法则——以麦当劳×《全职高手》为例[J].今传媒,2018(7):60-61.
② 借势IP打通营销全链路,护舒宝携手天猫小店与年轻人玩转二次元[EB/OL].[2019-11-14]. https://www.sohu.com/a/321179899_251755.
③ 田选宁,刘西平.品牌二次元营销的"3s"法则——以麦当劳×《全职高手》为例[J].今传媒,2018(7):60-61.

Logo、新产品薯格无缝植入到二次元的场景里,让消费者在观看动漫的状态中自然接收品牌信息。此外,剧中人物的台词也与品牌结合,在自然的情感流露间将人物精神赋予品牌,丰富其内涵,如"开心时,要吃薯条庆祝;难过时,要吃薯条平复"等。通过讲好故事,麦当劳实现了二次元人物的情绪、声音、画面与麦当劳三次元场景的融合,深化了品牌内涵,增强了与消费者的情感共鸣①。

3. 品牌形象二次元化

品牌形象是指品牌在市场上和社会公众心中表现出的个性特征,既包括品牌有意呈现的形象,也包括公众特别是消费者对品牌的评价和认知。公众对品牌形象的认识往往着眼于影响品牌形象的各种因素上,如品牌属性、名称、包装、价格、声誉等。作为树立并传播品牌形象的一种方式,品牌主在进行二次元营销时可根据自身特色,设计出独特的二次元形象,在丰富品牌鲜活度的同时,增强消费者对品牌的感知能力。

以康师傅为例,为了迅速提升康师傅首创的胡椒口味高汤面产品"康师傅黑白胡椒面"的知名度,品牌主以 95 后年轻人的喜好为导向,提出"黑白CP"的创意理念及代表其独特口感的"辛力觉醒"传播主题,把黑白胡椒面"二次元"成"黑白CP"形象,增强品牌营销的具象性。在微博主要阵地的带动下,品牌主进行多平台造势,并配合有奖活动、节目植入、明星互动等形式,扩大品牌传播的广度与深度。此外,在自身话题点的推动下,"黑白CP"引发了二次元群体热议,与主题相关的漫画、秒拍、九宫格等内容在网络上流行,人气博主们的深度互动更成为粉丝们讨论和效仿的对象,网络声量由此扩大。在二次元化的过程中,康师傅巧妙地树立了黑白胡椒面特立独行的品牌形象,为产品培养了好感度,促进了广告效果的转换②。

(三)二次元营销的原则

在二次元营销成为时代风口的同时,品牌在对其进行应用的过程中也出现了许多问题。

在互联网与媒介技术的推动下,二次元界逐渐丰富,产生了各种类型的衍生物,其中包括交流用语、弹幕等。不同类型的二次元衍生物在互联网各大平台上都极易得到传播,到达率较高,但是每一种类型都有其独特的调性,需要品牌主进行细致考量,寻找与产品进行有效契合的方式,以降低削弱品牌本身价值的风险,增强广告效果。

---

① 《全职高手》×麦当劳跨界合作升级 阅文领秀中国网文商业化[EB/OL].[2019-11-14]. http://news.pcgames.com.cn/715/7156552.html.

② 择众传媒获梅花网(Mawards)最佳移动营销创新奖[EB/OL].[2019-11-14]. http://www.sohu.com/a/119608616_162758.

此外,为了建立与目标消费者的有效沟通,品牌常选择与二次元IP进行合作,通过IP赋能,增强品牌产品的吸引力,促进购买力转换。但与明星代言一样,目标消费者可能为广告中的二次元IP痴迷,却缺乏对品牌及产品的情绪投入。因此,在进行品牌合作时,品牌主需要平衡IP价值与产品自身价值,在内容创造中强化两者关系,将消费者的正面情绪巧妙转化为对品牌的注意力,增强其有效感知①。

本章小结

在新技术的驱动下,中国的商业、媒介、消费、社交模式正在不断重构,传播逻辑和媒体生态发生了根本性变化。本章首先立足于数字时代的现实背景,就品牌如何实现创意传播进行了分析,总结了情感共鸣、场景代入、品牌共振三大创意趋势,指出从消费者的个人情感与需求出发,综合多种品牌营销策略,为其找到具体消费环境的重要性;其次对数字时代下品牌传播的创新玩法进行了详细介绍,阐述了国潮复兴、艺术升华、IP跨界、游戏化与跨次元的应用价值,全面探讨了品牌主与消费者进行连接、沟通与互动的新方式。本章旨在让读者深化对数字时代的了解,并以此为基础形成品牌传播的创新思路,希冀读者能够在把握新时代趋势的前提下进行品牌传播的多元应用。

思考题

1. 如何避免落入情感营销的陷阱?
2. 场景营销的核心要素与补充要素分别是什么?
3. 品牌间如何更好地进行联合共振?
4. 如何把握国潮营销的原则?
5. 艺术营销的应用策略有哪些?
6. 如何延续IP生命力?
7. 简述游戏化营销的价值。
8. 二次元的应用技巧有哪些?

---

① 陈国琼,袁小芳.基于二次元环境下广告营销发展探究[J].新闻传播,2016(16):24-25.

参考文献
References

[1] AAKER D A. The value of brand equity[J]. Journal of Business Strategy,1992,13(4):27-32.

[2] AAKER D A,KELLER K L. Consumer evaluations of brand extensions[J]. Journal of Marketing,1990,54(1):27-41.

[3] AUGER P,BURKE P,DEVINNEY T M. What will consumers pay for social product features? [J]. Journal of Business Ethics,2003,42(3):281-304.

[4] ARGENTI P A,FORMAN J. The power of corporate communication:Crafting the voice and image of your business[J]. Journal of Business Communication,2004,41(2):149-151.

[5] AMICHAI-HAMBURGER Y,MCKENNA K Y,TAL S A. E-empowerment:Empowerment by the Internet[J]. Computers in Human Behavior,2008,24(5):1776-1789.

[6] VOLLERO A,SCHULTZ D E,SIANO A. IMC in digitally-empowering contexts:The emerging role of negotiated brands[J]. International Journal of Advertising,2019,38(3):428-449.

[7] AMALDOSS W,JAIN S. Conspicuous consumption and sophisticated thinking[J]. Management Science,2005,51(10):1449-1466.

[8] ASHLEY C,TUTEN T. Creative strategies in social media marketing:An exploratory study of branded social content and consumer engagement[J]. Psychology & Marketing,2015,32(1):15-27.

[9] ADJEI M T,NOBLE S M,NOBLE C H. The influence of C2C communications in online brand communities on customer purchase behavior[J]. Journal of the Academy of Marketing Science,2010,38(5):634-653.

[10] BAKER C,NANCARROW C,TINSON J. The mind versus market share guide to brand equity[J]. International Journal of Market Research,2005,47(5):525-542.

[11] BECKER O K L,CUDMORE B A,HILL R P. The impact of perceived corporate social responsibility on consumer behavior[J]. Journal of Business Research,2005,59(1):46-53.

[12] BRODIE,RODERICK J. Consumer engagement in a virtual brand community: An exploratory analysis[J]. Journal of Business Research,2013,66(1):105-114.

[13] BAGWELL L S,BERNHEIM B D. Veblen effects in a theory of conspicuous consumption[J]. American Economic Review,1996,86(3):349-360.

[14] BALABANIS G,DIAMANTOPOULOS A. Brand origin identification by consumers: A classification perspective[J]. Journal of International Marketing,2008,16(1):39-71.

[15] BRISTOW D N,SCHNEIDER K C,SCHULER D K. The brand dependence scale:Measuring consumers' use of brand name to differentiate among product alternatives[J]. Journal of Product & Brand Management,2002,11(6):343-356.

[16] BRODIE R J,ILIC A,JURIC B,et al. Consumer engagement in a virtual brand community:An exploratory analysis[J]. Journal of Business Research,2013,66(1):105-114.

[17] BALDUS B J,VOORHEES C,CALANTONE R. Online brand community engagement:Scale development and validation[J]. Journal of Business Research,2015,68(5):978-985.

[18] BLACK I,VELOUTSOU C. Working consumers:Co-creation of brand identity,consumer identity and brand community identity[J]. Journal of Business Research,2017,70(1):416-429.

[19] CHAUDHURI A,HOLBROOK M B. The chain of effects from brand trust and brand affect to brand performance:The role of brand loyalty[J]. Journal of Marketing,2001,65(2):81-93.

[20] CHRISTODOULIDES G,CHERNATONY L D. Consumer-based brand equity conceptualisation and measurement:A literature review[J]. International Journal of Market Research,2010,52(1):43-66.

[21] DAWKINS J. Corporate responsibility:The communication challenge[J]. Journal of Communication Management,2005,9(2):108-119.

[22] DICK A S,BASU K. Customer loyalty:Toward an integrated conceptual framework[J]. Journal of the Academy of Marketing Science,1994(22):99-113.

[23] SCHULTZ D E,SCHULTZ H F. Transitioning marketing communication into

the twenty-first century[J]. Journal of Marketing Communications,1998(4):9-26.

[24] DACIN P A,BROWN T J. Corporate branding,identity,and customer response[J]. Journal of the Academy of Marketing Science,2006,34(2):95-98.

[25] DAWAR N,LEI J. Brand crises:The roles of brand familiarity and crisis relevance in determining the impact on brand evaluations[J]. Journal of Business Research,2009,62(4):509-516.

[26] DESSART L,VELOUTSOU C,MORGAN-THOMAS A. Consumer engagement in online brand communities:A social media perspective[J]. Journal of Product & Brand Management,2015,24(1):28-42.

[27] DE VRIES N J,CARLSON J. Examining the drivers and brand performance implications of customer engagement with brands in the social media environment[J]. Journal of Brand Management,2014,21(6):495-515.

[28] ERDEM T,SWAIT J,LOUVIERE J. The impact of brand credibility on consumer price sensitivity[J]. International Journal of Research in Marketing,2002,19(1):1-19.

[29] FRANCE C,MERRILEES B,MILLER D. Customer brand co-creation:A conceptual model[J]. Marketing Intelligence & Planning,2015,33(6):848-864.

[30] FÜLLER,JOHANN,et al. Consumer empowerment through internet-based co-creation[J]. Journal of Management Information Systems,2009,26(3):71-102.

[31] GOH S K,JIANG N,TEE P L. The impact of brand trust,self-image congruence and usage satisfaction toward smartphone repurchase intention[J]. International Review of Management & Marketing,2016(6):436-441.

[32] GREYSER S A. Corporate brand reputation and brand crisis management[J]. Management Decision,2009,47(4):590-602.

[33] GREVE G. The moderating effect of customer engagement on the brand image-brand loyalty relationship[J]. Procedia-Social and Behavioral Sciences,2014,148(25):203-210.

[34] HUME M. Compassion without action:Examining the young consumers consumption and attitude to sustainable consumption[J]. Journal of World Business,2010,45(4):385-390.

[35] HOFSTEDE F T,WEDEL M. International market segmentation based on consumer product relations[J]. Journal of Marketing Research,1999,36(1):1-17.

[36] HOEFFLER S,KELLER K L. The marketing advantages of strong brands[J]. Journal of Brand Management,2003,10(6):421-445.

[37] IGLESIAS O,IND N,ALFARO M. The organic view of the brand:A brand value co-creation model[J]. Journal of Brand Management,2013,20(8):670-688.

[38] KLIATCHKO J. Revisiting the IMC construct[J]. International Journal of Advertising,2008(27):133-160.

[39] JUNG N Y,KIM S. Influence of consumer attitude toward online brand community on revisit intention and brand trust[J]. Journal of Retailing and Consumer Services,2014,21(4):581-589.

[40] KELLER K L. Conceptualizing, measuring, and managing customer-based brand equity[J]. Journal of Marketing,1993,57(1):1-21.

[41] KELLER K L. Unlocking the power of integrated marketing communications: How integrated is your IMC program? [J]. Journal of Advertising,2016,45(3):286-301.

[42] LAFFERTY B A,GOLDSMITH R E. Cause-brand alliances:Does the cause help the brand or does the brand help the cause? [J]. Journal of Business Research,2005,58(4):423-429.

[43] LAROCHE M,HABIBI M R,RICHARD M O. The effects of social media based brand communities on brand community markers, value creation practices,brand trust and brand loyalty[J]. Computers in Human Behavior,2012,28(5):1755-1767.

[44] MASON R. Conspicuous consumption:A literature review[J]. European Journal of Marketing,1993,18(3):26-39.

[45] MARZOCCHI G,MORANDIN G,BERGAMI M. Brand communities:Loyal to the community or the brand? [J]. European Journal of Marketing,2013,47(1-2):93-114.

[46] MUNIZ A M,O'GUINN T C. Brand community[J]. Journal of Consumer Research,2001,27(4):412-32.

[47] MCALEXANDER J H,SCHOUTEN J W,KOEING H F. Building brand community[J]. Journal of Marketing,2002,66(1):38-54.

[48] MERRILEES,BILL. Experience-centric branding:Challenges and advancing a new mantra for corporate brand governance[J]. Journal of Brand Management,2017,24(1):1-13.

[49] MONGA A B,JOHN D R. What makes brands elastic? The influence of brand concept and styles of thinking on brand extension evaluation[J]. Journal of Marketing,2010,74(3):80-92.

[50] MERRILEES B. Interactive brand experience pathways to customer-brand engagement and value co-creation[J]. Journal of Product & Brand Management,2016,25(5):402-408.

[51] MILBERG S J,SINN F,GOODSTEIN R C. Consumer reactions to brand extensions in a competitive context:Does fit still matter[J]. Journal of Consumer Research,2010,37(3):543-553.

[52] MINIARD P W,JAYANTI R K,ALVAREZ C M O. What brand extensions need to fully benefit from their parental heritage[J]. Journal of the Academy of Marketing Science,2018,46(5):948-963.

[53] PARK C W,MILBERG S,LAWSON R. Evaluation of brand extensions:The role of product feature similarity and brand concept consistency[J]. Journal of consumer research,1991,18(2):185-190.

[54] PAYNE,ADRIAN. Co-creating brands:Diagnosing and designing the relationship experience[J]. Journal of Business Research,2009,62(3):379-389.

[55] PRAHALAD C K,RAMASWAMY. Co-creation experiences:The next practice in value creation [J]. Journal of Interactive Marketing,2004(18):5-14.

[56] PITTA D A,KATSANIS L P. Understanding brand equity for successful brand extension[J]. Journal of Consumer Marketing,1995,12(4):51-64.

[57] SCHULTZ D E. Integrated marketing communications:Maybe definition is in the point of view[J]. Marketing News,1993,27(2):17.

[58] SMITH J B,COLGATE M. Customer value creation:A practical framework [J]. The Journal of Marketing Theory and Practice,2007,15(1):7-23.

[59] SCHAU H J,ARNOULD E J. How brand community practices create value [J]. Journal of Marketing,2009,73(5):30-51.

[60] TAUBER E M. Brand franchise extension:New product benefits from existing brand names [J]. Business Horizons,1981,24(2):36-41.

[61] VELOUTSOU C,MOUTINHO L. Brand relationships through brand reputation and brand tribalism[J]. Journal of Business Research,2009,62(3):314-322.

[62] WIRTZ J,DEN AMBT MAN A,BLOEMER J. Managing brands and customer engagement in online brand communities[J]. Journal of Service Management,

2013,24(3):223-244.

[63] ZHANG,JING,et al. Building industrial brand equity by leveraging firm capabilities and co-creating value with customers[J]. Industrial Marketing Management,2015(51):47-58.

[64] ZINKHAN, GEORGE M, SMITH, DANIEL C. Managing brand equity:Capitalizing on the value of brand name[J]. Journal of Marketing,1992,56(2):69-70.

[65] 艾·里斯,杰克·特劳特.定位[M].王思冕,余少尉,译.北京:中国财政经济出版社,2002:5-10.

[66] 阿尔文·托夫勒.未来的冲击[M].蔡伸章,译.北京:中信出版社,2006:20.

[67] 程曼丽,赵晓航.数据时代的国家品牌传播[J].南京社会科学,2018(1):105-110.

[68] 程明,薛海霞.自主信息传播时代品牌"制度化"的颠覆与"新制度化"的建构——从垂直设计到交互设计[J].现代传播,2016(6):110-115.

[69] 蔡凯如.现代传播:用时间消灭空间[J].现代传播,2000(6):16-18.

[70] 柴俊武.品牌信任对品牌态度、契合感知与延伸评价关系的影响[J].管理学报,2007(4):425-430.

[71] 初广志.整合营销传播概论[M].北京:高等教育出版社,2014:260.

[72] 陈道志.信息碎片化背景下的用户消费行为模式探析[J].前沿科学,2013(4):36-44.

[73] 陈力丹.互联网重构了我们的社会生活[J].新闻界,2017(1):30-33.

[74] 陈建新,姜海.试论城市品牌[J].宁波大学学报(人文科学版),2004(2):77-81.

[75] 陈奕.重大事件的仪式化传播与国家品牌形象建构[N].中国社会科学报,2019-10-24.

[76] 陈振东.基于CBBE视角的品牌年轻化研究:以品牌个性和品牌忠诚为视角[J].管理学报,2009(7):972-977.

[77] 陈刚.新媒体时代营销传播的有关问题探析[J].国际新闻界,2007(9):22-25.

[78] 陈刚,沈虹,马澈,等.创意传播管理——数字时代的营销革命[M].北京:机械工业出版社,2015:124.

[79] 陈劲.创新管理及未来展望[J].技术经济,2013(6):3-11.

[80] 陈禹安.消解时空:互联网商业的本质与未来[J].销售与市场(评论版),2014(3):22-24.

[81] 陈丽楠.新媒体视域下品牌传播的本土化策略——以麦当劳中国风广告为例[J].视听,2017(11):197-198.

[82] 陈泳澜.全球本土化背景下的品牌传播符号意义策略——以汽车品牌为例[J].

新闻研究导刊,2019(14):22-23,25.

[83] 陈国琼,袁小芳. 基于二次元环境下广告营销发展探究[J]. 新闻传播,2016(16):24-25.

[84] 陈羽宣. 当下品牌的跨界联名——"国潮"兴起[J]. 大众文艺,2019(17):273-274.

[85] 丁俊杰. 消费重聚时代的精众营销[J]. 青年记者,2014(12):4.

[86] 丁俊杰. 新时代下的中国品牌建构[J]. 声屏世界·广告人,2016(8):38-39.

[87] 董莉莉. 剖析大数据时代下用户画像及媒介策略[J]. 传媒,2016(2):82-83.

[88] 董妍. IP内容营销优势及本质探析——基于受众沉浸体验的跨界粉丝聚集效应[J]. 当代传播,2016(5):68-70.

[89] 丹尼斯·麦奎尔. 受众分析[M]. 刘燕南,译. 北京:中国人民大学出版社,2006:3.

[90] 丹尼尔·戴扬,伊莱修·卡茨. 媒介事件:历史的现场直播[M]. 麻争旗,译. 北京:北京广播学院出版社,2001:1.

[91] 单小曦. 从后现代主义到"数字现代主义"——新媒介文学文化逻辑问题研究反思与新探[J]. 浙江社会科学,2016(6):120-128.

[92] 段淳林. 创新推动国家品牌对外传播[N]. 中国社会科学报,2018-06-22.

[93] 段淳林,林泽锟. 基于品牌叙事理论的中国故事体系建构与传播[J]. 新闻与传播评论,2018(2):72-74.

[94] 段淳林,林伟豪. 移动互联网时代的品牌传播创意研究[J]. 编辑学刊,2014(1):100-102.

[95] 段淳林,顾晓渊. 互动媒体的创意趋势与品牌传播创新研究[J]. 编辑之友,2011(6):57-58.

[96] 杜国清,邵华冬,付佳. 在华美资企业品牌传播与软实力研究[J]. 现代传播,2011(10):97-101.

[97] 戴维·麦克纳利. 个人品牌[M]. 赵恒,译. 北京:中信出版社,2003:12.

[98] 大卫·奥格威. 一个广告人的自白[M]. 林桦,译. 北京:中信出版社,2008:114.

[99] 菲利普·科特勒. 营销管理[M]. 梅清豪,译. 上海:上海人民出版社,2004:300-301.

[100] 符国群. 品牌延伸研究:回顾与展望[J]. 中国软科学,2003(1):75-81.

[101] 龚成. 数字化生存时代大学生思想政治教育方法研究[D]. 徐州:中国矿业大学,2019.

[102] 宫丽颖,刘昶甫. 自媒体畅销书作家个人品牌自我营销探究[J]. 中国出版,2017(10):26-30.

[103] 桂世河,汤梅. 整合营销传播目标的演进与发展趋势[J]. 管理现代化,2019

(1):78-81.

[104] 国秋华,程夏.移动互联时代品牌传播的场景革命[J].安徽大学学报(哲学社会科学版),2019(1):133-137.

[105] 高小雨.当代艺术营销传播模式的构建策略分析[J].商讯,2019(24):148-149.

[106] 海英,杨国亮.企业互动导向下的品牌危机预防模式研究[J].商业经济与管理,2012(12):42-51.

[107] 顾明毅,姜智彬,李海容.百年广告定义研究辨析[J].现代传播,2018(4):122-124.

[108] 黄彪文,殷美香.在个体与集体间流动:论虚拟社群的参与动机与交往基础[J].国际新闻界,2014(9):6-19.

[109] 黄维礼.城市品牌、企业品牌和产品品牌三者的互动关系研究[J].中国品牌,2013(3):116-117.

[110] 黄爱贞.数字营销时代江小白品牌塑造策略研究[D].武汉:武汉大学,2018.

[111] 黄杰.大数据时代程序化购买广告模式研究[J].新闻知识,2015(4):58-60.

[112] 黄升民,张驰.改革开放四十年中国企业品牌的成长动力考察[J].现代传播,2018(9):1-3.

[113] 黄升民,张驰.新中国七十年品牌路:回望与前瞻[J].现代传播,2019(11):1-5.

[114] 黄艳,陶秋燕.迭代创新:概念、特征与关键成功因素[J].技术经济,2015(10):24-28.

[115] 黄敏婕,蔡建梅,李欣华.新媒体环境下传统品牌重塑策略研究——以"百雀羚"为个案[J].江苏商论,2018(6):7-10.

[116] 黄合水,张悦,孙三虎.如何讲好中国品牌故事[J].对外传播,2016(9):43-45.

[117] 黄静,王诚,熊小明.人际冲突中,文化信念对消费者行为意向的影响[J].中国软科学,2014(7):139-151.

[118] 侯微,李亚骏.品牌叙事及其建构中的秩序——以LVMH旗下网站NOWNESS.COM为例[J].品牌研究,2016(5):55-56.

[119] 胡易容."4.0时代"的城市品牌传播[J].城市管理与科技,2014(2):28-31.

[120] 胡泳,宋宇齐.社群经济与粉丝经济[J].中国图书评论,2015(11):13-17.

[121] 胡振宇.国内数字营销伦理乱象探因与治理研究——基于数字营销从业精英[J].当代传播,2018(5):80-84.

[122] 何良.人类命运共同体视域下提升新时代中国国际话语权研究[J].世界社会主义研究,2019(2):21-29.

[123] 何帆.经济全球化的三次浪潮[J].世界知识,1998(6):29-31.

[124] 何佳讯.品牌与品牌化研究的取向、格局及趋势[J].品牌研究,2016(2):5.

[125] 何佳讯,吴漪.品牌价值观——中国品牌全球化定位的新战略[J].清华管理评论,2016(4):30-38.

[126] 金韶,倪宁."社群经济"的传播特征和商业模式[J].现代传播,2016(4):113-117.

[127] 金定海,朱婷.移动互动中的价值驱动——中国广告产业的数字化转型与发展[J].山西大学学报(哲学社会科学版),2013(4):120-123.

[128] 金定海.表达与被表达——"90后"代际话语权的思考[J].上海师范大学学报(哲学社会科学版),2013(4):28-31.

[129] 金文静.社交媒体时代传统企业的品牌营销策略探析[J].现代商业,2018(34):25-26.

[130] 简兆权,令狐克睿,李雷.价值共创研究的演进与展望——从"顾客体验"到"服务生态系统"视角[J].外国经济与管理,2016(9):3-20.

[131] 鞠宏磊,黄琦翔,王宇婷.大数据精准广告的产业重构效应研究[J].新闻与传播研究,2015(8):98-106.

[132] 贾雷德·戴蒙德.枪炮、病菌与钢铁:人类社会的命运[M].谢延光,译.上海:上海译文出版社,2006:23-25

[133] 吉福林.本土化经营:中国品牌走向世界之路[J].中国流通经济,2004(8):53-55.

[134] 凯文·凯利.必然[M].周峰,董理,金阳,译.北京:电子工业出版社,2016:93.

[135] 罗雕.数字媒介生态环境中的消费者行为探析[J].东南传播,2010(1):121-122.

[136] 罗时汉.大路朝天——穿越汉口中山大道[M].武汉:长江出版社,2017:12.

[137] 刘燕南.从"受众"到"后受众":媒介演进与受众变迁[J].新闻与写作,2019(3):5-11.

[138] 刘海,卢慧,阮金花,等.基于"用户画像"挖掘的精准营销细分模型研究[J].丝绸,2015(12):37-42.

[139] 刘婷.企业家个人品牌性格[J].当代经理人,2006(9):103-104.

[140] 刘玲.互联网时代品牌定位理念[J].智库时代,2019(42):251,253.

[141] 李良荣,周宽玮.媒体融合:老套路和新探索[J].新闻记者,2014(8):16-20.

[142] 李兰馨.大数据智能算法范式下的用户黏性研究——以网易云音乐为例[J].新媒体研究,2019(4):4-6.

[143] 李华君,张智鹏.数字时代品牌价值共创的意指内涵、研究视阈和未来展望[J].新闻大学,2019(12):90-93.

[144] 李华君,涂文佳.智媒时代中国国家品牌对外传播的实践特征与路径创新[J].

电子政务,2019(11):23-25.

[145] 李华君.品牌场域视角下企业非伦理公关的产生机理及治理对策[J].现代传播,2017(5):75-76.

[146] 李华君,张婉宁.G20期间杭州城市品牌符号体系建构——基于杭州城市形象宣传片的内容分析[J].品牌研究,2016(5):81-83.

[147] 李光明.企业品牌与城市品牌的异同及互动[J].城市问题,2007(11):76-79.

[148] 李飞,刘茜.市场定位战略的综合模型研究[J].南开管理评论,2004(5):39-43.

[149] 李慧敏.浅析品牌定位对广告的影响——以江小白为例[J].山西财经大学学报,2018(S1):63-65.

[150] 李海容.泛媒时代:媒介创新与未来[M].广州:暨南大学出版社,2011:1-8.

[151] 李朋林.跨国公司在华的品牌战略分析[J].经济纵横,2008(5):95-97.

[152] 李东辉.品牌联合类型与主品牌知名度对消费者态度及购买意向影响的研究[D].大连:东北财经大学,2011.

[153] 李若男.基于营销与传播视角的游戏化设计元素应用浅析[J].东南传播,2019(3):129-132.

[154] 李婉莹.品牌IP跨界营销的发展战略[J].传播力研究,2017(10):246.

[155] 李咏瑾.国潮跨界正当时[N].经济日报,2019-10-13.

[156] 梁伟超.品牌社群对企业品牌资产的作用机理研究[D].武汉:武汉理工大学,2012.

[157] 梁建飞,伍立峰.品牌传播中视觉符号的意义结构[J].新闻界,2013(12):25-28.

[158] 劳伦斯·维森特.传奇品牌:诠释叙事魅力,打造致胜市场战略[M].钱勇,张超群,译.杭州:浙江人民出版社,2004:21.

[159] 廖秉宜.中国城市品牌传播的战略与路径——以武汉城市品牌传播为例[J].品牌研究,2017(2):86-91.

[160] 廖俊云,黄敏学,彭捷.虚拟品牌社区成员社会化策略及其影响[J].南开管理评论,2016(5):171-181.

[161] 卢泰宏,吴水龙,朱辉煌,等.论品牌资产的定义[J].外国经济与管理,2009,(1):32-42.

[162] 卢泰宏,周志民.基于品牌关系的品牌理论:研究模型及展望[J].商业经济与管理,2003(2):4-9

[163] 刘凤军,雷丙寅,王艳霞.体验经济时代的消费需求及营销战略[J].中国工业经济,2002(08):81-86.

[164] 刘丝雨.数字营销的品牌叙事研究[D].武汉:中南民族大学,2018.

[165] 刘兰兰.提升App营销入口设计质量的途径[J].现代营销:学苑版,2018(5):50-51.

[166] 刘珊,黄升民.人工智能:营销传播"数算力"时代的到来[J].现代传播,2019(1):13-21.

[167] 吕勇.探析网络视频广告价值[J].广告人,2011(5):112-113.

[168] 林冬喜.基于品牌认同视角的情感营销策略研究[D].广州:暨南大学,2018.

[169] 林升栋,黄合水.区域产业品牌化战略研究[J].厦门大学学报(哲学社会科学版),2011(2):134-135.

[170] 孟建,赵元珂.媒介融合:粘聚并造就新型的媒介化社会[J].国际新闻界,2006(7):24-27.

[171] 曼纽尔·卡斯特.认同的力量[M].曹荣湘,译.北京:社会科学文献出版社,2006:1.

[172] 门继鹏.京东:无界营销之道,全面赋能打破营销边界[J].成功营销,2018(Z1):30-31.

[173] 米兰达·布尔玛,马绯.艺术市场营销的战略逻辑——整合客户价值和艺术目标[J].文化艺术研究,2009(2):239-252.

[174] 尼古拉·尼葛洛庞帝.数字化生存[M].胡泳,译.海口:海南出版社,1997:22-31.

[175] 宁昌会,奚楠楠.国外游戏化营销研究综述与展望[J].外国经济与管理,2017(10):72-85.

[176] 彼得·德鲁克.21世纪的管理挑战[M].朱雁斌,译.北京:机械工业出版社,2006:1.

[177] 彭兰.新媒体传播:新图景与新机理[J].新闻与写作,2018(7):5-11.

[178] 彭兰.智能时代的新内容革命[J].国际新闻界,2018(6):88-109.

[179] 彭雅莉.基于社会化媒体的个人品牌传播模式研究——评《社会化媒体下品牌传播》[J].传媒,2019(1):101-102.

[180] 彭传新.品牌叙事理论研究:品牌故事的建构和传播[D].武汉:武汉大学,2011.

[181] 邱沛篁,吴信训,向纯武等主编.新闻传播百科全书[M].成都:四川人民出版社,1998:1297.

[182] 让·鲍德里亚.消费社会[M].刘成富,全志钢,译.南京:南京大学出版社,2000:69-70.

[183] 师文,陈昌凤.社交分发与算法分发融合:信息传播新规则及其价值挑战[J].当代传播,2018(6):31-33.

[184] 舒咏平."信息邂逅"与"搜索满足"——广告传播模式的嬗变与实践自觉[J].新闻大学,2011(2):79-83.

[185] 舒咏平,肖雅娟.品牌传播理论建构的主体性、史学观和思维变革[J].现代传播,2018(1):128-132.

[186] 舒咏平,沈正赋.论国家品牌传播——信息社会语境下价值导向的国家传播[J].学术界,2016(9):76-86,324.

[187] 舒咏平.品牌传播教程[M].北京:北京师范大学出版社,2013:16.

[188] 沈浩,张雅慧.关系视角下的受众传播规律与机制[J].新闻与写作,2019(3):12-18.

[189] 沈璐,庄贵军,姝曼.SNS中品牌帖子的信息特征对消费者口碑传播行为的影响[J].软科学,2014(11):103-106.

[190] 施隆光.个人品牌塑造[M].北京:对外经济贸易大学出版社,2009:4.

[191] 苏林森,李立.组织传播中组织内、外传播的区别与联系[J].新闻界,2006(2):57-58.

[192] 塞缪尔·亨廷顿,劳伦斯·哈里森.文化的重要作用:价值观如何影响人类的进步[M].程克雄,译.北京:新华出版社,2002:27.

[193] 盛玉雷.打造创新驱动新引擎[N].人民日报,2019-12-11.

[194] 孙黎,杨晓明.迭代创新:网络时代的创新捷径[J].清华管理评论,2014(6):30-37.

[195] 孙丰国,赵媛媛.跨国品牌本土化传播策略[J].企业研究,2014(15):22-24.

[196] 孙雪凡.互联网营销游戏化的传播特征[J].新媒体研究,2017(5):67-68.

[197] 斯科特·布林克.营销技术快速更迭,企业如何抉择?[J].成功营销,2017(Z5):81.

[198] 谭天,张子俊.我国社交媒体的现状、发展与趋势[J].编辑之友,2017(1):20-25.

[199] 唐云森.创造有生命力的品牌[J].金融博览,2013(9):62.

[200] 涂聂,谢美林,李英吉.社会化媒体感知真实性、品牌依恋和品牌信任对城市品牌忠诚的影响[J].山西农经,2019(8):24-26.

[201] 魏菊.时尚博主微信公众号运营策略研究——以微信公众号"黎贝卡的异想世界"为例[J].视听,2018(12):158-159.

[202] 魏加晓.社交媒体时代品牌忠诚度维系策略研究[J].东南传播,2019(5):129-131.

[203] 温克勒.快速建立品牌:新经济时代的品牌策略[M].赵怡,译.北京:机械工业出版社,2010:182-205.

[204] 王佳炜,陈红.SoLoMo趋势下品牌传播的机遇与应对[J].当代传播,2013(2):95-96.

[205] 王启万,朱虹,王兴元.品牌生态理论研究动态及展望[J].企业经济,2017(3):14-22.

[206] 王兴元.名牌生态系统的竞争与合作研究[J].南开管理评论,2000(6):14.

[207] 王新新,薛海波.论品牌社群研究的缘起、主要内容与方法[J].外国经济与管理,2008(4):25-31.

[208] 王战,冯帆.社群经济背景下的品牌传播与营销策略研究[J].湖南师范大学社会科学学报,2017(1):141-148.

[209] 王辉耀.全球化4.0时代已拉开大幕[N].北京青年报,2019-01-27.

[210] 王佳炜,杨艳.移动互联网时代程序化广告的全景匹配[J].当代传播,2016(1):98-101.

[211] 王乐鹏,李春丽,王颖.论成功网络视频营销的典型特征[J].市场论坛,2011(7):64-65.

[212] 王小雨.基于客户生命周期理论的VS公司数字营销策略研究[D].北京:北京交通大学,2019.

[213] 王秀村,饶晨.虚拟品牌社区中顾客感知支持构成与作用机制[J].北京理工大学学报(社会科学版),2015(6):99-105.

[214] 王萱.品牌即秩序——品牌传播新阶段的几点思考[J].新闻界,2013(10):24-27.

[215] 翁胜斌,李勇.农产品区域品牌生态系统的成长性研究[J].农业技术经济,2016(2):115-121.

[216] 武文珍,陈启杰.价值共创理论形成路径探析与未来研究展望[J].外国经济与管理,2012(6):66-73.

[217] 汪同三.中国品牌战略发展报告[M].北京:社会科学文献出版社,2016:169.

[218] 徐伟,冯林燕,王新新.品牌真实性研究述评与展望[J].品牌研究,2016(5):21-31.

[219] 徐智,杨莉明.微信朋友圈信息流广告用户参与效果研究[J].国际新闻界,2016(5):119-139.

[220] 熊小彤.App营销对消费者购买行为影响实证研究[D].武汉:湖北工业大学,2014.

[221] 汤丽萍.新媒体环境下品牌传播的态势[J].中国青年社会科学,2015(2):121-124.

[222] 姚曦,翁祺.中国广告产业四十年的回顾与思考[J].新闻爱好者,2019(4):16-18.

[223] 姚曦,王佳.国际品牌的跨文化传播模式探析:基于文化冲突的视角[J].广告大观(理论版),2016(6):76-78.

[224] 姚曦,李娜.中国品牌传播研究的学科知识可视化分析[J].现代传播.2018(5):116-118.

[225] 喻国明.内容生产的供给侧与需求侧:趋势与变化[J].新闻与写作,2018(11):53-56.

[226] 喻国明,马慧.互联网时代的新权力范式:"关系赋权"——"连接一切"场景下的社会关系的重组与权力格局的变迁[J].国际新闻界,2016(10):6-27.

[227] 喻国明.镶嵌、创意、内容:移动互联广告的三个关键词——以原生广告的操作路线为例[J].新闻与写作,2014(3):50-54.

[228] 喻国明,韩婷.算法型信息分发:技术原理、机制创新与未来发展[J].新闻爱好者,2018(4):8-13.

[229] 颖悟,汪丽.媒介融合的概念界定与内涵解析[J].传媒,2012(1):73-75.

[230] 杨芳平,余明阳.品牌动态定位模型研究[J].现代管理科学,2010(5):19-21.

[231] 尹春兰.品牌传播的全球化与本土化策略[J].经济问题,2004(7):36-37.

[232] 余来辉.品牌叙事主题建构及传播研究[D].苏州:苏州大学,2009.

[233] 余明阳,舒咏平.论"品牌传播"[J].国际新闻界,2002(3):61-66.

[234] 余明阳.品牌传播学[M].上海:上海交通大学出版社,2005:13.

[235] 虞康妮.社交广告:网络时代的广告[J].中国商论,2014(28):33-34.

[236] 袁凌枝.对当代企业品牌联合的研究[D].北京:首都经济贸易大学,2008.

[237] 张鸿雁.城市形象与城市文化资本论[M].南京:东南大学出版社,2002:103-110.

[238] 张晓锋.论媒介化社会形成的三重逻辑[J].现代传播,2010(7):15-18.

[239] 张雪静,刘燕南.媒介使用:跨屏、移动和参与——互联网受众行为扫描和特点简析[J].新闻与写作,2018(7):12-18.

[240] 张昆,王创业.疏通渠道实现中国国家形象的对外立体传播[J].新闻大学,2017(3):122-130.

[241] 张昆,王孟晴.国家品牌的内涵、功能及其提升路径[J].学术界,2018(4):88-99.

[242] 张昆,徐琼.国家形象刍议[J].国际新闻界,2007(3):11-16.

[243] 张震.内爆:电子传媒时代的感知、现实与文学——一种批判性的反思[J].文艺理论研究,2007(1):63-70.

[244] 张曼.品牌真实性研究述评[J].时代金融,2017(35):289.

[245] 张燚,张锐.论生态型品牌关系的框架建构[J].管理评论,2005(1):20-25.

[246] 张燚,张锐.品牌生态学——品牌理论演化的新趋势[J].外国经济与管理,

2003(8):42-48.

[247] 张燚,张锐.品牌生态管理:21世纪品牌管理的新趋势[J].财贸研究,2003(2):75-80.

[248] 张夏恒.跨境电商类型与运作模式[J].中国流通经济,2017(1):76-83.

[249] 张腾,王迎军.迭代式创新的研究与实践发展[J].现代管理科学,2016(10):100-102.

[250] 张扬帆.在中国文化背景下考察斯沃茨人类基本价值观理论[D].上海:上海外国语大学,2008.

[251] 张景云.中国品牌全球化战略:华为的案例研究[J].社会科学文摘,2018(10):11-13.

[252] 张幸.艺术营销实战攻略[J].国际公关,2008(2):73-75.

[253] 曾祥敏,曹楚.专业媒体新闻内容生产创新实践——用户生产与专业生产深度融合的路径研究[J].现代传播,2015(11):34-41.

[254] 周晓彤.基于移动短视频的城市形象传播策略[D].济南:山东师范大学,2019.

[255] 周建庆,梁鑫,韦振宇.论品牌个性的塑造原则[J].商业时代,2007(30):35-36.

[256] 周杨,舒咏平."价格让渡"到"价值满足"——社会转型期自主品牌传播的取向[J].现代传播,2014(9):114-116.

[257] 瞿艳平,程凯.论品牌忠诚度[J].江汉论坛,2007(6):43-45.

[258] 朱建良,王鹏欣,傅智建.场景革命:万物互联时代的商业新格局[M].北京:中国铁道出版社,2016:17.

[259] 钟一平.大数据时代背景下UGC模式在当今企业营销中应用的思考[J].新闻传播,2014(6):240-241.

[260] 赵宇翔,范哲,朱庆华.用户生成内容(UGC)概念解析及研究进展[J].中国图书馆学报,2012(5):68-81.

[261] 赵艳丰.商业与艺术的融合——探路汽车品牌的艺术营销[J].汽车纵横,2012(11):46-50.

[262] 赵春华.社交网络的时尚品牌传播——虚拟世界的"真实环境"构建[J].现代传播,2014(9):130-132.

[263] 赵建彬,景奉杰.基于心理所有权的网络嵌入对在线品牌社群公民行为的影响研究[J].管理学报,2015(2):276-283.

后记
Postscript

伴随着现代信息技术的进化，数字化革命在全球范围内兴起，一个物理上覆盖全球、逻辑上覆盖人类生产生活方方面面的复杂网络系统由此诞生，数字化技术及其应用已经融入生活空间，成为人类生活不可分割的一部分，我们进入了全新的数字化生存时代。本书聚焦于数字化的时代背景，试图探讨技术变迁背景下品牌传播的嬗变，研究新时代背景下品牌传播的参与主体、特性特征、技术手段、创意手法等方面的变与不变，希望能够为数字时代下品牌传播提供更多的实践指导，同时丰富充实品牌传播的学术理论。

品牌是社会经济发展成熟到一定阶段的必然产物，是社会经济发展内在规律和外部需求共同作用的结果，品牌的变迁本质上反映出不同历史条件下，商业发展内在规律与外在逻辑的变革。步入数字化时代，以互联网、大数据、人工智能为代表的信息技术正在逐渐消解传统行业的边界，崭新的商业文明、信息生态等在众声喧哗中经历重构，品牌传播呈现出新的格局与路径：传统的品牌范畴被打破，"国家""城市"甚至是"个人"都被品牌化，在每个人都可以成为IP的时代，"品牌"成为数字时代不同领域博弈的关键路径；传统的媒介模式式微，"万物皆媒"创造了无所不在、无时无刻的传播，品牌与用户、市场之间的连接不断被泛化；传统的营销方法被颠覆，数据、场景、体验、价值等新兴概念层出不穷，品牌的叙事创新、技术革新、创意更新呈现智慧化、定制化的趋势。

面对百年未有之大变局，品牌传播需要实现从思维、意识到实践、路径等方面全方位的转变，以技术工具赋能信息生产环节，形成智能化、协同化的品牌传播矩阵；以关系思维连接用户，构建深度化、网络化的用户关系结构；以原创话语展开品牌叙事，塑造系统化、现代化的品牌形象。

本书作为对数字时代背景中品牌传播这一研究领域的探索，仅是梳理了品牌传播领域的相关问题，而日新月异的信息技术与市场环境不断为品牌传播注入新的工具、理念等，对于这一复杂的研究领域还存在诸多新的研究热点，亟需后续的研究来继续探索完善。

李华君
2019年12月于华中科技大学喻园